1960年全国人民公社采暖研究会议

1975年通风空调和热工教研室教师

1982年黑龙江省电视台空调工程设计组

1990年1月燃气专业老校友返校参观

1990年我国暖通专业首位博士朱业樵博士学位论文答辩

2000年80周年校庆时部分校友合影

2001年建筑热能工程系师生参加第四届IAQVEC国际会议

1977级校友毕业返校土木楼前合影

建筑热能工程系党支部活动留念

2005年Fanger教授来访与师生交流

2010年90周年校庆在职教师与老校友合影

2010年建筑热能工程系在职教师合影

2011年建筑热能工程系与新奥集团签署协议

2012年丹麦技术大学交换学生与建筑热能工程系师生合影

2012年丹麦技术大学教师来访与建筑热能工程系师生合影

2015年伊利诺伊大学厄巴纳-香槟分校王新雷教授来访与师生合影

芬兰专家参观我校追日型槽式集热器实验台

2017年7月第一个外籍博士后龙威（中非共和国）出站答辩

2018年普渡大学陈清焰教授访问交流师生合影

2018年哈工大建筑学院北京校友会

2018年12月建筑学院晚会热能工程系合唱团表演

2019年建筑热能工程系部分在职教师

前 言

在哈工大即将迎来百年庆典、哈工大暖通燃气专业成立70周年之际,《与祖国同行——哈工大暖通燃气专业70年(1949—2019)》即将付梓。这是一部记录哈工大几代暖通人与祖国同呼吸共命运的奋斗史,这是一曲描绘哈工大几代暖通人在祖国北疆筚路蓝缕、开拓进取的不辍赞歌。

1949年,共和国成立伊始,千头万绪,百废待兴。沐浴着新中国的灿烂阳光,我国第一个供热、供煤气及通风专业(当时为采暖通风方向)诞生在被称之为"共和国长子"的哈尔滨、被美誉为"工程师摇篮"的哈工大。

具有开创意义的哈工大暖通燃气专业,肩负国家重托,率先招收供热、供煤气及通风专业研究生(1952年),由苏联专家B.X.德拉兹道夫和杜鹏久组建我国第一个暖通教研室(1953年),成立国内首个城市与工业煤气专业(1958年),编写了我国第一部采暖通风专业的制冷工程校内教材(1963年),为国内其他高校暖通燃气专业的创建培育了大批中坚力量,包括天津大学温强为、金志刚、张永铨,湖南大学陈在康,太原工学院(现太原理工大学)张福臻,同济大学方怀德、武建勋、陈沛霖、姜正侯,重庆建筑工程学院(现重庆大学)田胜元等。

传承开创精神的哈工大暖通燃气专业,不断奋进前行,在徐邦裕、杜鹏久、路煜、郭骏、李猷嘉等暖通燃气专业奠基人和先驱前辈的带领下,在70年间取得了一项又一项辉煌的成就。这里面,有国内第一个除尘研究室、第一个供热研究室、第一个人工冰场、第一台热泵式恒温恒湿空调机组、第一台二次加热能源新型空调机组、第一台水平流无菌净化空调机组等。1981年首批获硕士学位授予权,1986年首批获博士学位授予权,1991年设立全国第一个博士后流动站。2000年被评为建设部重点学科,2006年被评为黑龙江省重点学科,2007年被评为国家重点学科。2002年以优异成绩通过了建设部组织的首批教育评估,2007年、2012年、2017年又通过了复评。哈工大暖通燃气专业还建设了一批标志性的实验平台,如国内第一个房间空调器的标定型房间量热计实验台,低温热水散热器热工性能实验台,高温水、蒸汽-水冷式散热器热工性能实验,建筑围护结构足尺构件静态热箱测试装置,建筑围护结构动态热箱测试装置,建筑围护结构综合能耗测试装置,LNG绕管式换热器侧流动与传热实验台等。2017年,供热、供燃气、通风及空调工程学科所在的建筑热能工程系并入建筑学院,开启了专业和学科发展的新时代。

今天，我们驻足回望，检视行囊，桃李芬芳，承载厚重。70 年来，哈工大暖通燃气专业累计培养本科生 5000 余名、硕士研究生 1500 余名、博士研究生 143 名，他们当中有中国工程院院士、国家"千人计划"专家、优秀青年基金获得者等。这些杰出人才遍布祖国各地，与哈工大暖通燃气专业一起，为我国暖通燃气专业学科建设和行业发展传承着哈工大精神、贡献着哈工大力量。

2019 年，祖国母亲 70 华诞，中华复兴，民之所向；暖通燃气专业七秩风雨，桃李芳香，砥砺成歌。放眼未来，哈工大暖通燃气专业将面向国际科学前沿，面向国家战略需求，面向一流人居环境学科群建设，继续不忘初心、坚定前行。

借此周年之际，建筑学院组建编写委员会，倾力完成《与祖国同行——哈工大暖通燃气专业 70 年(1949—2019)》，并将其作为哈尔滨工业大学暖通燃气专业 70 周年庆典的献礼。她记录历史，更表达希望；她记载传承，更指明方向！祝愿哈工大暖通燃气专业乘势而上、再铸辉煌！

编写委员会
2019 年 6 月

目 录

第一章 历史沿革 　　　　　　　　　　　　　　　1

第一节　专业起源与早期发展(1949—1978年) 　　3
　　一、暖燃开创,初露锋芒 　　　　　　　　　　3
　　二、专业龙头,遍洒英才 　　　　　　　　　　3
　　三、教学科研,相得益彰 　　　　　　　　　　20

第二节　改革春风降甘露(1979—1999年) 　　　26
　　一、水到渠成,开枝散叶 　　　　　　　　　　26
　　二、春风化雨,薪传有自 　　　　　　　　　　32
　　三、发荣滋长,风华绝代 　　　　　　　　　　36

第三节　新时代的全面发展(2000年至今) 　　　45
　　一、科研建设,积厚流光 　　　　　　　　　　46
　　二、学科成果,敦本务实 　　　　　　　　　　49
　　三、教材编撰,精益求精 　　　　　　　　　　60
　　四、致知力行,继往开来 　　　　　　　　　　63

第二章　暖通记忆 　　　　　　　　　　　　　　71

一代名师　人之楷模——记我国著名暖通空调专家徐邦裕教授/商艳凯 　　73
无限忠诚　无私奉献——杜鹏久教授的信仰和事业 　　　　　　　　　89
筚路蓝缕,以启山林——郭骏教授早年的回忆 　　　　　　　　　　　91
一生耕耘　卓育菁莪——贺平教授人物小传 　　　　　　　　　　　　97
业精于勤,行成于思——2019年5月追记/廉乐明 　　　　　　　　　101
栉风沐雨五十载/陆亚俊 　　　　　　　　　　　　　　　　　　　　106
师者、智者、达者——记何钟怡教授/伍悦滨 　　　　　　　　　　　110
坚守与奉献,五秩春秋育桃李——我与燃气的一生之缘/段常贵 　　　113
不积跬步,无以至千里——谈难忘的工作经历/马最良 　　　　　　　117
风尘何惧　砥砺前行——专业情结五十年/邹平华 　　　　　　　　　124
我的路/高甫生 　　　　　　　　　　　　　　　　　　　　　　　　130
我的三个重要的平台——专业70周年回忆录/郑茂余 　　　　　　　　154
坚持专业技术研究,为专业发展贡献力量——以此纪念我校供热研究室/董重成　164

第三章　校友名录　　　　　　　　　　　　171
　　暖通燃气校名录序　　　　　　　　　　173
　　本科生　　　　　　　　　　　　　　　174
　　研究生班　硕士研究生　　　　　　　　210
　　已毕业博士研究生　　　　　　　　　　219
　　在读博士研究生　　　　　　　　　　　225

附录　　　　　　　　　　　　　　　　　　226
　　附录1　历届党政领导名录　　　　　　226
　　附录2　暖通燃气专业在职职工名录　　227
　　附录3　暖通燃气退休教职工名录　　　228
　　附录4　曾任教教职工名录　　　　　　228
　　附录5　博士后名录　　　　　　　　　229

参考文献　　　　　　　　　　　　　　　　230
后记　　　　　　　　　　　　　　　　　　231

第一章　历史沿革

第一节　专业起源与早期发展

（1949—1978年）

一、暖燃开创，初露锋芒

哈尔滨工业大学建筑热能工程系起源于哈尔滨工业大学的土木建筑系。哈尔滨工业大学创办于1920年，当时叫哈尔滨中俄工业学校，设有铁路建筑科和电机科。1936年，学校改名为哈尔滨高等工业学校，在1937年学校建立了六个系，其中有建筑系和建筑工程系。1938年学校改名为哈尔滨工业大学。

哈尔滨工业大学早期建筑类各专业的产生和发展呈现出动态发展变化的特点，以培养建筑设计相关专业人才为核心的具体专业内容在与其他相关专业知识融合的同时，也呈现出在所属的"宽口径"系科中逐渐分化的趋势。

20世纪30年代，哈尔滨工业大学"俄式教学"阶段的建筑工程系在"城市建筑"和"道路交通"两个方向上有了各自不同的侧重，在此基础上建筑工程系明确分设出城市建筑科和道路交通科，学科结构出现了首次的大细分。

1937年开始的"日式教学"阶段，建筑科、土木科明确进行分设。

1945年以后的"俄式教学"阶段，建筑工程系又分成城市建筑和铁路道路两个方向。

1948年至1949年期间，各专业方向进一步细化：土木建筑系分为建筑专业（铁路桥涵、建筑方向）和铁路道路专业（铁路道路、采暖通风、给水排水及铁路勘测方向）。哈工大采暖通风专业始于1949年哈尔滨工业大学土木建筑系铁路道路专业的采暖通风方向。

1950年，土木系分出房屋建筑和卫生工程两个专业，在1951年继续细化为房屋建筑、厂房建筑、暖气工程、上下水道及水利工程等多个专业。

二、专业龙头，遍洒英才

1. 供热、供煤气及通风专业建立与早期发展

1950年哈尔滨工业大学照搬苏联的教学方针，要成立"供热、供煤气及通风专业"，招收了第一批本科生，开始基础课的学习。1952年秋，哈尔滨工业大学创建我国第一个五年制本科供热、供煤气及通风专业。工业与民用建筑，供热、供煤气及通风和给水排水

三个专业成为土木系发展的三大支柱,这三个专业都是全国同类专业中建立最早的。

为了培养"供热、供煤气及通风"专业的师资队伍,1952年高等教育部(简称高教部)首先在哈尔滨工业大学招收研究生。第一届研究生有哈尔滨工业大学的郭骏、天津大学的温强为、湖南大学的陈在康、同济大学的方怀德和太原工学院的张福臻。他们先在预科专门学习一年俄语,以便直接向苏联专家学习。

郭骏

为了扩大师资队伍,高教部又从全国各地抽调了一批教师来进修,如清华大学的吴增菲、重庆建筑工程学院(现重庆大学)的王建修、东北工学院(现东北大学)的叶龙和其他院校的于广荣、郁履方等教师。他们没有时间先学一年俄语,只好通过研究生间接向苏联专家学习,这些人后来都成为各高校创建暖通专业的中坚力量。

各地教师来哈工大进修

1953年,苏联著名采暖通风专家B. X.德拉兹道夫来哈工大任教,德拉兹道夫和他的中国研究生及哈工大的杜鹏久等在哈工大创建了中国第一个暖通教研室。系里任命樊冠球为教研室代理主任,杜鹏久为副主任。1953年暑假后,哈工大从1950级本科生中抽调路煜、盛昌源、贺平、刘祖忠、武建勋五人和研究生一起学习。

苏联专家德拉兹道夫

授课中的德拉兹道夫

第一章 历史沿革

1953年德拉兹道夫与哈工大暖通教研组教师研究教学工作

德拉兹道夫在耐心地指导土木系四年级采暖通风专业组的同学做课程设计

杜鹏久   路煜

1954年,供热、供煤气及通风专业招收了第二届八位研究生,即:陈焱存、陈沛霖、赵振文、李猷嘉、金志刚、姜正侯、钱申贤、刘在鹏。陈沛霖、陈焱存学习通风方向,赵振文、刘在鹏学习供热方向,李猷嘉、金志刚、钱申贤、姜正侯学习供煤气方向。为了更好地组织教学工作,苏联专家德拉兹道夫编写了《采暖通风》讲义。同年,暖通教研室组织教师及研究生去长春参观由苏联设计的第一汽车制造厂。德拉兹道夫指导查阅该厂采暖通风及空调的设计资料,并现场讲解采暖通风及空调系统,还到沈阳及鞍山参观有关工厂的采暖通风及空调设备。在沈阳还为工程技术人员做了"苏联采暖通风发展状况"的报告。

1955年秋,哈工大招收第三届研究生,主要是东北工学院四年制暖通专业毕业生(共八人)。

1955年,苏联派莫斯科建筑大学热化与供燃气教研室主任,著名的供热、供燃气专家A.A.约宁来学校培养我国第一批暖通研究生及进修教师,学校在51级本科生中抽出吴元炜、秦兰仪、廉乐明、崔如柏到机械系做苏联专家的研究生。同时,又从全国各高校来了一批进修教师跟约宁学习煤气供应与应用相关课程。

约宁与学生(一)

约宁与学生(二)

秦兰仪与约宁

廉乐明与约宁

1956年秋，经过了一年俄语的预科学习，全国第一批五年制暖通专业本科生从哈工大毕业。

第一届本科五年制暖通专业50级本科毕业生和约宁合影

同年，由苏联专家培养的两届师资研究生陆续毕业，包括其后留校的郭骏、路煜、盛昌源、李猷嘉，以及天津大学的温强为和金志刚、湖南大学的陈在康、同济大学的方怀德和陈沛霖、太原工学院的张福臻、重庆建筑工程学院的田胜元等。与此同时有数十位从同济大学、重庆建筑工程学院、天津大学、太原工学院、中国纺织大学（现东华大学）、湖南大学和西安建筑工程学院等院校派送来进修的师资研究生回原校执教，成为各高校暖通专业的骨干教师。

1956年，学校进行了教学改革。学校发给每个教研室一套资料，包含多所国外著名

第一章 历史沿革 | 9

大学的教学计划,郭骏在校务会议上提出暖通应归到动力学有利于发展,黄承懋等动力系教师全力支持。

51级暖通专业毕业生合影

暖通55-1班1956年暑期测量实习结束合影(测量学陈荣林老师拍摄)

1957年,苏联采暖通风专家G. A. 马克西莫夫教授到西安冶金建筑学院为教师和研究生讲授空气调节,哈工大派郭骏前去听课,其讲稿经于良娇、谭天佑翻译校对后,于1959年出版,这本《空气调节》为我国暖通专业教师队伍的建设起到了积极作用。

1957年,学校聘请留德回国专家徐邦裕教授来校任教,同时由苏联专家指导的师资研究生相继毕业留校工作。1959年分别在苏联列宁格勒建筑工程学院和莫斯科建筑工程学院留学并获技术科学副博士学位的杜鹏久和路煜学成回国,与已在校任教的郭骏和徐邦裕等组成了当时在全国实力最强的暖通专业师资队伍,加速了该专业的发展,至此哈工大的该专业师资力量得到进一步加强,在全国高校处于领先地位。

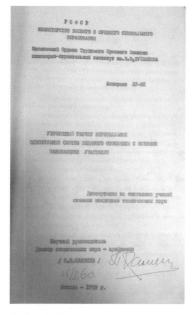
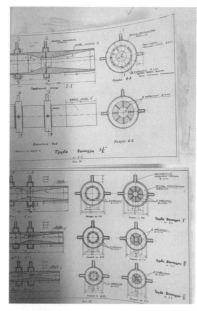
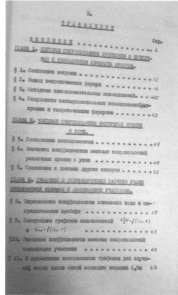
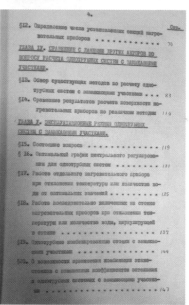

路煜在莫斯科建筑工程学院留学的副博士学位论文(董慰老师提供)

1958年,学校在教学上进行了课程体系改革。根据纬度跨度大、北冷、南热的气候特点,空调应在专业中加强,在1958年首先将制冷课独立出来。将原苏联课程"泵、风机与制冷机"分为两门课:"泵与风机"和"制冷设备"。早期专业课"供热学"和"采暖通风"(上下册教材,上册《采暖工程》,下册《通风工程》(含空调)),实质上是两门课分别在两个学期上,也是不同教师上课,逐渐演变为供热与采暖合为一门课——"供热工程";原下册《通风工程》演变为《工业通风》和《空气调节》。

供热 59 级共毕业了三个班,即校称的供热 59-1、供热 59-2、供热 59-3,其中供热 59-3 是从解散了的数理化力学系及二系整体调入城建系供热专业 59 级的。当时校称的供热 59-3 又被广大师生公称为供热 59 特,在校园中广为人知,它由三个小班组成:供热 59 特-1(来自物理 59),供热 59 特-2(来自无线电 59 和物理 58),供热 59 特-3(来自数学 58)。

1962 年春,学院成立函授部,设立采暖与通风等三个专业,学制五年,执行本科教育计划。

1963 年,在全国"调整、巩固、充实、提高"方针的指引下,暖通专业经历了一次规范化的整顿。在建筑工程部领导下,成立了"全国高等学校供热、供煤气及通风专业教材编审委员会",负责制订暖通专业全国统一的指导性教学计划和各门课程及实践性教学环节的教学大纲,并组织编审了一整套暖通专业适用的全国统编教材。当时委员会成员有徐邦裕、巢庆临、吴沈钇、李英才、王建修、陈在康、张福臻、彦启森和路煜等,徐邦裕教授任主任。

徐邦裕教授在工作

同年 11 月,毛泽东主席及中共中央负责同志刘少奇、贺龙、聂荣臻、谭震林等接见全国科协学会工作会议及电子、计量、动物、微生物、地质、建筑六个学会学术会议全体代表,其中代表中国建筑学会建筑设备分会参会的有热能系的徐邦裕教授、郭骏教授。

1965年,专业根据学院要求重新修订了教学计划。

1966年,为了适应新的形势,学院组织机构进行了调整。学院各系设置有所变动,共设供热通风工程系(简称暖通系)等6个系。1968年,学院将原来的6个系合并成建筑工程和城市建设两个系,原暖通系纳入城市建设系中。

暖通专业77-1班毕业生毕业照

暖通专业77-1班毕业生合影

1972年5月,学院招收了第一批工农兵学员,招生专业有供热与通风等3个专业共175名学生。

1978年,恢复煤气专业和建筑制品专业。3月,供热与通风专业招收四年制本科生(77级、78级),城市煤气工程专业招收四年制本科生(78级)。同年,学院恢复研究生招生。这一年,供热与通风等七个学科专业招收两年和三年制研究生共44名。

暖通专业77-2班毕业生毕业照

暖通专业77-2班毕业生合影

学院自1978年开始,认真抓每一个教学环节,如讲课、习题课、实验课、课程设计、生产实习等一系列工作。教研室大部分恢复了集体备课、预讲、试讲、教学法研究等活动,恢复了考试和考查制度,并于1978年开始,每学期都开展期中教学检查工作。

2. 煤气专业建立与早期发展历程

煤气供应来源于城市煤气,在1812年起源于欧洲。煤气的生产用干馏的方法,满足城市照明的需要,称为"照明气"。20世纪初逐步让位于电力,后转向城市民用与商业的炊事和供热。气源经过煤制气、油制气(包括液化石油气)和天然气三个阶段。近年来也有分成天然气来到以前和来到以后的两个阶段的划分方法。美国在20世纪初已开始发展天然气;苏联在二战后也开始建设了天然气长输管线;欧洲的其他国家在北海气田开发后,在20世纪60年代开始发展天然气。苏联在发展天然气后,人工煤气很快就衰落,而其他国家包括美国在内,对煤制气的发展研究仍在继续进行。

我国的城市煤气起步较早,1865年英商在上海建设了煤气公司(与香港同时),煤气用作照明,到20世纪初也转向民用炊事与商业。20世纪40年代上海还建设了适于城市使用的伍德炉做气源,东北在日本占领时期也开始有了煤气公司,多数使用水平炉制气。

1955年,苏联专家约宁来校为研究生和本科生讲煤气供应,在国内培养了第一批燃气研究生,包括李猷嘉、姜正侯、钱申贤、金志刚四人,开始学习煤气供应相关课程。"煤气"在当时国内还是一个新方向,一切都要从头开始学习。

气源建设是煤气供应发展的基础。约宁讲课的内容按传统分成三个部分:制气、输配和应用。由于苏联煤气的转型很快,约宁来校时苏联的煤气供应就基本改成天然气,苏联成为仅次于美国的天然气使用大国。为了适应中国的需要,约宁也从煤制气讲起。约宁对制气方法做了细致的安排,特别讲到了在高压和低温下用蒸汽和氧鼓风的制气方法,即德国的鲁奇炉,在输配和应用方面也有许多突出之处。当时苏联出版的煤气书籍很多,内容最丰富的是斯塔斯科维奇的《城市煤气供应》四卷本,后成两卷本,最后成一卷本,被认为是"天书"。在煤气的应用部分,约宁本人在来校前就出版了《煤气燃烧器》一书,曾由上海煤气公司徐春生工程师译成中文。由于苏联已进入天然气时代,因此研究生均以天然气作为毕业设计的内容。

由于中国与苏联的气源状况不同,苏联有丰富的天然气资源,教学内容主要是煤气的输配和应用,而我国缺乏天然气,煤炭资源丰富。我国发展城市煤气,首先要解决气源问题,由煤制造城市煤气的生产过程,就成为主要问题;中国必须依赖煤制气,特别是劣质煤制气来发展城市煤气,这就需要增加适合中国国情所要求的煤制气。当时化工学院已按苏联方式建立了燃料化工专业,但并不是为城市煤气而设,因此需要建立一个能满足我国城市煤气发展需要的煤气专业。需要解决煤气从生产、输配到应用的全过程。征求一些国内专家的意见后,大家都赞成这一想法,于是酝酿建立一个煤气工程专业,制气方面要得到燃料化工专业的援助,特别是只限于适合城市需求的煤气和化工产品的回收,不涉及化学产品的精炼,适当引入需要的化工原理专业基础课部分。这一意见向系领导汇报后得到支持。专业设置中的矛盾都是在苏联专家离校后产生的。

约宁离校前,哈工大当时规定,专家只讲一遍课,因此除1956年毕业的学生由专家授课外,1957年毕业的学生由专家亲自讲了一个绪论,其他课程就由研究生分别授课。1958年毕业的学生由李猷嘉讲课。1959年毕业的由姜正侯讲课,授课直到他支援上海同济大学。苏联专家主要的工作是自编讲义,并且修改、完善和重写他的讲稿内容。研究生给本科生的讲课只能按自己的笔记进行,最后完成的讲稿由学校打印了原文。1959年由李猷嘉、姜正侯、薛世达和孙志高(专家翻译)将约宁的讲义译成中文由高教出版社出版,后转中国工业出版社再版了几次。苏联专家的工作还包括指导两个实验室的建设和对研究生的问题进行答疑,北京市规划委员会来的进修人员也参加答疑等活动。约宁在华期间,还到北京为市规划委员会和清华大学做过报告。约宁在1957年秋季圆满完成任务回国。

哈工大第一个专门的燃气实验室于1957年夏建立。哈工大燃气实验室也是中国首个燃气工程应用实验室,配有各种燃烧实验装置,编写了实验指导书及设备操作手册。实验室的地点在哈尔滨松花江旁棚户区的煤气公司内。

苏联专家回国后,1957年研究生薛世达留校,姜正侯调到同济大学。为建设新专业,1958年毕业的刘永志留校,李猷嘉加上早已来校的实验员高凤祥,形成三个助教、一个实验员来筹备建立煤气专业的状况。

1958年,由于北京及东北一些城市发展煤气的迫切需求,学校决定成立城市与工业煤气专业(国内首个),以适应时代的发展。原供热、供煤气与通风专业一分为二——供热通风专业和城市煤气工程专业。从暖通教研室调出教煤气课的李猷嘉、薛世达老师和当年毕业留校的刘永志,于1958年组建了煤气教研室。煤气专业的学生是从53级、55级、56级、57级和58级的暖通专业学生中抽调一部分学生转专业过来的。为了解决师资来源,1959年从当年要毕业的煤气专业学生(即1953级)中抽调4名学生——管荔君、傅忠诚、艾效逸、江孝堤,他们提前半年毕业,加入了煤气教研室,1960年又从当年的毕业生(即1955级)中留下了6名学生——段常贵、李振明、张士文、曹兴华、郭银广、焦正润,这些年轻教师充实了煤气教研室的队伍。这样,在一年之内,就完成了城市煤气工程专业的建立。

1959年哈尔滨建筑工程学院(现哈尔滨工业大学建筑学院)成立后正式宣布煤气专业成立。

1959年53级13名转学煤气的部分学生作为供热、供煤气及通风专业的学生毕业,部分学生作为煤气工程专业的学生毕业。1960年55级转学煤气的学生作为煤气工程专业的学生毕业。

当时从国家、建设部到学校具备了煤气专业成立和建设的良好外部及内部条件,主要影响因素包括以下几方面:

(1)国家制订了北京建设城市煤气的计划,由北京市规划委员会负责,请来了有实践经验的苏联专家诺沙洛夫。到任后,他花了大量精力来研究气源的选择,抽调很多技术人员为他们讲课并形成了一本讲稿,还组织力量翻译上述提到的"天书",分配各种人员(包括燃具研究人员)到当时的哈工大听课。

(2)国家为了发展城市煤气,建设部在天津成立了煤气设计院(由原天津市建筑设计院转建)。一切从头开始,包括制气、供应等各个方面。

(3)在北京建筑科学研究院空调所成立煤气应用的组织,后来合并到天津煤气设计院,并从美国进口了大量美国煤气协会(AGA)的实验报告。

(4)首都国庆工程的建设,邀请哈工大到北京市城市规划管理局设计院(现北京市建筑设计院)一室共同完成人民大会堂、民族饭店和民族文化宫等项目的煤气工程设计。一室主任为张博。当时调进人员很多,包括暖卫组组长那景成、副组长戚家祥,煤气工程组副组长李列。

(5)由建设部委托沈阳成立劣质煤为主制气的煤气化研究所,由市委第一书记焦若愚亲自抓此项工作,由天津煤气设计院、沈阳石油设计院和哈工大参与编制建所论证报告。

(6)哈工大开门办学,不断进行城市煤气规划和设计的工程建设(如太原、大连、沈阳等城市的工程)。

(7)建设部在武汉成立城建学院,培养煤气专业人才,到哈工大调人,从1960年的毕业生中调走3人(其中严铭卿为暖通专业)。

(8)西安冶金建筑学院也派史钟璋等人来学习建立煤气专业。

(9)哈尔滨建筑工程学院成立,需要扩大专业数量,煤气专业的成立有利于其发展。

从哈工大到哈建工,为办好煤气专业,学校在师资人才方面做了许多工作,通过派人到外校进修和引进外校毕业生的方法来增强师资力量。

煤气专业成立后,首先承接了哈尔滨煤气厂和太原煤气厂的设计任务,将53级和55级煤气专业的学生派至大连工学院(现大连理工大学),与该校石油炼制专业的学生联合进行设计,并补充有关煤气设计的知识,学习相关课程。

哈工大煤气专业师生在大连工学院校门前合影

1958年9月，年仅26岁的李猷嘉奉命担任国庆工程中燃气工程设计总负责人，带领煤气专业53级的13位学生，在1958—1959年参加了由北京市城市规划管理局设计院主持的北京十大国庆工程项目中的煤气输配与燃烧设备的部分设计工作，这些项目包括：人民大会堂、历史博物馆、军事博物馆、长安饭店（后来定名为民族饭店）、民族文化宫、农业展览馆和美术展览馆等。

煤气专业53级同学在北京市城市规划管理局设计院门前

1961年，由于国家遇到了三年困难时期，用煤气在当时是改善民生的措施，国家财政困难受到了削减，学校停止了煤气工程专业的招生。

煤气专业从1959年至1965年共培养了7届毕业生(53级、55级、56级、57级、58级、59级和60级),这些学生成为当时全国煤气行业的骨干力量,为我国煤气事业发展做出了积极贡献。

1978年,恢复煤气专业招生。

煤气专业首届毕业生与老师合影

注:前排左二为李猷嘉老师

1990年1月燃气专业老校友返校访问合影(由金志刚提供)

注:从左自右为,段常贵(哈尔滨工业大学)、薛世达(山东建筑大学)、钱申贤(北京建筑大学)、金志刚(天津大学)、李猷嘉(天津中市政华北设计总院)、姜正候(同济大学)、郭文博(重庆大学)和傅忠诚(北京建筑大学)。照片中各位老校友均为当时各单位燃气专业的领军人物

三、教学科研,相得益彰

1. 教学成果

1958年,《采暖工程》,温强为、贺平编,哈尔滨工业大学。

《采暖工程》

1959年,《煤气供应》,李猷嘉编,高等教育出版社。这是1959年由李猷嘉等翻译整编约宁讲学手稿的教材,是我国城市煤气工程专业的第一本教材。

1961年,《采暖与通风》(上、下册),哈尔滨建筑工程学院与西安冶金建筑工程学院合编,中国工业出版社。

《采暖与通风》

1964年,《空气调节用制冷技术》,徐邦裕主审,中国建筑工业出版社。

《空气调节用制冷技术》

1966年,《煤气燃烧器》,李猷嘉编,中国建筑出版社。

1978年,燃气专业恢复招生后,燃气教研室教师参加新的全国统编教材《燃气输配》和《燃气生产与净化》的编写工作,其中《燃气输配》获得部级优秀教材二等奖。

《燃气输配》在1987年获得城市建设环境保护部优秀教材二等奖

《燃气生产与净化》

2. 科研成果

(1) 1960年学校研制新中国第一个室内人工冰场。

1960年,为设计建造全国第一个冰球馆,由黑龙江省体委筹划、徐邦裕教授主持研制

第一章 历史沿革 | 21

我国第一个人工冰场,课题组开展冰球馆冰场模型实验研究。课题组成员包括:省体委主任、梅季魁(建筑系)、廉乐明(暖通)、杨振魁(暖通)。参加人员包括:暖通55级毕业设计小组——孙庆复、娄长彧、黄云秋、闫尔平;暖通56级学生——门连卿、王景春、李春山、李恩甲、李宝珠、李云凤。

人工冰场模型课题组成员在实验中

1960年5月在黑龙江省肉类联合加工厂冷库进行实验,借用该冷库的预冻间库房建造冰场模型。室内冰场模型建立后,邀请当时的全国女子花样滑冰冠军文海美在冰面进行试滑,滑行效果良好。

全国女子花样滑冰冠军文海美在人工冰场模型上试滑

由于国家遇到三年困难时期,模型实验后课题暂停,但此课题培养了人才,大家形成了艰苦奋斗的作风。如课题组的梅季魁教授现在已经成为国内体育馆建筑的大师级人物,也是从那个时期起步的。

人工冰场模型课题组成员与花样滑冰队运动员合影

(2)1964年学校建成我国最早的水冷表面式空气冷却器实验台。

1963年,在徐邦裕教授的主持下,我校与哈尔滨空调机厂开展厂校合作。当时,我国的空调技术落后,没有民用空调,工业上采用集中式空调,其空气处理全部采用喷水室。此时,国外已开始使用翅片管表冷器。

1964年初,高甫生接手建立水冷表面式空气冷却器(简称表冷器)实验台,并开展水冷表面式空气冷却器实验研究工作。在没有任何参考资料的情况下,他利用完成教学任务的空余时间,开始着手实验台的设计,当年5月完成了全套设计图纸。设计图中还包括测量水流量的孔板装置和测量空气流量的喷嘴装置。当时,这些测试仪表都要自己设计计算,并绘制机械加工图。全套实验装置由哈尔滨空调机厂帮助制作并进行安装。

1964年10月,实验台建成,相应的空气预处理系统和冷热源配置也随即建成。这是我国建立的第一座水冷表面式空气冷却器实验台。

1965年初,实验台安装仪表、调试后,开始了实验研究工作。供热60级的五名学生参与了实验,并将该实验作为他们的毕业设计课题。高甫生与学生一起,在近半年的实验中,做了涵盖表冷器的各种可能的运行工况实验,其中包括表面淋水工况,获得了上万个实验数据,并对数据进行了初步分析整理。

几年后,高甫生重启研究,经过两三年的艰苦的实验数据分析整理工作,写出了《水冷表面式空气冷却器试验研究》和《水冷表冷器中干、湿表面之间的换热规律的探讨》两篇论文。

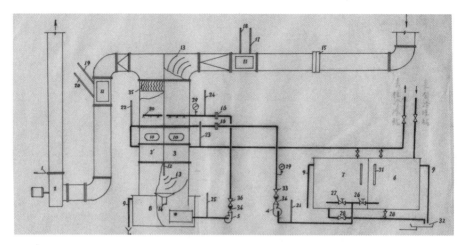

我国第一座水冷表面式空气冷却器实验台原理图

(3)1966年学校研制出世界上第一台新型节能空调机。

1965年,徐邦裕教授提出了一种新型空调机流程,利用冷凝热作为恒温恒湿空调二次加热。将空调机冷凝器中的部分废热分流用于空调二次加热器使用。经与哈尔滨空调机厂协商后,决定合作研制新型空调机。在徐邦裕教授和吴元炜教授的主持和指导下,学校有多名教师与哈尔滨空调机厂技术科共同组成联合设计组。1966年,学校与哈尔滨空调机厂合作研制成功世界上第一台新型节能空调机。

新型节能空调机外观实物图

新型节能空调机内部结构图

此项研究中由高甫生承担新型空调流程实验的研究工作,负责实验台设计和全部实验工作。实验目的是为了验证徐邦裕教授提出的利用冷凝热作为恒温空调二次加热的可行性,并研究采用新流程空调机组的运行规律。

1966年,一台采用新型空调机流程、型号为LHR-20的恒温恒湿空调机组研制成功。这是世界上首台利用冷凝热作为空调二次加热的新型节能空调机组。

徐邦裕教授提出新流程,并指导研制成功世界上首台新型节能空调机组的时间比日本整整早了9年。日本专利技术在1975年公布了与此完全相同的空调机流程。1978年,此项成果获得了"全国科学大会奖"。

(4)"寒带列车洗刷库的研究"项目。

1972—1975年间,煤气教研室傅忠诚、薛世达、江孝堤参加了哈尔滨铁路局"寒带列车洗刷库的研究"课题,其中傅忠诚参与设计了列车进库后加热解冻、热水清洗、烘干全过程。该项目获1978年"全国科学大会奖"。

在此项目研究中傅忠诚设计的"浸没燃烧潜水锅炉"获得了1980年黑龙江省科学大会奖。

(5)暖通和燃气专业教师积极参与哈尔滨市的锅炉改造项目。

在1972—1975年间,秦兰仪、董珊、傅忠诚、段常贵等暖通和燃气专业的教师积极参与哈尔滨市的锅炉改造项目。

第二节 改革春风降甘露

(1979—1999年)

一、水到渠成,开枝散叶

1981年哈尔滨建筑工程学院暖通燃气学科获国家首批硕士学位授予权。至1982年,学院78、79级研究生陆续通过学位论文答辩,首批34名毕业生被授予工学硕士学位。对授予硕士学位研究生的论文,较广泛地征求了校内外有关专家、教授的意见。这34名研究生德智体全面发展,学习成绩优良,具有较强的从事科学研究的能力。

哈尔滨建筑工程学院暖通77-2班同学军训合影

1986年8月11日,国务院学位委员会正式批准哈尔滨建筑工程学院新增4个学科的博士学位授予权,8个学科的硕士学位授予权,同时批准了7位教师荣升博士生导师。这次被批准的4个博士点是结构工程,市政工程,供热、供燃气与通风工程,建筑设计;被批准的8个硕士点是固体力学,实验力学,城市规划与设计,建筑技术,环境工程,道路工程,水力学及河流动力学,地震工程及防护工程。新晋的7位博士生导师是:沈世钊教授、钟善桐教授、王宝贞教授、李圭白教授、梅季魁教授、郭骏教授、刘季教授。哈尔滨建筑工程学院暖通燃气专业获全国第一个博士学位授予权,郭骏教授为该学科全国第一位博士生导师,同年该学科获在职人员申请硕士学位授予权。

1986年7月建筑热能工程系成立,下设供热、通风与空调工程和城市燃气工程两个专业。为发展需要和有利于科研及管理工作,哈尔滨建筑工程学院将原城市建设系分为市政与环境工程系、道路与交通工程系和建筑热能工程系。

1990年1月,进行了暖通燃气学科首届博士学位论文答辩。朱业樵作为我国暖通燃气学科第一位博士及博士后研究人员,他的博士论文《建筑围护结构动态热特性识别及能耗分析》受到国内40多位知名专家的高度评价,继而获得黑龙江省科协首届青年科技奖及中国科协第三届青年科技奖。截至1993年,朱业樵共发表27篇论文,多次获奖;他先后参加过国家自然科学基金、国家"七五"科技攻关等数个项目的研究工作,1991年国家自然科学基金评审委员会在市政大组评出三个青年科学基金获得者,朱业樵排名第一。

首届博士学位论文答辩合影
注:后排右起第四位为朱业樵

朱业樵博士论文封面

朱业樵博士论文内容摘要

朱业樵博士论文结束语及展望

朱业樵博士论文博士期间参加的主要科研工作和发表的论文

朱业樵博士论文致谢

1991年6月哈尔滨建筑工程学院建成土木工程学科博士后流动站。暖通燃气专业所在的土木工程学科建成博士后流动站,可接收博士后研究人员,哈尔滨建筑工程学院成为国内暖通燃气学科最早形成本科—硕士—博士—博士后一整套人才培养体系的单位,暖通燃气学科也是国内唯一在区域供热、空调制冷、燃气输配等方面全面发展的学科。

哈尔滨建筑工程学院是我国著名的建筑老八校之一。改革开放以来学院迅速发展和提高,在国内外同类院校和建筑业领域产生了很大影响,受到了国家有关部门的重视。1993年10月,经国家教委评议通过,并于1994年1月17日正式下文,批准哈尔滨建筑工程学院更名为哈尔滨建筑大学,哈尔滨建筑工程学院建筑热能工程系更名为哈尔滨建筑大学建筑热能工程系。

1994年3月4日,学校隆重举行新校名揭牌庆典。新校名揭牌庆典由副校长张耀春主持,校长沈世钊讲话。建设部人事教育劳动司副司长李竹成宣读学校更名的文件。国务院总理李鹏、国务院副总理李岚清、国务院副总理邹家华等分别为学校题词,祝贺学校更名。

时任国务院总理李鹏题词

时任国务院副总理李岚清题词

时任国务院副总理邹家华题词

哈尔滨建筑工程学院更名为哈尔滨建筑大学,是国家对学校多年来自强不息、努力发展,特别是对近年来改革、发展状况和教学、科研水平的充分肯定和评价。学校更名之时,已经是一所具有一定规模和较高学术规格、在国内外有一定影响的建筑高等学府。学校更名后,为学校的进一步发展拓宽了空间,提供了更好的框架和更多的潜在机遇,大大增强了全校师生员工争进国家"211工程",努力创建一流大学的信心和决心。2000年,哈尔滨建筑大学与哈尔滨工业大学合并,学校名称为哈尔滨工业大学。

1995年供热、通风与空调工程和城市燃气工程两个本科专业重新合并为供热、供燃

信息名称：	1990年以来高校合并情况（截止到2006年5月15日）		
信息索引：	360A03-07-2006-0684-1	生成日期： 2006-05-15	发文机构：中华人民共和国教育部
发文字号：		信息类别：高等教育	
内容概述：	1990年以来高校合并情况（截止到2006年5月15日）		

1990年以来高校合并情况（截止到2006年5月15日）

序号	合并后学校名称	主管部门	参与合并学校名称	合并时间
273	哈尔滨工业大学	国防科工委	哈尔滨工业大学 哈尔滨建筑大学	2000-5-31

两校合并公告

哈尔滨建筑工程学院更名为哈尔滨建筑大学揭牌庆典

气、通风及空调工程专业。

1998年获得流体力学硕士学位授予权。学校增加建筑环境学、流体输配管网、热质交换原理与设备等专业基础平台，建成了符合国家新专业目录要求的建筑环境与设备工程专业，并于1999年成为建设部重点学科，暖通空调实验室成为建设部重点实验室。

1999年10月，根据建设部教育司关于建设部重点实验室的精神和学校实验室实际情况，学校申报6个实验室参加评审。到年底，这6个实验室全部通过评审，暖通空调实验室成为建设部重点实验室。1999年12月,校教务处又组织专家组对各基础实验室进行了自评,认为基本达到要求。

重点实验室的建设,对学校实验室管理工作的科学化、规范化起到了极大的促进作用。到1999年底,热能系已建立起一整套完整的实验室规章制度;编写了各门课程实验教学大纲;制订了实验室工作人员培训计划,为教学、科研创造了良好的条件。

建设部重点实验室建筑节能实验室大厅

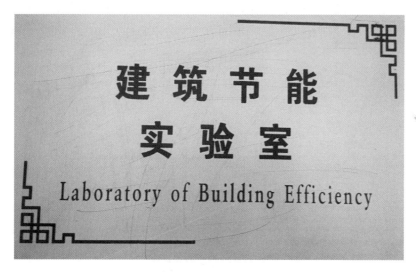

建筑节能实验室门牌

哈尔滨建筑工程学院第三次实验室工作会议合影

二、春风化雨，薪传有自

1.《供热工程》

第一版：1980年，哈尔滨建筑工程学院、天津大学、西安冶金建筑学院（现西安建筑科技大学）、太原工学院（现太原理工大学）四校合编，贺平主编，中国建筑工业出版社，作为高等学校试用教材；

第二版：1985年，哈尔滨建筑工程学院等编，中国建筑工业出版社；

第三版：1993年，贺平、孙刚编著，中国建筑工业出版社，高等学校推荐教材。

《供热工程》第一版封面图片

2.《采暖设计》

第一版：1980年，郭骏编，中国建筑工业出版社；

第二版：1987年，郭骏、邹平华编，中国建筑工业出版社。

3.《燃气输配》

第一版：1981年，哈尔滨建筑工程学院、北京建筑工程学院、同济大学编，中国建筑工

业出版社,作为高等学校试用教材;

第五版:2015 年,段常贵主编,中国建筑工业出版社。

《燃气输配》第一版封面

4.《工厂高温水采暖》

1982 年,盛昌源、潘名麟、白荣春编著,国防工业出版社。

《工厂高温水采暖》封面

5.《工程热力学》

第二版:1985 年,邱信立、廉乐明、李力能、刘书林编,中国建筑工业出版社;

第五版:2007 年,廉乐明、谭羽非、吴家正、朱彤编,严家騄主审,中国建筑工业出版社。

6.《施工技术及组织》

1988 年,刘耀华主编,刘祖忠、马最良、邹平华参编,中国建筑工业出版社。

《施工技术及组织》封面

7.《热泵》

1988年,徐邦裕、陆亚俊、马最良编,彦启森审,中国建筑工业出版社。这本教材是国内第一本热泵教材,被一些学术论文和著作引用上百次,1999年被评为建设部优秀教材二等奖,为在我国普及与推广热泵技术起到积极的作用。

马最良教授

《热泵》封面

8.《制冷技术与应用》

1992年,陆亚俊、马最良、庞至庆编著,中国建筑工业出版社。

《制冷技术与应用》封面

9.《热水供暖网路》

1993年,王义贞、方修睦、索菲、沈尔成、尚晓云编著,经济日报出版社。

《热水供暖网路》封面

10.《两相流体力学》

1994年,王慕贤、张维佳编著,哈尔滨工业大学出版社。

11.《建筑设备工程》

1994年,魏学孟主编,中央广播电视大学出版社。

12.《流体力学与流体机械》

1994年,屠大燕主编,中国建筑工业出版社。

13.《建筑节能与供暖》

1995年,郑茂余编,黑龙江科学技术出版社。

14.《民用供暖散热器》

1996年,萧日嵘、牟灵泉、董重成编著,清华大学出版社。

《民用供暖散热器》封面

15.《现代建筑设备》

1997年,林茂安、盛晓文、颜伟中、吴明月主编,黑龙江科学技术出版社。

16.《空调工程中的制冷技术》

1997年,陆亚俊、马最良、姚杨编,哈尔滨工程大学出版社(2001年第二版)。

三、发荣滋长,风华绝代

1979年学校暖通专业学者设计生产了国内第一台往复炉排汽水两用锅炉,研制了国内第一台计算机房专用的空调机组,率先在国内应用蒸汽锅筒定压高温热水供热系统。从1975年5月至1976年8月,哈尔滨建筑工程学院暖通专业部分师生先后在哈尔滨油漆颜料厂,与厂内工人师傅和技术人员一起完成了该厂东厂区蒸汽锅筒定压高温热水供热系统的设计和部分施工任务,1976年11月6日已部分投入运行。经过一个采暖季的运转,工作人员反映该系统操作方便,运动稳定可靠。

1980年学校暖通专业学者与鸡西无线电专用设备厂共同研制了一种水平流净化空调机组,在黑龙江省医院手术室安装运行,经测定性能良好,创建了我国第一个净化单元式无菌手术室。开发出了"水平流净化空调机组",获黑龙江省优秀科技三等奖,并在黑龙江省医院进行了我国第一个净化单元式无菌手术。该机组于1980年4月下旬在省医院手术室安装运行,效果良好。1980年5月初,中日医务工作者在该手术室合作了三例手术,手术顺利,无感染。

1980年由中国建筑科学研究院建筑设计研究所、天津大学、北京市建筑设计院、哈尔滨建筑工程学院、唐山市设计处、北京钢窗厂、北京合页厂、北京市建筑五金水暖模具厂、南京散热器厂和北京市第一建筑工程公司等组成的新型钢制散热器研制组,经一年半的努力研制成功扁管散热器、板式散热器和钢串片对流散热器密闭罩三种新产品,并推广使用。

1982年哈尔滨建筑工程学院与哈尔滨第三空调机厂合作,研制成功"QW-B系列去雾除湿机",该产品为我国首创。此产品成功地解决了我国北方地区高湿车间的潮湿雾气问题,在东北地区上百个高湿车间应用,取得了非常显著的效果,该项研究成果获哈尔滨市1982年优秀科技成果二等奖。《哈尔滨日报》1982年12月29日在头版显著位置报道了此项成果。

技术鉴定证书

技术规格和简要说明

《哈尔滨日报》报道

1983年中国建筑科学研究院空调研究所、同济大学、重庆建筑工程学院、西安冶金建筑学院、哈尔滨建筑工程学院、北京市建筑设计院、北京建筑工程学院、贵州省建筑设计院、有色冶金设计研究总院、纺织工业部设计院、南京大学气象系、西北建筑设计院、西北电力设计院和西南建筑设计院等单位的30余名成员共同参加了建筑物供冷供暖负荷计算新方法的研究;科研成果包括气象参数、窗玻璃太阳光学性能、冷负荷系数法、谐波反应法和供暖负荷计算方法等五个主要部分,该项目获得国家科技进步三等奖。

获奖证书

空调冷负荷计算方法专刊

1983年暖通专业教师在国内首次开展寒冷地区小区供热节能研究。此研究荣获1986年度城乡建设环境保护部科学技术进步二等奖。

1986年度科学技术进步二等奖获奖证书

1983年学院建成国内第一台低温热水散热器热工性能实验台。学院在国内首次按ISO国际标准研制低温热水散热器热工性能实验台,并于1983年7月由城乡建设环境保护部科技局主持通过了鉴定。在鉴定后一年多的运行时间内承担了几百片散热器的热工性能鉴定或测试,实验数据精度高,复现性好,为散热器及其测试手段在国际上进行合作与交流创造了条件。

1983年高甫生在《国际制冷学报》(SCI刊物)、德国刊物 Klima Kälte Heizung(《空调制冷供暖》)、法国巴黎的第十六届国际制冷大会等刊物及会议上发表论文。1993年高甫生出版专集《高甫生空调论文选集》,是国内暖通专业学者最早出版的个人研究成果专集。

(1)1983年我国暖通专业学者首次在《国际制冷学报》(SCI刊物)上发表论文。

1983年出版的《国际制冷学报》*International Journal of refrigeration* 刊载了论文 "*Establishment of performance charts of an air conditioner with one certified test point*"(《只用一个确定的测试点创建空调机组完整的热工特性曲线》)。这是我国暖通专业学者首次在国际权威学术刊物上发表论文,也是首次在SCI刊物上发表的论文。论文阐述了作者通过实验发现的空调机组热工特性三定律,据此,作者提出了一种通过焓湿图确定空调机完整的热工特性曲线的简化方法,从而避免了繁重复杂的空调机组实验测试工作。

1983年高甫生在《国际制冷学报》上发表的文章　　　《国际制冷学报》封面

(2)1983年我国最早在德国暖通专业学术期刊发表的论文。

1983年出版的德国刊物《空调制冷供暖》(*Klima Kälte Heizung*),刊载了徐邦裕、高甫生、马最良发表的论文 "*Hilfskondensator als Nachwärmer zur Regelung der Temperatur und Feuchtigkeit in einem Klimagerät*"(《应用辅助冷凝器作为恒温恒湿空调机组再热器》),这是我国暖通学者首次在德国学术期刊上发表论文。论文介绍了1966年与哈尔滨空调机厂合作研制成功的世界上第一台利用冷凝热作为空调二次加热热源的新型节能恒温恒湿空调机组。论文阐述了该机组的结构、原理、工作流程和实验研究结果。论文根据空调机组新流程试验结果,对新型空调流程做了经济技术分析,并给出了新研制成功空调机组的运行结果。论文先由徐邦裕教授用英文书写,后请德语老师译成德文。

高甫生在《空调制冷供暖》上发表的文章　　德国《空调制冷供暖》期刊首页

(3) 1983年被法国巴黎第十六届国际制冷大会接受的论文。

1983年,第十六届国际制冷大会在法国巴黎召开,论文"*The performance analyses and verification of an air conditioner*"(《空调机组热工特性的分析与验证》)与在《国际制冷学报》上发表的论文相关度很高。该论文进一步阐述空调机组的热工参数变化规律,并将理论计算结果与实验结果相互验证。

这篇论文是我国暖通专业学者最早被国际制冷大会接受的论文之一。论文最终编入会议 EI 论文集的预印本。

1983年高甫生在法国巴黎第十六届国际制冷大会上发表的文章

(4) 1993年国内暖通专业学者最早出版个人研究成果专集《高甫生空调论文选集》。

该论文集出版于1993年,是我国暖通专业人员最早出版的个人研究成果专集。书中收集了高甫生以及他与合作者共同在国内外学术期刊和会议上发表的论文共 33 篇。论文集集中反映了作者早期在空调方面的研究成果。其中,多项研究成果获得了省部级或哈尔滨市优秀科技成果奖。作者完成的所有研究项目均没有国家科研经费资助,主要靠与厂家合作或自主完成。

《哈建工院报》报道

1984 年 3 月中国建筑科学研究院空调所受建设部科技局的委托负责主持城市集中供热发展方向及相关政策的研究,此方向研究为国内首次开展。课题组成员单位为中国建筑科学研究院空调所、哈尔滨建筑工程学院、西北建筑工程学院和北京市热力公司,课题的目的是为制定加快发展城市集中供热的政策提供依据,弄清现状,预测发展水平,揭示影响发展的主要问题,提出促进发展的途径和建议。

1986 年建筑热能工程系参与国内首部洁净厂房设计规范的编制。为工业厂房洁净室的设计提供了指导,同时规定验收的内容、指标、方法和步骤,并对使用的器材、设备和材料提出了要求,对洁净室设计的规范化起到了巨大的推动作用。

1987 年国内第一台高温水、蒸汽-水冷式散热器热工性能实验台建成,该实验台的搭建解决了国内无法准确测定散热器热工性能的问题。学生通过该实验台了解散热器构造,掌握散热器散热量的测定原理及方法,测定不同散热器的传热系数,计算并分析散热器的散热量与热媒体流量和温差的关系。

1987 年国内第一台高温水、汽水两用锅炉研制成功并投产。该锅炉采用自然循环形式,其创新之处在于蒸汽和热水同时从锅筒引出,即蒸汽锅炉和热水锅炉的一体化。蒸汽和热水负荷的比例可任意调节。该锅炉可单独作为蒸汽锅炉运行,也可按照锅炉蒸汽定压方式的热水锅炉运行,还可在满水状态下做热水锅炉运行。该锅炉的研制既可同时满足热水和蒸汽需求,为锅炉房的设计、管理运行和维修带来方便条件,又可减少锅炉房的初期投资。

1988年哈尔滨建筑工程学院研制了建筑物足尺外围护结构构件的动态热工性能实验装置——大型动态热箱群。动态热箱装置属国内首创,它可为建筑物供暖能耗研究提供良好的实验基地。哈尔滨建筑工程学院建成的具有国际领先水平(已鉴定)的建筑热工动态热箱实验装置,以该热箱的足尺窗墙组合体为试件,进行了供暖能耗实验和识别研究。

1988年我国第一台直埋供热管道沙箱实验台建成。沙箱实验即在沙箱中安装由工作管、保温层、外护钢管组成的直埋管道成品试件。通过该实验台可对直埋管道外护管的摩擦系数等参数进行测试。

1989年郭骏、许文发、徐礼白、方修睦、郑茂余、范洪波、吴继臣开展了我国第一个节能示范小区——嵩山小区的建筑节能工作。该项目获得1995年建设部科技进步二等奖,为国家确定的第一个按照建筑节能50%标准设计、建造及运行管理的节能示范小区。建筑节能试点示范小区建设,是以建筑节能为主要标志的综合运用节能规划设计、新型复合墙体、节能门窗、节能型供暖与通风、太阳能热水器、照明节电设备等综合或单项节能技术的住宅工程。我国第一个节能示范小区的建设为我国建筑节能开辟了道路,树立了榜样,对我国可持续发展战略具有重要意义。

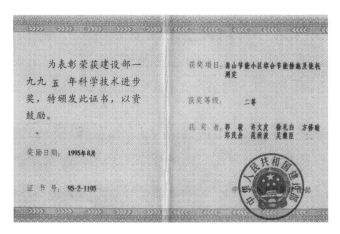

获奖证书

科学技术成果鉴定证书　　　　　　　　获得的奖章

1990年高甫生等教师承担哈尔滨大型商场、高层建筑的空调设计或改造工程。1990年哈尔滨市政府和市商委聘请学校专家对哈尔滨第一百货商店空调制冷系统进行全面改造。经改造施工后，商场内全面达到了舒适的温湿度标准，空气品质得到很大改善，改造后的空调制冷系统具有良好的调节性能。这座当时国内面积最大的百货商店的空调系统的改造和设计的成功，成为哈尔滨后续大型商业工程建设的典范。

1993年建筑热能工程系主编国内首部《供热术语标准》。国内首部供热术语标准的编制是供热专业健康发展的重要保障，是提高专业交流效率的重要前提，对专业的提升具有基础性、先导性和全局性的作用。供热术语标准的建立是一项意义重大、影响深远的工作，对暖通专业具有十分重要的意义。

1997—1998年教学及科研获奖情况如下：

（1）1997年邱信立、廉乐明、李力能编写的《工程热力学》荣获国家级教学成果奖：优秀教材二等奖。

该书共印刷10次，发行量达10万余册。教材内容深入浅出，结合工程实际，除满足供热通风及空调工程专业使用外，还得到国内其他工程专业及函授、电大等有关专业的广泛应用。

（2）1997年郭骏研发的《CAI用室内热水管网可视化模拟系统》获国家教委CAI软件三等奖。

本模拟系统可以对热水管网进行工况模拟，既可完全模拟实际运行工况，亦可在模拟过程中允许用户以不同方式对各种参数和控制目标进行人为指定，是一个对管网工况调节十分有效的辅助分析工具。既实现了模拟功能，同时又提供了极为友好的可视化的交互界面。可以实现管网的编辑、模拟、调节、参数设定与报告工作，并且对用户的计算机水平基本没有任何要求，在当时具有极大的先进性，且具有极大的潜在价值。

(3) 1998年"传热学"获建设部一类优秀课程。

本课程在保证学科系统性与完整性的基础上,博采众长,符合新的拓宽专业——"建筑设备与环境工程"专业教学的需要,同时对专业内容进行了一定扩充,一则使得教学具有更多的拓展空间,二则适合不同专业、不同层次的需求。

(4) 1998年"制冷"获建设部一类优秀课程。

"制冷"是建筑环境与设备工程专业的主干专业课之一,是连接专业基础课和课程设计、毕业设计等实践教学环节的桥梁。本专业的优秀课程"制冷"突出体现了"工程应用型"人才的培养目标。"制冷"课程的实践环节,形成以实验教学为基础,参观实习为先导、工程设计为目标的三位一体的实践教学体系,使学生的工程实践能力和创新能力显著提高,拓宽了学生的知识面,从而使学生的知识结构体系符合社会对人才的需求,提高了在人才市场的竞争力,能够胜任设计院、施工单位、科研院所等机构的不同性质的工作。

(5) 1997年马世君获"黑龙江省三育人优秀个人"称号。

马世君老师主讲"锅炉房工艺及设备""建筑设备施工技术及组织""热工仪表""热工基础""专业俄语"等课程。马老师秉持"育人先育己,成就高尚师德"的信念,做好暖通专业的各项工作,以科学严谨的教学作风和宽广厚实的业务知识,言传身教,在学生中树立了一位优秀教师的形象,使学生受到潜移默化的影响,努力成为优秀的"双向导师",既做学生的科学文化导师,也做学生的政治思想导师。

其他科学成果还包括:

1980年国内第一个房间空调器的标定型房间量热计实验台建成;

1982年我国生产企业第一台标定型房间热平衡法实验装置建成;

1998年暖通专业参编国内首部《城镇直埋供热管道工程技术规程》;

1998年国内第一个热水直埋管道受力计算软件被推出。

第三节　新时代的全面发展

（2000年至今）

2000年，同根同源的哈建大回到了哈工大的怀抱，暖通专业也重归哈工大管理。在学校领导的关心及教务处、国资处等部门的大力协助下，专业建设取得了显著进步和发展。

2002年6月，哈尔滨工业大学建筑环境与设备工程专业以优异成绩通过建设部首批教育评估。通过该评估，有利于加强国家对暖通专业教育的宏观指导和管理，保证和提高暖通专业的教育基本质量，更好地贯彻教育必须为社会主义建设服务的方针。并且使学校建设类专业毕业生符合国家规定的申请参加执业资格考试的教育标准，为与国际上发达国家相互承认同类专业的学历创造条件。2006年，哈工大建筑环境与设备工程专业成为省重点学科。

2007年6月，建筑环境与设备工程专业通过住建部的建筑环境与设备工程专业复评，进一步提升了该专业的办学质量及在行业内的影响力。同年8月，哈尔滨工业大学供热、供燃气、通风及空调工程专业被评为土木工程一级重点学科；流体力学专业被评为力学一级重点学科。国家一级重点学科是国家根据发展战略与重大需求，择优确定并重点建设的培养创新人才、开展科学研究的重要基地，在高等教育学科体系中居于骨干和引领地位。这也同时证明了建筑环境与设备工程专业满足经济建设和社会发展对高层次创新人才的需求，能够为建设创新型国家提供高层次人才和智力支撑，充分体现了该专业科学研究和人才培养的实力和水平。

2009年5月，哈工大建筑环境与设备工程专业成为国家特色专业，表现了哈工大建筑环境与设备工程专业在教育目标、师资队伍、课程体系、教学条件和培养质量等方面具有较高的办学水平和鲜明的办学特色，在全国范围内具有优越性。2011年12月，哈尔滨工业大学建筑环境与设备工程专业在中国大学研究生学科排行榜被评为A++，同类学科排名第一。

2010年，哈尔滨工业大学建筑环境与设备工程专业响应学校号召，在学校实施首批卓越工程师计划建设。实施该项目有助于促进学生工程实践能力的全面提高，并借此强化具有扎实理论功底的工程技术创新能力的培养，逐步实现三个层次的人才培养目标：

卓越工程师、研究性工程师和具有一定工程领导力的工程领军人才。

2012年6月,哈尔滨工业大学建筑环境与设备工程专业再次通过住建部的建筑环境与设备工程专业复评。同年12月,哈尔滨工业大学建筑环境与设备工程专业名称改为"建筑环境与能源应用工程专业"。更改后的专业名不仅既包含科学合理的使用能源(清洁能源、可再生能源),以较少的能源消耗满足健康、工艺等对所营造环境要求;还涉及相关设备及系统的运行调节、自动控制、节能控制等方面,表明了该专业是涉及国计民生的综合性学科。此次更名进一步扩大了专业内涵,并一直沿用至今。

2017年6月,哈尔滨工业大学建筑环境与能源应用工程专业以优异成绩通过了建设部教育评估第四次复评。同年9月,哈工大建筑热能工程系并入建筑学院。此次安排是基于学校"双一流"建设总体规划,将暖通燃气学科归并到建筑学院,符合本专业发展要求,能够为新时代专业的发展提供良好机遇。作为国家重点学科的建筑环境与能源应用工程专业,其专业建设已经进入了一个全面、高速发展的时期。

一、科研建设,积厚流光

2000年11月,学校落成建筑节能建设部重点实验室。纵观我国目前的发展道路,推进建筑节能和绿色建筑发展,是落实国家能源生产和消费革命战略的客观要求,是加快生态文明建设、走新型城镇化道路的重要体现,是推进节能减排和应对气候变化的有效手段,是创新驱动增强经济发展新动能的着力点。因此,建筑节能实验室的落成,对于建设节能低碳、绿色生态、集约高效的建筑用能体系,实现绿色发展具有重要的现实意义和深远的战略意义。

2003年,国内第一个上万平方米的污水源热泵项目由孙德兴教授领导的课题组圆满完成。该项目中,孙德兴教授担任技术负责人,并承担了设计任务。他于2003年8月申报专利——城市污水冷热源的应用方法和装置,10月研制出了第一台污水防阻机,使整个工程于当年11月成功投入了试运行。这是有史以来,在世界范围内第一个使用原生污水对1万平方米以上建筑供热、空调的成功案例。

2004年,学校落成建筑节能与能源利用黑龙江省重点实验室。通过省实验室的建设,实验室在建筑节能技术领域的理论研究上取得突破性进展,在应用上能以较高的水平解决黑龙江省建筑节能应用技术领域内的一些突出问题,将实验室建设成为全国学术领先的建筑节能技术理论与应用研究基地,高级科技人才的聚集和培养基地,开展国际国内学术交流的重要基地,设备技术先进的检测基地,对国内外有影响的创新基地,并以此推动相关学科的发展。

2009年,学校落成哈尔滨工业大学热能应用黑龙江省工程研究中心,进一步推动热

《暖通空调》杂志对污水源热泵项目成果的报道

能应用领域研究。

2014年,学校投入30万元扩展原有建筑环境与能源应用工程专业综合实习实验系统建设,帮助暖通燃气专业学生进一步深入了解专业内容,提升学生综合能力,使校内实习内容更加趋向于系统化、完整化。同年7月,包含建筑环境与能源应用工程专业在内的国家级市政环境虚拟仿真实验教学示范中心获批。该中心能够为供热、城市燃气等大型复杂管网输配系统信息、仿真正常运行与故障工况下的管网系统、水力与热力特性、三维可视化显示复杂能源设备内部构造及工艺流程方面提供十分重要的教学辅助手段和新的实验教学模式。现已投入近150万元用于硬件和软件建设。

2016年1月,在2002年首批获准建立的市政环境科技创新基地基础上,暖通专业成功申报学校市政环境创新创业教育实践基地,并获得3年持续资助。如今已购买适合于暖通专业用于本科生科技创新的小型、便携式仪表111套,如风速仪、温湿度一体测试仪、红外式测温仪、PM2.5检测仪、太阳辐射仪、CO_2浓度检测、分贝测试仪、黑球温度计等,为学生创新创业教育实践活动提供了良好条件。

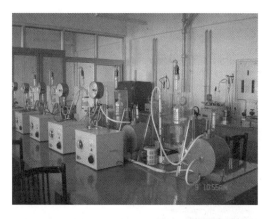

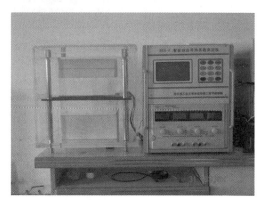

建筑环境与能源应用工程专业实践基地部分仪器设备

除此之外,学校教师为了教学或现场测试目的还积极研发、自行设计了许多具有专业特色的仪器设备。例如,为满足建筑节能现场测试和实验教学要求,李延平等人自行设计、开发的建筑围护结构热工性能测试实验装置。该测试实验装置由环境冷(热)箱、移动冷源和智能多路温度热流现场检测仪组成。测试围护结构的热工性能需要在一定的温差下进行,使用环境冷(热)箱建立测试条件,通过控制箱内温度,使试件两侧产生一定温差。在相对稳定状态下,由现场检测仪对温度、热流密度等参数进行连续测量,自动计算出热阻、传热系数等热工性能参数,完成实验测试任务。该测试设备已用于建筑节能现场测试及建筑环境与能源应用工程专业实验教学和科技创新活动,得到用户好评。该装置荣获全国第三届高等学校自制实验教学仪器设备评选及优秀作品展示二等奖。

建筑围护结构热工性能测试实验装置

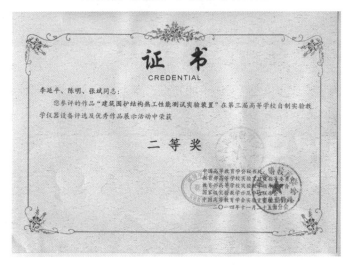

建筑围护结构热工性能测试实验装置优秀作品获奖证书

二、学科成果，敦本务实

进入 21 世纪，新科技革命的迅猛发展推动了暖通专业与新型理论技术的交叉、融合、渗透、分化和发展，并逐渐孕育着新的突破。在前沿交叉学科的研究框架下，哈工大暖通专业以已有的条件为基础，面向科学技术发展和国家社会需求，组织众多学科的研究力量开展前沿性问题的研究和科学技术攻关，获得了各类研究项目的支持，取得了若干重要的研究成果。

2002 年，董重成教授的教研项目"严寒地区居住建筑节能成套技术研究"获黑龙江省科技一等奖。该项目针对严寒地区居住建筑节能实现 50% 技术难度大的情况，从深入的理论研究出发，将理论研究结果转化为先进适用的节能技术。经示范工程和测试证明其技术的可行性和节能效果。

2002年,孙德兴、张吉礼、王海燕老师的《论上课》经评审获得香港现代教育研究会主办的《中国教育理论杂志》优秀论文二等奖。

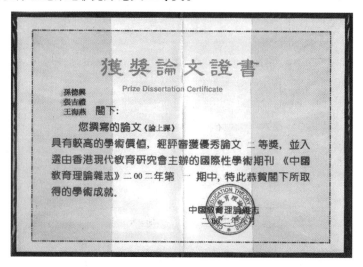

2002年孙德兴、张吉礼、王海燕老师获奖

2003年,谭羽非教授等人的"突出专业特点改革'工程热力学'课程教学的研究与实践"获得黑龙江省高等学校教学成果一等奖。

2003年谭羽非教授等获奖

2005年,孙德兴、张吉礼参与的"关于上课的研究"获2005年黑龙江省高等教育教学成果二等奖。

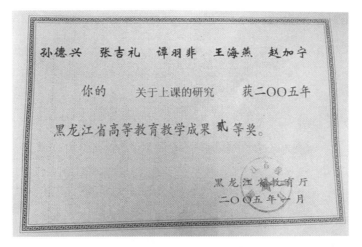

2005年孙德兴教授等获奖

2006年，方修睦、李延平、董重成等参与的科研项目"节能建筑达标现场检查仪表"获得华夏建设科学技术奖三等奖。

2006年方修睦、李延平、董重成等教授的获奖证书

2006年，姚杨教授的科研项目"双级耦合热泵供暖的应用基础研究和系统创新"获得中国制冷学会科学技术奖三等奖。该研究创造性地提出双级耦合热泵的三种可实施新系统。对新系统在我国的应用做出预测分析与评价；解决了空气源热泵低温启动困难、润滑油变黏、制冷剂冷迁移、压缩比过大、排气温度高等问题，使机组能在寒冷地区正常运行，拓宽了空气源热泵冷热水机组的应用范围；通过空气源热泵提供 10～20 ℃ 的水，为水/空气热泵和水/水热泵的应用创出一条新路。

2006年姚杨教授获奖证书

2009年，伍悦滨教授参与的科研项目"纳米碳晶导电发热材料制备及应用技术"获得黑龙江省科学技术奖二等奖。

2009年伍悦滨教授获奖证书

2009年，孙德兴教授参与的教研项目"传热学课程多层次教学模式的研究与实践"获黑龙江省高等教育教学成果一等奖。

2009年孙德兴教授等人获奖证书

2010年,赵加宁教授的科研项目"中铝兰州分公司350KA槽铝电解车间厂房自然通风技术"获中国有色金属工业科学技术一等奖。

铝电解车间采用自然通风是保障电解槽热平衡和厂房内热环境的经济实用手段,随着铝电解槽向着大容量发展,研究与之匹配的自然通风技术对于保证产品质量和工作人员的身体健康非常重要,也迫在眉睫。该项目针对中铝兰州分公司350KA槽铝电解车间厂房这一具体工程进行研究,所实施的自然通风技术是其生产的保障之一。

2010年9月,孙德兴、张承虎的科研项目"城市原生污水热能资源化工艺与技术"获黑龙江省技术发明一等奖。

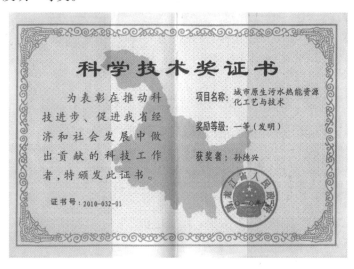

2010年孙德兴教授获奖证书

2011年,董重成教授的科研项目"供热计量技术规程"获2011年华夏建设科技二等奖。

第一章 历史沿革 | 53

2012年12月,姚杨、姜益强老师参与的科研项目"水源地源热泵高效应用关键技术研究与示范"获得华夏建设科学技术奖一等奖。

2012年姚杨、姜益强老师获奖证书

2013年9月,原哈尔滨建筑工程学院院长,哈尔滨工业大学供热、供燃气、通风及空调工程专业博士生导师何钟怡教授获得第二届"优秀教工李昌奖"。何钟怡教授不仅在学术上取得瞩目成就,而且用智者的运筹帷幄推动了原哈尔滨建筑工程学院的快速发展。他默默耕耘、无私奉献、勤奋敬业、勇于创新,培养了一批又一批优秀人才,为学校的发展建设做出了卓越贡献。

何钟怡教授

2013年11月,伍悦滨教授参与的科研项目"低浊度出水条件下给水处理系统各环节的协同规律研究"获2013年黑龙江省科学技术奖二等奖。

2013年伍悦滨教授获奖证书

2014年10月,董重成教授的科研项目"民用建筑供暖通风与空气调节设计规范"获2014年华夏建设科技一等奖。

2015年8月,王昭俊教授主讲的研究生课程"室内空气环境"获哈尔滨工业大学教学优秀奖一等奖。

2015年王昭俊教授获奖证书

2017年7月,王昭俊、赵加宁、刘京、王砚玲老师编著的研究生课程教材《室内空气环境评价与控制》获黑龙江省高等教育学会优秀高等教育研究成果一等奖。

2017年王昭俊教授等人获奖证书

2017年10月,赵加宁教授参与的"寒地建筑绿色性能优化设计关键技术研究与应用"项目获得黑龙江省科学技术奖一等奖。

2017年赵加宁教授获奖证书

2018年,姜益强教授参与的科研项目"典型气候地区既有居住建筑绿色化改造技术研究与工程示范"获得华夏建设科学技术奖一等奖。

2018年姜益强教授参与项目的获奖证书

由上可见,建筑热能系教师在新时代取得了一系列重要的具有代表性的学术成果和科研奖项。名师出高徒,建筑热能系培养的学生在各类赛事中也取得了良好的成绩。

2008年高军的博士论文获哈尔滨工业大学优秀博士学位论文,是学校暖通专业历史上第一个获此殊荣的博士研究生。高军同学2007年于学校暖通专业博士研究生毕业,并被授予博士学位。他的博士学位论文《建筑空间热分层理论及其应用研究》被评为哈尔滨工业大学第十届优秀博士学位论文。高军现任同济大学教授、博士生导师。他的博士研究生论文由高甫生和赵加宁指导。

2008年高军优秀博士学位论文奖励证书

2012年4月,董建锴博士获得2012年度夏安世教育基金会·西克奖学金。"夏安世教授教育基金会"成立于1996年4月8日,由上海交通大学、上海市制冷学会和上海市冷冻空调机械工业协会联合发起,并由汪道涵同志亲笔题词。基金会旨在发展我国制冷空调事业,培养制冷空调人才,以缅怀已故的中国制冷与低温技术专业创始人夏安世教授。基金会每年颁发的"优秀学生奖"和"优秀教师奖",面向全国12所知名高校制冷低温、建筑环境与设备和食品冷冻与冷藏专业最优秀的博士、硕士和本科生以及在科研上有突出成就的知名教授。其中,研究生每年全国评选4人。2013年4月,沈朝博士获得2013年度夏安世教育基金会·西克奖学金。

2012年董建锴博士获奖证书

2013年沈朝博士获奖证书

2014年11月,暖通专业2011级本科生杨浩在教师王芳的指导下,荣获"设计生命建筑"第十二届MDV中央空调设计应用大赛"学生组·杰出设计奖"。王芳老师荣获"设计生命建筑"第十二届MDV中央空调设计应用大赛"学生组·优秀指导教师奖"。

2014年王芳老师及其指导学生杨浩获奖证书

2018年10月,刘凯月、马晨钰、徐云艳同学的科研项目"北京市某文体中心暖通空调方案设计"获第十六届MDV中央空调设计应用大赛杰出设计奖。该设计由姜益强教授指导。

2018年姜益强教授及其指导学生获奖证书

2019年4月,暖通专业博士研究生田金乙获得全国制冷低温与暖通空调专业"夏安世奖学金——三花优秀学生奖"。

第一章 历史沿革 | 59

2019年田金乙博士获奖证书

三、教材编撰,精益求精

众所周知,教材与学科专著的编写是一项十分复杂的工作,要考虑的问题很多,仅有几项常规性的原则是不够的。因此,随着学科和专业的发展、教育观念和手段的更新,教学内容应在各个方面上不断完善、实现创新,总结教材及专著的编写实践经验,并在实践中加以检验和补充。

21世纪后,专业发展势头迅猛。随着国家发展进程的不断推进,暖通专业的标准也在不断更新完善,专业教材版本也需逐日更新。因此,新版本教材的编写不仅需保留原有的结构框架与精华,更需将近些年发展的新技术、引进或发明的新设备编制其中,需要形成更完整的研究理论体系。教材不仅仅作为获取知识的媒介,同时也应照顾到工程实践的需要,做到理论与实际相结合。在这样的背景下,结合兄弟院校及学科专业指导委员会的支持和帮助,暖通专业在本学科的教材编制方面贡献了自己不可或缺的一分力量。在技术基础课与专业基础课方面,由暖通专业教师主编出版的教材数次再版,在各高校中应用,如《工程热力学》(第六版)、《燃气输配》(第五版)、《暖通空调》(第三版)、《建筑环境测试技术》(第三版)、《建筑冷热源》(第二版)、《暖通空调热泵技术》、《民用建筑空调设计》(第三版)等都是各校的优选教材,它们在建筑环境与能源应用工程专业的教学改革中及时地发挥出重要作用。在教材的出版过程,不仅奠定了哈尔滨工业大学建筑环境与能源应用工程专业在全国的学术地位,同时培养了一批年轻人,使暖通专业的发展后继有人,并逐步向国际化迈进。

  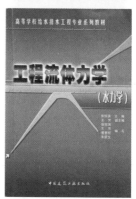

建筑环境与能源应用工程专业出版的部分教材、著作等

2000 年至今建筑环境与能源应用工程专业出版的教材、著作如下：

2001 年，《流体力学》（面向 21 世纪课程教材），刘鹤年主编，中国建筑工业出版社（2004 年第二版）。

2001 年，《工程流体力学》，张维佳主编，黑龙江科学技术出版社。

2002 年，《暖通空调》（高校建筑环境与设备工程学科专业指导委员会推荐教材），陆亚俊、马最良、邹平华编著，中国建筑工业出版社（2005 年第二版）。

2002 年，《建筑环境测试技术》（高校建筑环境与设备工程学科专业指导委员会推荐教材),方修睦、姜永成编,中国建筑工业出版社(2008年第二版)。

2003年,《民用建筑空调设计》,马最良、姚杨主编,化学工业出版社(2009年第二版)。

2004年,《模糊-神经网络控制原理与工程应用》,张吉礼编著,哈尔滨工业大学出版社。

2005年,《高等传热学-导热与对流的数理解析》,孙德兴编著,中国建筑工业出版社。

2005年,《水环热泵空调系统设计》,马最良、姚杨著,化学工业出版社。

2006年,《建筑设备施工技术与组织》(高等学校"十一五"规划教材),董重成主编,哈尔滨工业大学出版社。

2006年,《工程热力学》(第五版),廉乐明、谭羽非等编,中国建筑工业出版社。

2006年,《工程流体力学泵与风机》,伍悦滨、朱蒙生主编,化学工业出版社。

2006年,《工程流体力学(水力学)》,伍悦滨、王芳等编,中国建筑工业出版社。

2006年,《室内空气环境》,王昭俊、赵加宁、刘京编著,化学工业出版社。

2007年,《室内环境控制原理与技术》,刘京、陈志强编著,哈尔滨工业大学出版社。

2007年,《地源热泵系统设计与应用》,马最良等主编,机械工业出版社。

2007年,《天然气地下储气库注采技术及数值模拟》,谭羽非等编著,石油出版社。

2008年,《建筑设备工程施工技术与管理》(高校建筑环境与设备工程专业指导委员会规划推荐教材),董重成主编,中国建筑工业出版社。

2008年,《暖通空调热泵技术》(高校建筑环境与设备工程专业指导委员会规划推荐教材),姚杨主编,中国建筑工业出版社。

2009年,《建筑冷热源》(普通高等教育土建学科专业"十一五"规划教材、高校建筑环境与设备工程专业指导委员会规划推荐教材),陆亚俊主编,中国建筑工业出版社。

2010年,《热泵技术应用理论基础与实践》,马最良、姚杨、姜益强、倪龙等著,中国建筑工业出版社。

2013年,《高等流体力学》,伍悦滨主编,哈尔滨工业大学出版社。

2014年,《高等传热学——导热与对流的数理解析》(高校建筑环境与能源应用工程专业指导委员会推荐教材),孙德兴、吴荣华、张承虎编著,中国建筑工业出版社。

2015年,《燃气输配》(第五版)(普通高等教育"十二五"国家级规划教材、高校建筑环境与能源应用工程专业指导委员会规划推荐教材),段常贵、张兴梅、苗艳姝主编,中国建筑工业出版社。

2015年,《民用建筑空调设计》(第三版)(中国石油和化学工业优秀出版物奖(图书奖)二等奖),马最良、姚杨主编,化学工业出版社。

2015年,《暖通空调》(第三版)(普通高等教育"十二五"国家级规划教材、高校建筑环境与能源应用工程专业指导委员会规划推荐教材),陆亚俊主编,陆亚俊、马最良、邹平华编著,中国建筑工业出版社。

2015年,《建筑冷热源》(第二版)(普通高等教育"十二五"国家级规划教材、高校建筑环境与能源应用工程专业指导委员会规划推荐教材),陆亚俊主编,陆亚俊、马世君、王威编著,中国建筑工业出版社。

2016年,《流体力学》(第三版)(普通高等教育"十二五"国家级规划教材、高校土木工程专业指导委员会规划推荐教材),刘鹤年、刘京编,中国建筑工业出版社。

2016年,《工程热力学》(第六版)(普通高等教育"十二五"国家级规划教材、高校建筑环境与能源应用工程专业指导委员会规划推荐教材),谭羽非、吴家正、朱彤编,中国建筑工业出版社。

2016年,《室内空气环境评价与控制》("十二五"国家重点图书出版规划项目),王昭俊编著,哈尔滨工业大学出版社。

2016年,《工程流体力学泵与风机》(普通高等教育"十三五"规划教材),伍悦滨、朱蒙生主编,化学工业出版社。

2016年,《建筑环境测试技术》(第三版)(普通高等教育"十二五"国家级规划教材、高校建筑环境与能源应用工程专业指导委员会规划推荐教材),方修睦、张建利、姜永成编著,方修睦主编,中国建筑工业出版社。

2017年,《供热工程》(普通高等教育"十二五"国家级规划教材、高校建筑环境与能源应用工程专业指导委员会规划推荐教材),邹平华、方修睦、王芃、倪龙编著,邹平华主编,中国建筑工业出版社。

四、致知力行,继往开来

不积跬步,无以至千里;不积小流,无以成江海。随着新世纪舞台大幕的拉开,经历了七十载的发展的哈工大暖通燃气(现建环)专业也逐渐获得了专业权威的认可,同时也逐渐在国际上享有盛誉。近年来,暖通专业与欧美、日本以及中国香港等国家和地区的20余个国外高校和科研院所建立了广泛的学术联系,包括互派访问学者、组织双边学术交流、进行科研合作、互相培养研究生和互派本科生实习交流等。

暖通专业部分教师外出交流

2005年1月8日，日本东北大学教授、建筑环境领域著名学者吉野博（后任日本建筑学会会长、日本学士院院士）来学校访问交流。

2005年吉野博教授来访

2005年9月，丹麦工程院院士、丹麦技术大学 P. Ole Fanger 教授受聘为哈尔滨工业大学荣誉教授。P. Ole Fanger 教授是丹麦技术科学院院士、美国工程科学院外籍院士、国际制冷科学院院士。30多年来 P. Ole Fanger 教授一直致力于室内环境与人们生活质量的研究，在室内环境品质对人体热舒适、人体健康和工作效率影响等方面做出卓越的贡献，所提出的热环境预测评价模型是暖通空调学科里程碑式的成果，现在被广泛地应用在各国的标准和规范中，也是我国本学科学生的必修内容。

Fanger 教授受聘为哈尔滨工业大学荣誉教授

2007 年 1 月,第 4 届居住建筑能源与环境国际研讨会(The 4th International Workshop on Energy and Environment of Residential Buildings,IWEERB 2007)在哈尔滨工业大学成功召开,赵加宁教授担任大会主席。此次会议由学校承办,共有来自美国、日本、英国、法国、瑞士、保加利亚、韩国、匈牙利、中国等 9 个国家和中国香港地区的 120 多位代表出席,其中国外代表 35 人,世界卫生组织驻中国办事处代表也出席了本次研讨会。

2007 年 IWEERB 会议召开

2009 年 12 月,澳大利亚阿德莱德大学 Martin Lambert 教授来访讲学。Martin Lambert 教授是阿德莱德大学土木、环境和采矿工程学院的院长和水工程力学教授,于 2009—2012 年担任土木、环境和采矿工程学院院长,并于 2012 年担任 ECMS 学院副院长。他的研究方向集中在与随机水文学有关的水利工程的几个方面,以及利用流体瞬变对老化工程管道基础设施进行有效状态评估,曾因教学特色而获得多项奖项,包括 2008 年大学高等学位优秀奖和 2009 年澳大利亚学习与教学委员会奖。

2011 年 3 月,丹麦工程院院士、丹麦技术大学北极技术研究中心主任 Arne Villumsen

2009 年 Martin Lambert 教授来访

教授应暖通专业王昭俊教授邀请来访讲学。次年 1 月,暖通专业与丹麦技术大学签署本科生互派及联合培养协议,协定每年选拔 3~5 名丹麦技术大学本科生与哈工大本科生实现互派和联合培养。

Arne Villumsen 教授签署本科生互派及联合培养协议

2014 年 4 月 13—16 日,刘京教授赴日本参加风环境与灾害 CFD 模拟国际研讨会(COMPSAFE),并担任大会分会场主席。

刘京教授担任 COMPSAFE 分会场主席

2015年,学校教师参访莫斯科建筑大学。莫斯科建筑大学副校长接待暖通专业教师,并与哈工大签署合作协议,建立两校在科学、教育、人才培养和联合科研项目等领域的合作关系。

2015年哈工大教师参访莫斯科建筑大学,副校长接待暖通教师

2018年6月,应王昭俊教授邀请,美国普渡大学教授、科技部973计划项目首席科学家、"十三五"国家重点研发项目负责人、哈工大客座教授陈清焰博士,作为学校"海外名师"项目专家访问了暖通专业。访问期间,陈清焰教授为学院师生带来了两场精彩的学术讲座,并与学院领导和相关教师就科研合作、ISHVAC 2019 会议筹备工作等进行了探讨与交流。

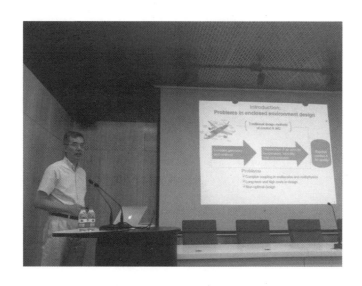

2018 年陈清焰教授来访

第十一届国际供暖通风及空调学术会议（The 11th International Symposium on Heating, Ventilation and Air Conditioning, ISHVAC 2019）将于 2019 年 7 月 12 日至 15 日在哈尔滨工业大学召开。此次会议由哈工大主办，由王昭俊教授担任大会主席。共有来自美国、俄罗斯、加拿大、英国、芬兰、丹麦、瑞典、挪威、德国、澳大利亚、韩国、日本、印度、罗马尼亚、中国等近 20 个国家和地区的约 500 名代表出席，其中国外代表约 80 人。

哈工大暖通燃气（现建筑环境与能源应用工程）专业，经七十载的历史洗涤，经过一代又一代的教师、学者的辛勤劳动和无私奉献，如今已然成为"国内一流、世界知名"的行业领军角色，在推动学科发展道路上起着不容忽视的作用。展望未来，社会主义进入新时代，新时代呼唤新作为。新时代的暖通燃气（现建筑环境与能源应用工程）专业在人才培养、科学研究、学科建设、师资队伍、国际化等多个方面确立了新的挑战任务。在朝着决胜全面建成小康社会,实现中华民族伟大复兴的中国梦道路上,建环人永不懈怠、永不停滞、永不满足,继续奋斗,久久为功,行稳致远。站在新的起跑线上,哈尔滨工业大学暖通燃气(现建筑环境与能源应用工程)专业全体师生定将不忘初心,继往开来,砥砺前行!

2019年ISHVAC会议宣传海报

第二章 暖通记忆

一代名师　人之楷模

——记我国著名暖通空调专家徐邦裕教授

商艳凯

从铜像写起

1998年4月25日，暖风阵阵，丁香飘香。来自海内外的近千名暖通学子，怀着崇敬的心情，肃立在二校区暖通楼门前盛开的丁香花丛周围。红色的幕布被徐徐拉开，我国著名暖通空调专家徐邦裕教授的半身铜像，在阳光的照射下闪着金色的光辉，出现在人们面前。此时，学子们心潮澎湃，热泪盈眶，恩师的音容笑貌又浮现在眼前……

徐邦裕教授生前曾任全国政协委员、中国暖通空调专业委员会主任、国际制冷学会委员等重要职务。他早年留学德国，在民族危难之际，毅然放弃优厚的待遇，冒着生命危险，转道回国，谋求科学救国之路。在多年的教学、科研和工程实践中，他为祖国培养了大批人才，创造了不朽的业绩，他也从一名坚定的爱国主义者成长为一名优秀的共产主义战士。

徐邦裕教授不仅治学严谨，学术造诣精深，而且人格高尚，宽厚诚恳，极受人敬重，不愧为一代师表，人之楷模。他的同事、学生，包括那些已经成了名的教授，乃至领导，都称他为"先生"。为了纪念他，激励后来者，他们自发捐资为先生铸像，并在先生铜像揭幕时从四面八方赶回母校，在先生像前宣誓：为我国的暖通科学与技术赶超世界发达国家水平而努力奋斗。

时光荏苒，距离铜像揭幕已过去了11年。2009年秋，徐邦裕教授当年的学生、如今已步入古稀之年的马最良教授在先生的铜像下面亲手添加铭文如下：

"徐邦裕教授（1917—1991）是我国老一代著名暖通空调专家，中共党员，九三学社社员，第五、六、七届全国政协委员。

"早年（1936年）留学德国慕尼黑明兴工业大学，1941年毕业并获得德国慕尼黑明兴工业大学授予的'特许工程师'学位，1942年5月回国。1957年来哈尔滨工业大学任教，曾任高校本科专业教学指导委员会主任、国际制冷学会委员等职务。

"生前为我国空调事业的发展勤奋工作、无私奉献，部分原始创新成果载入"中国制冷史"中。徐邦裕教授不遗余力研究与推广热泵技术,是一位我国热泵事业的先行者,为我国科技进步做出了突出贡献,在国内外享有很高的声誉。"

"这样一段不加任何渲染的200余字的铭文,寄托了学生对恩师的仰慕、怀念,更是徐邦裕教授曲折而又荣耀的一生的真实写照。

中华人民共和国成立前的"峥嵘岁月"

20世纪初,徐邦裕在不断的战火中走过了人生的童年、少年和青年的前半段。从怀揣"科学救国"的理想留学德国,到在反动政府的统治下报国无门,徐邦裕亲身经历和感受了旧社会的残酷现实。

从小与书结缘

十月革命一声炮响,为中国送来了马克思主义。以李大钊等为首的马克思主义者开始探索适合中国国情的社会主义发展道路。一场轰轰烈烈的真正的革命已孕育成熟,即将拉开大幕。

1917年3月22日,江西九江大中路602号的一个大户人家传来新生男婴的啼哭声。男婴的降生使这个原本没落的家庭竟然有了转机,境况从此开始渐渐地好转起来。男婴的父亲徐霖泰有着一份让人艳羡的律师工作,最初业务并不多,后来他担任了一些企业的法律顾问并购买了一些企业股本,这些收入所得对于养活一个不足十口人的家庭来说绰绰有余。这家人给男婴取名"邦裕",似乎是在寓意整个家族和国家能够兴旺发达。果不其然,徐邦裕的整个童年和少年时光都过着较优裕的生活。

徐邦裕的童年打上了封建家庭教育的烙印。他只在九江县立小学读过几天书,加上外祖母对他很是溺爱,时常将他藏在房里,放在床头边睡觉,以致他见着生人就脸红,半天讲不出一句话来。在徐邦裕的眼中,父亲是个"落下树叶都怕打破头"的人,所以对儿女的教育都是"息事宁人""不求有功但求无过"之类。这些思想在徐邦裕的头脑里根深蒂固,对他此后形成注重情面、与人无争的性格产生了影响。

值得一提的是,徐邦裕在很小的时候就对书产生了很深的感情。由于出身书香门第,家中自然有很多藏书,因此他的小学时光不是在私塾度过的,而是在家中与书相伴。他对书的热爱可以说达到了"如饥似渴"的程度,他会把大人给的零钱攒起来,然后拿着一大堆零钱一蹦一跳地到书店买自己喜欢的书。那个年代,富贵人家的老人闲来无事会聚到一起打牌,外祖母会把年幼的他叫过来,招呼家里来的客人。每次倒完水,他便会捧着书跑到楼梯的台阶安静地坐着,完全沉浸在书的世界里。虽然后来他在"科学救国"思想的引导下学了工科,但徐邦裕的人文素养很高,《红楼梦》里的每一首诗,他都能流畅地背诵出来。

在12岁的时候,徐邦裕又一次走进了学堂,就读于九江同文中学。这是一所基督教会办的学校,里面的教员对学生管教很严。长得又矮又小的徐邦裕时常被同学欺负,这让本来就有些内向的他对上学产生了极强的畏惧心理,更不用说用心读书了。家人对此也是心急如焚,为了不被其他孩子落得太多,外祖母曾带着徐邦裕来往于上海光华中学读了一学期。

15岁那一年,因怕见"恶毒"先生,徐邦裕要求父亲将他转学到九江光华中学。这次转学意义非凡,正是从那时起徐邦裕开始懂得读书的意义,开始对科学有了热爱。有一个人对年幼的徐邦裕产生了直接影响。那是一位讲物理的陆先生,每次听他讲课,徐邦裕都会达到入神的程度,并渐渐地喜欢上了数学,对物理更是入迷。但由于只知埋头读书,不太会待人接物,徐邦裕时常被人叫作"书呆子"。

怀揣"科学救国"理想

1935年,徐邦裕高中毕业了,并考了全校第一名。就在这时,一个千载难逢的好机会不约而至,徐邦裕面临人生的第一次重大选择。

徐邦裕的姐夫许巍文其时正准备到德国留学。德国当时的科学技术水平可以说是世界上最发达的。许巍文还从朋友那里打听到,在德国留学期间的花费与在上海这样的大城市生活的开销相差无几,而且工作后的薪水要比国内高,于是便萌生了将徐邦裕也送往德国"镀金"的想法。当许巍文把这一想法告诉徐邦裕时,徐邦裕高兴得几乎跳起来,自己"科学救国"的理想终于有了实现的机会!然而,这一想法却遭到了外祖母的反对,经过一番劝说,这才勉强同意了。此后的半年多时间里,徐邦裕几乎将全部的精力都用在了学习德文上面。

1936年春天,经过万里跋涉,许巍文带着不满20岁的徐邦裕到达柏林。在德国留学的五六年时间里,徐邦裕都和姐夫住在一起,他们在异国他乡过着相依为命的生活。在此期间,他们吃了很多苦,常人简直无法想象。有一段时间,由于生活费用紧张,他们每天吃的是土豆蘸盐。

刚到柏林,徐邦裕进入一个德文补习班学习德文。为了学好德文,他专门找了一个没有中国人的小镇居住,甚至会跑到墓地,通过辨别墓碑上的字来巩固学习成果。几个月后,他被分到维尔茨堡的康鲍机械厂当学徒。因为当时德国规定,所有人从中学升入大学之前必须在工厂中当半年以上的学徒。据徐邦裕后来回忆,那时德国工厂对学徒要求非常严格,只提供一些微薄的工资,到了星期六还时常被罚做扫茅厕等脏累的工作。

1937年4月,结束学徒生活的徐邦裕进入了慕尼黑工业大学学习。1939年6月,他通过了该校初期工程师考试。在柏林西门子电机制造厂实习3个月后,徐邦裕于1939年8月再次回到慕尼黑工业大学,并于1941年6月完成了该校"特许工程师"考试,被授予"特许工程师"学位。毕业后,他曾为热力学家努塞尔特教授担任助教,并在慕尼黑红格尔机械厂工作了不到5个月。

在德国留学期间,经好朋友介绍,徐邦裕加入了一个由中国人发起的社会团体——建设事业奋进社。当时的社长叫沈家桢,他告知每一个进社的人,该社不参加任何政治活动,而是一些技术人员合作起来办工厂或彼此介绍职业,免得被其他人排挤。当时在国外,黄色人种常被当作异族而受到歧视。

徐邦裕从慕尼黑工业大学毕业的那一年,第二次世界大战已经在欧洲大陆全面爆发。战争的残酷波及在德的中国留学生。德国政府逼迫中国学生承认汪伪政府,否则就要被赶出德国。摆在徐邦裕面前的有两条路,而且是两条极易选择的发财之路:一是承认汪伪政府留在德国;二是接受美国的重金聘用。然而,这两条路徐邦裕都没有选择。他要回国!

在他看来,中国之所以受欺负挨打,就是因为科学技术不发达。他要把自己的所学,用在使自己的祖国变得强大上。他的导师努塞尔特教授劝他,大丈夫要以自己的前途为重,要能屈能伸、从权应变,而且战事吃紧,回国会很危险。徐邦裕坚定地说:"汪伪政府丧权辱国,我决不能承认。我是中国人,我要为自己的祖国效力,为了不失掉国籍,为了祖国的富强,我爬也要爬回自己的祖国。"当时,欧洲战火连天,回国的唯一安全途径是经中立国葡萄牙转道,但徐邦裕并未走这条路。因为他知道,美国正在葡萄牙招聘,实际上是在堵截懂得德国技术的人才。

1942年5月,徐邦裕怀着一颗炽热的报国之心,毫不犹豫地选择了一条没人敢走的路线:取道奥地利,经匈牙利、罗马尼亚、土耳其、伊拉克、巴基斯坦、印度、缅甸,进入中国国境。走这条路,随时都有被战火吞噬的危险。一路上,他搭过货车,坐过扫雷艇,在飞机轰炸、炮弹横飞中风餐露宿,历经艰辛危难,终于踏上了祖国的土地。当他闻到祖国泥土散发的芳香时,满腹的辛酸再也无法抑制,他的眼睛模糊了。

在战火纷飞中报国无门

脚踏上祖国的土地,徐邦裕心中有说不出的亲切和愉快。但是一看周围的事物,他感觉有点心灰意冷:这哪里像一个朝气蓬勃的国家? 1942年6月,经沈家桢介绍,徐邦裕进入当时的重庆中央工业实验所动力试验室,担任工程师兼试验组长。这是他回国后找到的第一份工作,工作的主要内容是进行以桐油替代汽油的性能试验,不过当时经费少,仪器又缺,这样差的条件做不出成绩来不说,提供的待遇也少得可怜。1943年7月,徐邦裕辞职回到江西,一个月后他进入江西企业公司泰和铁工厂任工程师兼任设计股股长。在这家工厂,徐邦裕的工作热情被激发出来,同时工厂的规模渐渐扩大起来。那段时间,他还在南昌大学兼任内燃机专业副教授。

1944年8月,事业刚起步的徐邦裕,和相恋多年的爱人许申生步入婚姻的殿堂。没想到,这对幸福的小夫妻只过了一年多稳定的生活,便开始四处流亡。当时日寇大军压境,国民党的军队不战而逃。在一片风声鹤唳中,徐邦裕只带了极简单的行李,搀扶着身怀六甲的爱人徒步逃离。一路上,载着达官贵人、巨绅豪商的小汽车从身旁疾驰而过,后面跟的卡车里面装着各色家具。这样的景象深深触动了徐邦裕,但也只有感叹社会的不公。而更让他痛心的是,由于途中常常风餐露宿,饱受颠沛流离之苦的妻子意外地流产了。

由于当时整个中国都在动荡,没有人办工业,徐邦裕曾一度失业,幸好1944年年底经人介绍,到当时的江西省林业专科学校任教授,后来又兼任农业工程学系主任。该校原设于婺源,抗日战争结束后迁往南昌。

1945年,长达14年的抗日战争终于结束了。听着四处响起的爆竹声,徐邦裕的心里甭提多高兴了,暗想:从此可以太平了,可以发挥所学。他不禁跃跃欲试,但是糟糕的现实情况又使他陷入了茫然。

在江西省林业专科学校工作两年后,1946年7月,徐邦裕带着家人来到了上海。经同学刘白浩(当时是同济大学机械系主任)介绍,他被同济大学聘为教授,主讲热力学、内燃机和汽轮机等课程。但由于待遇太差,加上不受重视,所以只任教了一年,他便萌生了去意。

当时,徐邦裕的姐夫许巍文和妻兄许鹏飞都在东北工作,而恰巧东北农林处拟办农耕曳引机营理所。由于在江西省林业专科学校教过一段时间的书,许巍文便把徐邦裕介绍给了当时的农林处长。于是,在请人代为保留同济大学的工作后,1947年5月,徐邦裕前往沈阳任该所主任。在那里,他协助技术人员装了一些曳引机,但又觉得有些行政工作太累赘,所以不到半年便辞职回到了上海。

徐邦裕回来后,正赶上一个资本家委托朋友黄足创办上海大江电业公司,同时筹设一个制造厂,黄足想到并推荐了他。1947年秋,徐邦裕到该公司任工程师。不料,这个资本家是以办厂为幌子,实际上做的是囤货的勾当。制造厂筹备了近一年,只建造了一个厂房,引进了几部零星的机械。心急如焚的徐邦裕几次向公司要求开工,那个资本家却故意拖延,于是他愤而辞职。1948年9月,上海人人企业公司设立技术顾问部代客设计,当时任该公司总经理的沈家桢向徐邦裕伸出了橄榄枝,并允诺提高待遇。盛情之下,徐邦裕欣然答应，到该公司任工程师。不久，该公司与当时的江西省建设委员会订立技术顾问合同，徐邦裕被派往南昌工作并兼该省兴业公司总工程师，直到中华人民共和国成立后才回到上海。

从离开学校进入社会直到1949年，徐邦裕过了八九年浮萍般的生活，虽说在工作中还算卖力，但却始终未受到重视，反而时常受到奚落。那时的徐邦裕不但不能实现一点儿抱负，甚至连吃饭都成问题。这一切的根源是当时的整个社会都处于乌烟瘴气之中。他陷入深深的迷茫：为什么坐汽车住洋房的大都是一些不学无术、吹牛拍马之流，而真正工作的人时常要担心明天是否有工作，明天的钞票是否能够派上用场。坎坷的经历和社会的现实使他逐渐认识到，科学救国的道路是行不通的。他期待着祖国光明的到来。

投身新中国的建设"大潮"

1949年10月1日，毛泽东主席在天安门城楼上向全世界庄严宣告："中华人民共和国中央人民政府今天成立了！"中华人民共和国成立后一切都变了！，这是徐邦裕当时最大的感受。他看到听到的现实是，干部清廉肯吃苦，社会上的恶势力不见了，人民的生活渐渐安定了，到处都是欣欣向荣的景象。

光明终于降临祖国大地，徐邦裕报效国家的时候到了。中华人民共和国成立后，他先后辞去了待遇优厚和担任重要技术职务的两个私营企业的工作，来到国家第一机械工业部上海第二设计院任主任工程师。1957年，他毅然来到了哈工大，由此开始了一段为我国暖通空调事业的建设、发展做出突出贡献的历史。

投身第一个五年计划

1950年4月，已在上海人人企业公司工作一年多的徐邦裕，因所在技术顾问部无事可做，又不愿看老板的脸色行事，于是向公司申请拿一笔遣散费后便辞职。失业的徐邦裕却也没闲着。他先是为上海华昌钢筋厂设计了一辆全自动化抛光车，从中获得了一笔不小的酬劳。1950年底，他又让父亲和爱人拿出积蓄750元，投资同学所创办的大震科学仪器制造厂。

1950年10月，徐邦裕应华生电机厂的征求担任该厂机械工程师。由于厂里的高级技术大都与资方有关，擅长技术的徐邦裕反而成了"局外人"，长期寄人篱下让他对此感到"无所谓"。那时的徐邦裕也算有着一份比较安定的工作，他已经觉得很知足了。恰在此时，"抗美援朝"开始了。

国家做出的这个重大决策对徐邦裕的教育意义很大，而捷报频传让徐邦裕认识到，如今的政府绝对不是自己所想象的改换朝代。政府领导人的深思远见、准确的推测着实让人佩服。现在的政府才是真正代表全体人民的利益来办事的。

1953年,我国开始实施第一个五年计划。听到这个消息,徐邦裕心中充满了难以抑制的兴奋,他经过认真考虑,义无反顾地投身于国家的基础建设中。

徐邦裕被分到了当时的国家一机部上海第二设计院。在那里工作的几年,徐邦裕在学习和听报告中受到了一些教育,然而,让他受到最大教育的是自己耳闻目睹的一些活生生的事例。如当听说周恩来总理到各国访问,受到热烈的欢迎和爱戴,他不由回想起自己在国外受人歧视的怨气,现在终于可以"一吐为快"了。当亲眼看到北京城郊的建筑如雨后春笋般地建立起来,只隔了一年再去看,平地又添出许多高楼大厦,此时他会想,难道对社会主义的到来,还能认为是渺茫的吗?而每当下厂做技术监工的时候,用手摸着自己曾经花过劳力的管道,他更觉得,伟大的工程成就里也有自己的一份。这所有的一切都使徐邦裕备受鼓舞,同时增加了劳动热情。

在1956年前后写的一篇给组织的思想汇报中,他这样写道:"第一个五年计划即将过去,第二个五年计划马上又要到来,社会主义美景已不是憧憬而是即将到眼前,人们的思想开展亦飞跃地前进,若不迎头赶上,将落后于时代太远了。"他给自己定下目标:"除了参加规定的理论学习外,还要注意社会上各种事物之开展,要参加团体活动,并要养成每天必看报读社论的习惯,培养自己对理论学习的兴趣。在业务上要订出个人规划,学习先进经验,希望到1962年自己在暖通方面的学识能达到国际水平,更好地为共产主义建设而奋斗。"其中提到的一点,"到1962年自己在暖通方面的学识能达到国际水平",因为一次偶然的工作调动而增添了实现的砝码。

只身来到哈尔滨

个人的力量是有限的,国家建设需要大批的人才。徐邦裕渴望把自己的所学传授给更多的人。这样的机会终于来了。1957年,时任哈工大副校长的高铁亲赴上海,请调徐邦裕到当时正处于发展上升期的暖通专业任教。

采暖通风虽然在我国有着悠久的历史,但在1949年前,由于经济落后,现代意义的暖通空调系统可谓凤毛麟角。少数暖通空调系统仅集中在上海等个别大城市中,其工程的设计与安装都由国外的一些洋行垄断。

中华人民共和国成立后,随着大规模经济建设的开始,暖通空调技术才开始迅速发展。在第一个五年计划期间,苏联援建156项工程,带来了苏联的采暖通风与空调技术和设备。我国暖通空调高等教育就在这种背景下诞生和发展。1950年,哈工大开始设置卫生工程专业,采暖通风属于卫生工程专业。1952年秋,为了适应大规模经济建设的需要,哈工大按照苏联模式创建本科五年制供热、供煤气与通风专业。

徐邦裕身材瘦小,又是南方人,到寒冷的哈尔滨能受得了吗?他的家人都不赞同。但徐邦裕却说:"过去我报国无门,现在国家这样重视知识,而且又是为自己的国家培养人才,就是再苦再难我也要去。"于是,他只身一人来到哈尔滨,直到第二年,才和家人在北国的冰城团聚。

当时,徐邦裕已是国家三级教授。他到哈工大后,正赶上苏联专家撤走。于是,他承担起了指导毕业设计的重任。当时已是苏联专家研究生的廉乐明教授在回忆徐邦裕时说:"他那丰富的工程实践经验和渊博的知识给我们这些外国人培养的研究生很多新的启迪,拓宽了我们的思路。他非常谦虚,和我们一起讨论问题,认真听取我们的意见。"由于他的努力,学校暖通专业在国内最早招收了由自己培养的一批研究生,使学校暖通专业在国内产生了重要影响。

为了培养供热、供煤气与通风专业的师资队伍,1952年高等教育部首先在哈尔滨工业大学招收研究生。第一届研究生有5位,他们先在预科专门学习一年俄语,以便直接向苏联专家学习。导师是1953年第一位应聘来校的苏联专家B. X. 德拉兹道夫。1953年暑假前后,还有5位本科生和研究生一起学习。这时从全国各高校还来了十几位进修教师。大家以苏联的供热、供煤气与通风专业为模式,边学边干,在我国创立这个专业。1955年,第一届研究生班毕业,返回各校从事暖通专业的创建工作。20世纪60年代,我国又先后有8所院校设置供热、供煤气与通风工程专业,在暖通界常称这8所院校为"暖通专业老八校"。1956年,哈尔滨工业大学第一届五年制暖通专业本科生毕业。

朝气蓬勃的教育事业和热火朝天的经济建设,让徐邦裕感到无比兴奋。他夜以继日、废寝忘食地工作。刚到哈工大的那些年,一年有200天都在外面忙工作。由于过度疲劳,他患了严重的溃疡病,经抢救才脱离危险。接着,他的小女儿又患了白血病。当时他正在搞超声波除尘研究,脱不开身去看望孩子。即使8岁的小女儿因重病回上海治疗,他也因为工作太忙,不能回去探望,小女儿一直到弥留之际,也没有见到日思夜想的父亲最后一眼。女儿病逝后,他忍着内心的伤痛,更加拼命地工作。为了考察矿井的通风和除尘情况,1962年他到双鸭山煤矿和矿工一起下井。就在他返校的当天,溃疡使他又一次大出血,经抢救后身体还没有完全康复,他又投入了紧张的工作。1964年夏,为了缓解南方的高温,他冒着炎热到广东。领导劝他不要带病出去工作,他非常动情地说:"我不敢说我共产主义觉悟有多高,但为了祖国,我要献出我的一切。"

教学、科研取得的多个"第一"

几十年来,哈工大在暖通空调及制冷方面取得的成果,基本上都是在徐邦裕教授的主持指导下,发动师生参与完成的。但在发表论文时,他总是把自己的名字写在最后。而且,在他主持下研制的成果大部分都是国内"第一":第一部暖通空调专业用的制冷工程教材、第一个除尘研究室、第一个模拟人工冰场、第一台热泵式恒温恒湿空调机组、第一台水平流无菌净化空调机组、第一台房间空调器热卡计实验台……这些"第一",使他成为我国暖通空调界第一位进入国际制冷学会的专家。1979年,在意大利、德意志联邦共和国召开的国际制冷会议上,他的论文轰动了各国同行。改革开放后,中国的科学技术研究引起了国际社会的瞩目。

20世纪60年代前,我国高校暖通空调专业采用的教材一直沿用国外教科书的内容。为什么不能编写自己的教材呢？1957年,徐邦裕教授针对专业未来的发展,将制冷机内容从"泵与风机及制冷机"中分离出来,创建了暖通空调制冷技术课程。全国各高校也逐步开始设置制冷课程,以满足空调工程的需要。在认真分析研究"制冷工程"在国家建设中重要作用的基础上,徐邦裕教授创造性地另辟蹊径,编写出了符合我国国情的教材,并为我国高校开设了第一门制冷专业课,同时建立起了我国第一个除尘研究室。

1963年,在全国"调整、巩固、充实、提高"方针的指引下,暖通专业经历了一次规范化的整顿。在建筑工程部领导下,全国高等学校供热、供煤气与通风专业教材编审委员会成立,负责制订暖通专业全国统一的指导性教学计划,以及各门课程及实践性教学环节的教学大纲,并组织编审了一整套暖通专业适用的全国统编教材,徐邦裕教授担任主任委员。

随着社会经济的发展和科学技术的进步,制冷技术在我国的应用日益广泛和深入。冰雪运动(速度滑冰、冰球、花样滑冰、滑雪等)是广大群众所喜爱的运动项目。我国早期的冰雪运动仅限于在室外天然冰雪场上进行,这使得冰雪运动的开展受到地域和气候的限制。1959年,黑龙江省拟建人工滑冰场,省体育运动委员会委托哈尔滨工业大学进行研究设计。为此,徐邦裕教授主持开展了人工冰场的实验研究,并在哈尔滨肉类联合加工厂四车间建造了一个实验小冰场。

徐邦裕善于发挥集体的智慧和力量攻克难关,在科研和工程实践中锤炼教师队伍,培养人才。1960年,他调动了除尘研究室的大部分教师和两个班的学生,带领研究人员在室内15至25摄氏度条件下,研究冰面质量(硬度)与冰面温度、管内温度等各种因素之间的关系,同时进行人工冰场设计计算等方面的研究。在他的指导下,师生群策群力,总结出了大量实验数据,提出了在室内温、湿度条件下,修建人工冰场、冰球场的设计方案和资料。

60年代初,在徐邦裕主持下,哈尔滨建筑工程学院开始了人工冰场的实验研究工作,并首次建成了模拟冰场。1966年3月,首都体育馆人工冰场由北京市建筑设计研究院开始边科研、边设计、边施工,1968年4月成功运行。这是我国第一个标准面积的人工冰场。在首都体育馆人工冰场的设计施工中,徐邦裕把他用心血提炼的数据和资料无条件、无保留地献了出来。70年代以后,长春、哈尔滨、吉林等地,乃至气温较高的一些城市,也先后建成多座室内和露天的人工冰场及速滑跑道,为我国冰雪运动的发展和普及做出了突出贡献。

徐邦裕生前为我国热泵事业的发展勤奋工作、无私奉献,不遗余力倡导推广热泵技术,为今天热泵技术的蓬勃发展做出了贡献。

徐邦裕教授是一位推动我国热泵事业发展的先行者。相对世界热泵的发展,我国热泵的研究工作起步晚20至30年。但从中国情况来看,众所周知,旧中国的工业十分落后,根本谈不上热泵技术的应用与发展。中华人民共和国成立后,随着工业建设新高潮的到来,热泵技术也开始引入中国。60年代,我国开始在暖通空调中应用热泵。

1963年10月,他写了一篇介绍《国外空调制冷发展动态》的研究综述。他在开头这样写道:"近来由于尖端科学实验需在特殊条件下进行,又因特殊精密产品需要在特殊环境中制作,于是对于空气调节工作者提出了苛刻的要求,而迫使这门科学飞跃前进。"在分别介绍了英美等发达国家以及苏联在供冷空气或冷源的系统、空气及冷却介质的冷却方法、冷源发生设备、热泵及低位热能等方面的先进经验后,他说:"从上面列举的发展概况中,那些适合于我们的需要,以我国社会主义建设之速、边幅之广、人员之众、要求之急,似乎都配合口味;但是进行研究的安排,总应有个先后缓急,仅提出不成熟的看法:从各方面来看,我国在空调制冷的各项问题中设备产品的改进试造和研究应该是个中心环节。"

1965年,徐邦裕教授领导的科研小组,根据热泵理论首次提出应用辅助冷凝器作为恒温恒湿空调机组的二次加热器的新流程,这是世界首创的新流程。次年,哈尔滨建筑工程学院与哈尔滨空调机厂共同开始研制利用制冷系统的冷凝废热作为空调二次加热、井水作为冬季热源的新型立柜式恒温恒湿热泵式空调机。

1960年,徐邦裕教授领导科研小组在1966至1969年期间完成了LHR-20热泵机组的研究收尾工作,于1968年通过技术鉴定。而后,哈尔滨空调机厂开始小批量生产,首台机组安装在黑龙江省安达市总机修厂精加工车间,现场实测的运行效果完全达到恒温恒湿的要求,这是我国第一例以热泵机组实现的恒温恒湿工程。

给人慈父般温暖的师者

作为我国暖通、空调与制冷行业的一代宗师,为数不多的几位第一代专家之一,徐邦裕培养出了一大批优秀的人才。这些人活跃在祖国的大江南北,其中不少人是学科带头人,学术骨干或政府、企业的中、高级领导。他的学生孙德兴教授等在回忆恩师时说,徐先生对学生要求很高、很严,但又满腔热忱,像慈父那样温暖。他在学术上站得高、看得远,指导研究生不拘于细节,细节方面让学生充分发挥,但在大的方面,他总能提出更高、更多的要求。在20世纪70年代,计算机在我国还很不普及的时候,他就自己首先学会了,这对一个当时已年过半百的人是不容易的。他学会后,就指导学生把计算机应用到专业中。

孙德兴说:"做过徐先生学生的人都有同感,尤其是我们这些研究生,我们的学位论文都是让先生的高标准、严要求'逼'出来的。回想起来,跟徐先生学习一场,不仅学到了专业知识,更学到了对学术精益求精的精神,感到终身受益。"

在徐邦裕的众多学生眼里,老先生很是平易近人。刚留校的青年教师敢于和他讨论问题,如果答不上来,他会和大家一起做实验来解决。60年代初,虽然身体不好,但他仍然坚持给学生上绪论课,而每年元旦,他都会到每个班级走一圈,给学生讲讲专业发展,对学生产生了无形影响。

刚搬来的头些年,徐邦裕家里的人气很旺。因为一到中午,讲完课,由于胃肠不好,徐邦裕一定要回家吃饭,这时他的学生就会跟回家问问题,大多时候都会留下来吃饭。由于学校当时师资不足,他一个人要带10多个学生做毕业设计,每天都要很晚才回到家。逢年过节,爱热闹的他都会把不能回家的单身青年教师叫到自己家中。陆亚俊、高甫生、马最良等都曾被邀请到家中做客。这样一来,师生结下了深厚的感情。

他的学生马最良教授说:"老先生培养人不在于告诉你技术,而是给予对你一生都产生影响的东西。首先是做事,他告诉我们,只有坚持下去,才能完成;二是必须脚踏实地地干。从他身上,我们学到:完成事情要勤快,可以总结为'勤做事、勤学习、勤思考、勤总结'。"

马最良印象最深刻的是,老先生的家中除了门,四面全是书,而且全是专业方面的书,这些书全是他从微薄的收入中挤出钱购买的。他对年轻人的爱护还体现在一件事情上。80年代初,他牵头的多个项目获得省部级奖项,他都让给了教研室的年轻人。他说:"我岁数大了,不需要这个,还是给年轻人吧。"

而在大女儿徐来南的记忆中,父亲从来没有当面批评过她和弟弟,只依稀记得曾说过"宁可自己吃亏,也不能让他人和国家吃亏"的话,大多时候是以"身教"的方式影响了她和弟弟。比如,每次当家里的保姆为他盛饭或提醒他出门带伞时,他都会很礼貌地说一句"谢谢",当经过教学楼的清洁工刚打扫干净的地面时,他会不好意思地说"对不起"。值得一提的是,徐邦裕还经常下工厂搞研究,并和老工人讨论问题,很多技术工人对他都很熟悉,也很敬重。他穿着朴素,显得很不起眼,以至于有一次到工厂调研,在进行住宿登记时,服务员将陪同他的助手当成了教授。

迎来改革开放的"春风"

从一名民主党派人士到光荣的共产党员,徐邦裕走过了半个多世纪的人生历程。在生命的最后一个10年,他仍然将全部的精力投入为之奋斗的科研事业中,为自己的人生画上了一个圆满的句号。

一份迟交的入党申请

1985年5月1日,徐邦裕教授向党组织递交了入党申请书。在这份入党申请中,他用饱含深情的文字写道:

"60余年的坎坷生涯,是一条起伏崎岖的道路。看过垂死挣扎的封建残余,闯过狰狞的殖民主义的关口,尝过欺骗性的资本主义的辛酸苦辣,也走过社会主义的不平坦。从纯粹的爱国思想出发去追求理想社会,始终是在动荡中奔波,对社会主义能否战胜资本主义,信心不够坚定,尤其在无人帮助时,更感到一些徘徊。后来慢慢发现,人的工作对人民的贡献的确太渺小了,为什么呢?是否与个人没有一个终生不渝的信仰,没有向一个坚决的目标前进有关?

"过去我是跟党走的,今后更应像电子绕原子核转动一样,永远受核的引力而做有规律的旋转,永不做一游离子,这样就能有更大的能量。我一生碌碌,无所依附,随遇而安,未向着希望的最终归宿奋进。现在有限的生命已经不太远了。因此,特别在此时,热烈要求加入中国共产党的组织,恳请党组织能像母亲般来接待这样的老儿子,让我投入怀抱,再继续哺育我,我虽年近古稀,光暗热微,但仍想借此增加绵薄之能,为壮丽灿烂的伟大中国共产党的事业添砖加瓦,更渴望在有生之年能为党、为国家、为社会主义建设多做一点工作,我一定战斗到最后一口气。"

从少年时代以"两耳不闻窗外事、苦学自励"作为座右铭,到在德国留学时,以"苦行僧"自居,闭门读书;从他抱着科学救国的理想,吃尽千辛万苦,回到祖国的怀抱后,腐朽的反动政府给他的万分失望,到中华人民共和国成立后欣欣向荣的景象给他带来的欣喜。党的十一届三中全会后发生的改变,让他重新看到光明前景,他认为,中国现在所行的模式是最适合我国国情的,执行了强国富民的路线,是能够让历史车轮沿着正确轨道向理想行进的共产主义。这些认识是徐邦裕几经沧海、反复思考得出的结论,也最终成了他的信仰。

一年后,徐邦裕被党组织接纳,正式成为一名光荣的共产党员。为了这一天,他走过了半个多世纪的人生历程。

瞄准国际前沿开展科学研究

改革开放政策使国民经济重新走向发展之路,经济的发展又为暖通空调提供了广阔的市场,也为热泵在中国的发展提供了很好的契机。因此,热泵的发展于1978年开始进入一个新的发展阶段。徐邦裕教授及时、准确地抓住了这一契机,瞄准国际前沿开展了一系列富有成果的科学研究。1978年7月,在一篇题为《国外空调制冷设备发展动态》的研究综述中,他详细介绍了发达国家在该领域最新的研究成果。短短20页的内容,参考文献却达到了惊人的159篇。徐邦裕教授对工作的严谨、认真态度由此可见一斑。

20世纪70年代以前,一些主要生产企业陆续建造了较为完善的压缩机用作实验装置,但其他制冷空调产品的实验则只建设了一些简单的装置,大型设备只能到用户使用现场进行调试和实验。房间量热计实验装置是房间空调器性能测试装置,又称热卡计实验台。国际上公认,这种方法是房间空调器性能测试方法中精度最高的一种。1968年,国际标准化组织(ISO)将这种方法列为推荐标准,一些工业发达国家也都先后定位自己国家的标准并在实验中应用。1980年,徐邦裕教授领导的研究团队建成了国内第一个房间空调器的标定型房间量热计实验台;1988年,原哈尔滨建筑工程学院与青岛空调设备仪器厂合作建成了青空的标定型房间量热计实验台。这些实验台的建设为提高房间空调器产品性能和质量提供了实验与监测手段。

1978至1988年期间,由于大量引进国外空气/空气热泵技术和先进生产线,我国家用热泵空调器得到较快的发展,家用空调年产量由1980年的1.32万台增至1988年的24.35万台,增长速度非常快,但很多都是进口件组装的或仿制国外样机。这些产品是否适合我国的气候条件,在我国气候条件下是否先进,这些问题都亟待研究解决。为此,徐邦裕教授开始对小型空气/空气热泵进行一系列基础性的实验研究,并在短短的10年时间里做出了许多成绩,其中包括:为开发家用热泵空调器新产品,对进口样机进行详细的实验研究;我国小型空气/空气热泵季节性能系数的实验研究;小型空气/空气热泵的除霜问题研究;小型空气/空气热泵室外换热器的优化研究;等等。

蒸发冷却技术是利用水蒸气效应来冷却空调用的空气。它在空调中应用的历史悠久。人们早就知道用水洒在地上冷却室内空气,工业通风中用喷雾风扇,空调中用淋水室。将蒸发冷却技术作为自然冷源,替代人工冷源的研究早在20世纪60年代已引起国内学者的关注。蒸发冷却技术在60年代已在我国开始应用,用于高温车间降温。1989年,哈尔滨空调机厂生产的用规则纤维素材料做填涂层的直接蒸发冷却器安装在平圩电厂,1990年投入使用并于当年通过鉴定,成为我国第一台填料蒸发式空气冷却器。20世纪 80 至 90 年代,国内开展蒸发冷却技术研究的单位主要集中在同济大学、原哈尔滨建筑工程学院、天津大学等高校。

其实,早在 20 世纪 60 年代,徐邦裕就开始研究热泵技术。当时国内没有人认为这项研究有前途,甚至报以嘲笑,但他依然是"逢会必讲"。他更多的是站在国家中长期发展的角度,深刻认识到"能源和环境问题是一个大问题",只是当时问题未显露出来。随着热泵技术应用到家庭,这项研究才显现出它的意义来。他还将科学研究的成果积极引用到日常的教学工作中。1983 年,他率先开设热泵研究生进修课,1985 年形成校内教材,1988 年出版国内第一本由中国学者编写的热泵教材。该书被研究人员引用不下百次,并作为教材使用了近 20 年,足见其在学术界的权威性。回头来看,他通过编写教材做了一些热泵技术的普及工作,由此推动了我国热泵技术的发展。

徐邦裕教授开展科学研究所具有的前瞻性体现在方方面面。他发表的一篇关于热泵技术的论文中这样写道:"人类消费的能源,今后要大幅度增加是无疑的。那么,是不是说能源即将枯竭呢?我们的回答是否定的。大可不必忧虑。我们尚可利用太阳能和核聚变能,也可利用生物能、风力能、水力能、波涛能、地下热能等新能源,更可利用地球表面的大气、土地、水中含有的低位热能和工业废热等。这些低位热能处处皆是,形式颇多,数量可观,利用的前景远大。但是,要利用这些能源还存在一些技术上和经济上的困难,尚有大量的科学研究工作要做。为此,我们提出了如何利用低位热能的新课题,热泵在此课题中将占有重要的地位。热泵是回收和利用低位热能的有效手段之一,研究和推广应用热泵技术对于节约能量,提高经济效益,促进生产发展有重要意义。"

为科教事业奋斗终生

即使在困难时期,徐邦裕也始终认为,科教事业总要发展,所以他一直没有放弃自己的工作,依然是全身心地投入。沉重的精神压力和繁重的工作压力,使他的身体更加不支。1975 年以后,他外出工作时,总是在自己的上衣口袋里装着写有姓名住址的卡片,以防随时发作的高血压、冠心病。1979 年,到意大利出席国际会议返校的第二天,他就瞒着家人带病到协作单位工作。1982 年,为了完成一项重要的出国考察任务,他勉强接受了医院实施的强制性治疗,入院的全面检查还没做完,他就要求医生快点用药。在医生的追问下,他这才说出实情:"出国前还必须到大连参加一次学术评议会。"医生说:"你已经是 60 多岁的人了,而且身体又不好,工作上不能太劳累。"他却说:"正因为我老了,又有病,我才要抓紧时间。改革开放、四化建设,大家干得热火朝天,我怎么能在医院养病呢?我还有许多工作要做啊!"

徐邦裕教授资深望重,在国内外都享有很高的声誉,但他在学术上从不摆架子。无论什么人,包括那些在工程实践中遇到困难的技术员、工人,只要找到他,他都热心地帮助,并用商量的口吻和他们讨论问题。在徐邦裕的心里,只要是对国家、人民有益的事情,他都愿意去做。他说:"发展科教,富国强民,是我一生的追求,只要对此有利,我愿做一块铺路石。"

改革开放以后,徐邦裕教授曾多次应邀出国。但他每次回来,大包小包装的都是资料,别说大件物品,就是一个半导体他也没往回带过。他带回的资料谁用谁拿,拿走了他再买。他的学生回忆说:"老先生病逝后,我们赶到他家取衣服,翻箱倒柜竟找不出一件像样的衣服为先生送行。他的工资不低,钱都哪去了?到老先生家就全知道了。在他家里,除了床、两张桌子、两把木椅、一对木扶手沙发、一个老式衣柜外,再有的就是书了。看到书,谁都会明白,老先生的钱都花在这上了。"

在徐邦裕教授家的书架上,本专业及相关专业藏书资料古今中外无所不有,书架上摞了一层又一层,赶得上一个图书馆。他的学生说:"先生的这些书实际上都是给我们准备的。我们需要的一些资料,在省内,甚至在国内图书馆都找不到,到先生这里却可以找到。这些书不但供我们使用,他还经常无偿地把一些资料送给素不相识的人,没有了他就再补充上。"

曾担任哈尔滨建筑大学校报主编的胡朝斌,在一篇文章中回忆起了与徐邦裕教授的夫人许申生偶然的一次闲谈。那天,正赶上许申生在复印室复印资料。胡朝斌向她打听徐邦裕教授的情况。许申生告诉他先生正在家里写信,说是有人要资料,让她来复印。胡朝斌明白,提起写信,实际上是在回答别人的咨询。像这样的回信,徐邦裕教授每年都要写几十封,甚至上百封。这些回信有给同行的,有给学生的,但更多的还是给那些素不相识的人。他是有问必答,有求必应,有时还要给人画图、赠送资料。这一封封来信,一封封回信,耗费了老先生多少心血呀!但他却乐此不疲。有时实在忙不过来,他就让夫人帮忙。但到往外寄时,他还必须检查一遍,以免出现差错。

在中山路129号学校分配的一套房子里,徐邦裕教授一住就是33年。在别人眼里,这套房子显得很不起眼,甚至有些寒酸。但他从来没有主动向学校要求过什么,也从来不向学校提涨工资、分房子的事情。他一生对自己一无所求,他心里只有祖国、他人、工作。他的研究生毕业离校,他亲自送到车站;他的学生结婚,他要送上一份贺礼。然而,他有病住院却从来不想让人知道。有一次他到上海看病,病还没好,他自己就坐硬座车回到了哈尔滨。他说:"我看病花了不少钱,国家还不富裕,能省就省,坐硬座不也回来了嘛。"在他病重期间,他自知病重,多次要求组织不要给他用贵重的药,不要派那么多人护理他。学生、同事们去看他,他极力地说服大家不要总来看他,不要影响工作。

1991年,徐邦裕安详地走到了人生的尽头,享年74岁。建设部在发来的唁电中写道:"徐邦裕教授是全国著名的空调制冷专家,国际制冷学会会员,第五、六、七届全国政协委员。他拥护中国共产党的领导,热爱社会主义祖国,忠诚党的教育事业。我们要学习他献身祖国科技事业的革命精神,忠诚正直的优良品质和严谨的治学态度。"徐邦裕教授虽然走了,却为世人留下了宝贵的精神财富。

尾 声

苏联文学名著《钢铁是怎样炼成的》中有一段人们耳熟能详的话:"人最宝贵的东西是生命。生命对人来说只有一次。因此,人的一生应当这样度过:当一个人回首往事时,不因虚度年华而悔恨,也不因碌碌无为而羞愧;这样,在他临死的时候,能够说,我把整个生命和全部精力都献给了人生最宝贵的事业——为人类的解放而奋斗。"由此观之,徐邦裕教授的一生不正是这样度过的吗?

徐邦裕教授的一生写下了多少个"第一",为国家节省了多少资金、能源,为他人解决了多少生产技术上的难题,谁也说不清楚,因为哪项成果、哪件产品上,都没有单独写着"徐邦裕"这3个字。然而,他的名字却与他的学生、同事,与工厂的技术员、工人、试验员们永远连在一起。

如今,徐邦裕教授的铜像巍然屹立在哈工大的校园,他将作为一座不朽的丰碑永远活在每一个哈工大人的心中。

无限忠诚　无私奉献

——杜鹏久教授的信仰和事业

杜鹏久，1928年4月25日出生，黑龙江省阿城人。1948年加入中国共产党，曾任哈尔滨建筑工程学院科研所副所长，1992年离休。曾任中国电子学会高级会员、中国电子学会洁净技术学会副理事长、全国暖通空调及净化设备标准化技术委员会委员、黑龙江省暖通空调学会名誉理事长、黑龙江省重型通用机械行业协会理事、黑龙江省劳动保护科学技术学会顾问，享受国务院发给的政府特殊津贴。

主要经历与行业贡献（根据杜鹏久教授提供材料整理而成）：

1945年考入哈尔滨工业大学，在校加入东北民主青年联盟。

1948年加入中国共产党，历任哈工大地下党支部委员、学生会副主席、哈市大专学联委员、哈工大共青团团委委员。作为学生代表，出席1948年12月在沈阳召开的东北第一届学生代表大会，1949年2月在北京召开的中华全国学生联合会第十四届代表大会。

1952年毕业留校，1953年建立新专业任土木系卫生工程教研室副主任，负责创建了我国第一个采暖通风专业。

1955年至1959年在苏联列宁格勒建筑工程学院通风及空气调节专业读研究生，兼任该院中国留学生党支部书记。1959年获苏联技术科学副博士学位，同年回国，调入哈尔滨建筑工程学院，历任暖通教研室主任、城建系副主任、科研所副所长、讲师、副教授、教授、研究生导师。

1966年与学生参加农村社教运动，任社教分团副书记。1970年3月至1972年6月组织分配携家属到农村插队落户，任插队连指导员。

1978年提出了"洁净室综合技术研究七年规划"。1980年作为国家建委组织的暖通空调设备及测试技术考察组成员赴日本考察。

他的副博士学位论文《弯头内壁粗糙度对其局部阻力系数影响的研究》被苏联1960年出版的《水力阻力手册》（V·E·UoeAquk著）、1976年出版的《变风量空气调节系统》（A·T·COTHVKOB著）和我国制订的《通风管道常用管件标准系列》等采用。

完成13项科研项目，其中9项属国内首创，填补了我国洁净技术在医疗、食品工业、实验动物设施等领域的空白。其中研制并采用"水平流净化机组"，创建了我国第一个净化单元式无菌手术室,获省科技成果三等奖和电子工业部科技成果奖;"垂直层流洁净室气流组织,换气次数和洁净度关系"成果已被中华人民共和国国家标准《洁净厂房设计规范》(GBJ 73-84)采用。

主审全国统编教材《空气调节》。发表学术论文20余篇,其中3篇在国际学术会议上发表。参加翻译、出版《采暖通风与空气调节》(英)、《苏联建筑百科全书》(俄)、《国外建筑文摘》(日),培养硕士生13名。

杜鹏久同志在共产主义先进思想的感召下,毅然加入共产党,投身祖国的解放事业。听从党的调遣,能上能下从无怨言,始终与党中央保持高度一致。在农村插队期间能克服一切困难,坚持与农民同劳动,受到农民称赞。任领导工作能深入关心群众,以身作则,吃苦在前,享受在后,清正廉洁,一身正气。从事科研勇于开拓,刻苦严谨,首创了多项成果。他无限忠诚于党的教育事业,备课认真熟练,四十年如一日,教书育人,把毕生精力无私地献给为祖国培养德才兼备、全面发展的共产主义接班人的壮丽事业。业绩曾入编《中国当代名人录》《新中国留学归国学人大词典》《当代中国自然科学学者大辞典》和《阿城当代人物》等书籍。

筚路蓝缕，以启山林

——郭骏教授早年的回忆

郭骏，1951年毕业于上海圣约翰大学土木系，1955年毕业于哈尔滨工业大学研究生班。历任哈尔滨建筑工程学院讲师、副教授、教授，中国供热通风及空调学科专业的第一位博士生导师，中国暖通空调专业教育体系的拓荒者之一，中国建筑学会暖通空调学术委员会第二届副主任委员。他主要从事于寒冷地区居住建筑供热节能的研究，创建了我国第一个主要指标达到国际标准的低温热水散热器热工性能实验台，建立了我国第一个达到世界先进水平的大型热箱测试系统。他研制的高温水、高压蒸汽实验台为国内首创，其运行精度超过了国际标准。他创建的"测定复杂建筑构件传热系数及能耗对比分析的动、静态热箱群"，为我国的建筑节能提供了测取基本数据的重要手段。创建了我第一个建筑节能研究室，包含计算机、自动控制、数学、暖通等相关研究人员。著有《采暖设计》等。

以下是根据郭骏教授的自述进行的整理。

1952年，郭骏从上海圣约翰大学土木系毕业后，恰逢中国政府第一次对大学生进行毕业统一分配，机缘之下来到了哈工大，正如他所讲："当时，一位姓金的总长接见了我，并告知我被分配来做采暖通风专业的研究生，给苏联专家当徒弟。"就是在这一年，我国最早的土木系暖通专业在这片黑色大地上悄然发芽，并通过汲取、传播、优化苏联先进的办学经验茁壮成长。沧海桑田、世事变迁，近70年来，哈工大暖通专业在国家兴盛的浪潮中始终坚持传承与发展，坚定不移地为我国培养高层次人才、输出高水平成果，在我国建筑科技发展史册上留下了浓墨重彩的篇章。让我们跟随一代宗师的娓娓讲述，一起体味那份刻骨铭心的酸甜苦辣，回忆那段开天辟地的激情岁月，铭记那种砥砺奋进的行业精神。

"来到哈工大的第二天，我被编入了研究生的俄文学习班。最初的俄文老师是一位老太太，后来不知什么原因，换成了一位姓加尔金娜的老师，刘牟尼老师负责管理我们的俄文教研室。刘老师要求我们把以前学习的英语全部忘掉，全心全意地学习俄文。我们要经过一年的俄文学习，之后方能进行专业学习。这一年的俄文学习是非常成功的：前半年上午上课、下午自学；后半年增加了与俄国青年对话的环节，因此进步很快。

"俄文学习结束后,我来到了土木系,班里一共有四位研究生,除我之外,另外三位分别是蔡秉乾、顾迪民和王学涵,当时的系主任李德滋和我们进行了谈话。李德滋告诉我们,不久要来三位苏联专家,分别教给排水、施工和采暖通风。由于校内已经有了几位给排水方向的教师,并且施工需要的人数较多,因此我们四位研究生需要有一位学采暖通风,三位学施工。李德滋指定我来学习采暖通风,其他三人则去学习施工。

"由于中国之前从未有过采暖通风专业,所以大家并不知道这个专业需要学习哪些内容。我曾写信请教上海的老师和亲友,他们回信说,这是机械系的专业,和土木系的基础完全不同。于是,我去找了李德滋,希望他能够从机械系找一个人来学采暖通风。他的答复很简单:'我们现在是在学习苏联,采暖通风专业归属土木系,哪个机械系的毕业生肯到土木系来呢?'所以只能由土木系的来学习。

"当时俄文班里一共有五位第一届采暖通风专业的研究生,除了我是由哈工大指定之外,其余四位是由其他大学派来学习采暖通风的研究生,分别是:天津大学的温强为、湖南大学的陈在康、同济大学的方怀德,以及太原工学院的张福臻。他们四位和我一样,也都毕业于土木系。由于苏联专家短期内并未如约而来,我们五人被划归在了给排水的教研室,学校还张榜公布了一位我们的指导教师,名叫刘荻。

"由于采暖通风和土木系的专业基础课大相径庭,我们五人虽然在1953年8月进入了暖通专业,但对该专业可谓一窍不通,更不知暖通为何物。在苏联专家到来之前,哈工大安排我们补学了一些必要的基础课,包括:由热能专业比我们高一届的黄承懋讲授的'热力学';由水力学助教赵学端讲授的'水力学';以及由聂别辛可夫(白俄罗斯的采暖设计师)讲授的'采暖',这门课的目的不是为了学习技术,而是为了提高我们的俄语听力水平,让我们熟悉俄语专业词汇,为将来听苏联专家讲课做好准备。遗憾的是,'传热学'和'热机学'这两门重要的专业基础课,一直没有人讲。"

就是在这样的情况下,我国暖通专业的拓荒者们,迫切期待着苏联专家的到来,期待他帮助我们建立这样一个新专业,一个五年制的专业。"让中国人知道,五年制的暖通专业应该学些什么内容。"

"1953年暑假之后,为了迎接苏联暖通专家,哈工大从土木系分出了一个班,进行暖通专业课的学习。这些1951年入学的学生此时正值本科三年级,由指导教师刘荻讲授'采暖'。

"1953年底,苏联专家德拉兹道夫抵达哈工大,接替了刘荻的教学工作,为本科生和研究生讲授采暖课程,紧随其后的是通风和供热课程。授课方式有两种:一种是苏联专家慢慢地念讲稿,念完一段解释一段,大家拼命地记笔记;一种是在苏联专家的指导下做课程设计。同期学习的还有由哈工大土木系毕业的留校教师杜鹏久和赵亚杰,以及刘获。为了加速培养本校师资,哈工大又从 1951 级的本科生中选出五人:路煜、盛昌源、贺平、刘祖忠、武建勋,和我们一同跟苏联专家学习。

"这时从全国各高校来了十几位进修教师,包括清华的副教授吴增菲和重庆建筑工程学院的副教授王建修,以及西安冶金建筑学院、华东纺织工学院(现东华大学)、中国人民解放军军事工程学院(现哈尔滨工程大学)、青岛建筑工程学校(现青岛理工大学)、南京粮食学校(现南京财经大学)等的讲师和助教。他们当中,能够听懂俄文的,会跟着我们一起听苏联专家上课;听不懂俄文的,会跟着本科生一起听哈工大研究生上课。所有进修教师的课程设计都是由苏联专家亲自指导的,语言不通的教师,会由我帮他们进行翻译。

"1954 年,总支书记陈玉英找我谈话,他说为了使专业快速成长,学校决定指派杜鹏久前往苏联学习,同时成立供热、供煤气及通风教研室,任命我为教研室副主任,负责专业和苏联专家的一切工作。

"1954 年暑假之后,哈工大暖通专业迎来了第二届研究生:陈琰存、陈沛霖、赵振文和李猷嘉。此时采暖课程已经结束,他们只能和我们一同听苏联专家讲授通风和供热。

"这个时候,需要在 1951 级和 1952 级的本科生中逐渐普及暖通专业课的学习,却苦于没有授课教师。于是,我们决定采用应急方法:安排研究生一边跟苏联专家学习,一边给本科生讲课。我负责给 51 级本科生讲通风;温强为、陈在康、方怀德、张福臻四位第一届研究生则分工合作,负责给 51 级本科生讲供热;刘荻负责给 52 级本科生讲采暖。之后,由路煜接替刘荻进行采暖课程的教学,刘荻则去协助德拉兹道夫建设我们的实验室。实验台的设计由我们大家分着做,并且邀请了曾在美国做研究生的吴增菲进行空调测试台的设计。

"按照计划,德拉兹道夫应该在 1955 年暑假之前回国。因此,我们这些人,包括一些来自外校的进修教师,都要在此之前完成学位论文,重点是工业通风。1954 年暑假,德拉兹道夫在长春汽车厂指导了我们的生产实习,并协助我们拿到了沈阳一机部三、四分局档案室中保存的车间平面图和生产工艺图。这些图纸都属于绝密资料,因为有苏联专家,图纸的获取过程才显得相对顺利些。当时,主持三、四分局设计工作的是化工机械系的毕业生张家平和李志浩,他们现在是国内著名的暖通专家。实际上,当年各设计院基本上都是由机械系毕业生担任暖通设计,他们后来也都成为了中国这方面的专家。

"德拉兹道夫在校期间,一共讲授了采暖、通风和供热三门课程,还要尽心尽力指导一大批人的课程设计、生产实习和毕业设计,着实非常辛苦。虽然,事实上,他只是把苏联大学里暖通专业需要学习的部分课程和应当完成的课程设计,给我们讲了一遍和过了一次,但是,大家依然很崇拜他。至于'锅炉及锅炉房设备'和'传热学'这两门专业课,前者由于没有授课教师,我们只能自学,然后由动力系的一位苏联专家安排我们考试,后者由于时间不足,我们当时并没有进行学习。因此,确切地说,我们只不过是在苏联专家的指导下,补学了暖通专业部分主要的内容而已,所谓的研究生学位论文,其实是我们的毕业设计。

"由于任务繁重,眼看到了原定回国的日子,德拉兹道夫也没能讲完通风和供热这两门课程。于是,他将回国日期申请延长到了1955年暑假之后,在假期总算讲完了供热。至于尚未讲完的通风,出于无奈,他给我留了一本该课程的教学指导书,让我们照着自学。这是一本函授学院的指导书,书中详细介绍了每一章的具体内容,某一内容应该读哪几本书,从哪本书的第几章、第几页、第几行学到第几页、第几行。

"德拉兹道夫离开之前,我们的实验室也在他的指导下建设完成了。然而,没过几年我们就发现,这个实验室基本上就是按照生产实物设计的,体形庞大,根本无法进行实验,更无法用于教学。因此,几年后,我们逐渐有了相关经验,便对这个最初的实验室进行了拆除重建。后来我们才知道,德拉兹道夫来自于函授学院,可能根本没有搭建实验室的经验。而且,苏联此前也没有暖通专业,只是在动力机械系里有一个采暖通风专门化。50年代初期,苏联建筑部门认为,采暖通风和动力专业之间的配合欠佳,于是在建筑学院成立了这样一个专业。随后,又和原本属于给排水专业的煤气输送进行了合并,最终形成了暖通这个新专业。

"1955年9月,德拉兹道夫回国,我们也算完成了任务。"

第一届暖通专业研究生中,陈在康和张福臻毕业即返回了自己的学校;天津大学暖通专业还没有到专业课授课阶段,经天津大学同意,温强为留在哈工大帮了两年忙;方怀德则因为身体欠佳,当时未能完成毕业设计,延期了一年。

1951级本科生中,路煜、盛昌源、刘祖忠、武建勋四人也在1955年9月按照学制(本科)顺利毕业,准备留校加强教研室建设。不过这时发生了一件意想不到的事:"一天,路煜告诉我,学生科通知,教育部已经将他们四人按照应届毕业生分配出去了。我连忙向系里反映,系里也立刻经过学校联系到了教育部,要求把他们四人重新分配回哈工大。然而,教育部回复说,有一个名额需要分配给同济大学,只能返还哈工大三个名额。于是出现了武建勋前往同济,其他三人留校任教的结果。"51级本科生中的贺平,由于1954年突患严重的心肌炎,暂时休学,痊愈返校后降级到52级跟班学习。

"没过多久,系里通知我,要把路煜和盛昌源两人送到苏联去学习。当时,路煜是采暖和通风的授课教师,盛昌源是供热的授课教师。由于温强为能够接替路煜讲采暖和通风,我便建议让路煜先去苏联学习,盛昌源可以之后再去,系里也同意了我的提议。不料,路煜出国后,中苏交恶,此后就再也没有派人前往苏联了。

"1955年,在德拉兹道夫回国后,苏联紧接着派来了一位燃气专家——约宁。同时,我们也迎来了第三届研究生,他们是东北工学院自己办的四年制暖通专业的毕业生,共有八人。跟随约宁学习燃气的不仅包括这八位研究生,还包括全国各校前来进修的教师,以及第二届研究生中的李猷嘉,并由他负责约宁的一切工作。

"至此,我们已经基本上掌握了苏联暖通专业中的主要课程。但是,教学计划中实际上还包括锅炉和锅炉房、施工计划、施工组织和自动控制等课程,虽然苏联专家并未讲授过,我们的学生却必须按照计划完成这些课时。于是,我们又一次采取了应急方法:在1952年入学的本科班里又调出了四个学生(秦兰仪、崔汝柏、廉乐明和吴元伟)特殊培养。除了需要完成本班的课程外,秦兰仪、崔汝柏、廉乐明三人还需要完成机械系苏联锅炉专家给他们制订的特殊计划——自学并完成锅炉房的毕业设计;吴元伟则需要完成电机系苏联自控专家为他单独制订的计划——到电机系听课、自学并完成暖通空调自控的毕业设计。由于此前暖通专业没有自动控制的授课教师,吴元伟便给自己班的同学(52级)讲了这门课,本班同学也向他献花以示感谢。毕业后,秦兰仪、崔汝柏二人担任暖通专业锅炉的授课教师,廉乐明担任暖通专业热工和传热的授课教师。

"1954年,系总支派两年制工民建专业毕业的王焕耕前来担任党支书,我安排他和来自各校的进修教师一同听课,完成一些主要课程,随后让他准备并给学生讲授施工组织。刘祖忠则被派到第一汽车厂工地进修,一年之后回来讲授施工技术。

"1956年,第二届研究生毕业,赵振文和陈琰存分别留校充实了供热和采暖通风师资力量。为了解决我们没有实际经验的问题,我在陈琰存留校后立即派他到沈阳三分局去做了一年设计,然后回来教课。我的想法是,以后每一个留校教师,都要轮流到工地和设计院去锻炼一年,再回来教课。

"1957年,学校从一机部调来了一位在德国学习热工的留学生——徐邦裕。我们这些人由于没做过设计,对于教学计划中要求让学生做结合实际的设计十分头痛,而徐邦裕则可以驾轻就熟地指导大批学生的毕业设计,他的到来着实为我们减轻了一大负担。

"1957年,约宁回国,第二届研究生李猷嘉和下一届的薛世达留校。至此,供热、供煤气及通风专业的教师队伍,才算配备齐全。"

至于哈工大暖通专业由来已久的学科归属问题,郭骏教授讲道:"1956年高校教学改革,学校给每个教研室发了一套国外著名大学的教学计划,我发现绝大部分大学的供热通风都被划分在了机械系。于是,我在校务会议上提出,暖通专业应归属动力系,这样更有利于发展。当时,以黄承懋为首的动力系教师全力支持我的提议。时任校长李昌也在研究后表示认同,并派我随同宋副校长来到北京教育部反映此事。不过教育部则表示,目前不予讨论,这件事情就被搁置了。后来,陈雨波告诉我,校长顾问罗日杰斯文斯基来自于鲍曼动力学院,苏联的暖通专业就是属于鲍曼动力学院的,因此他们对中国把暖通专业划分在土木系一直持反对态度,这也是李昌校长支持我的原因之一。再后来,土木系要从哈工大分离出来成立建筑工程学院,暖通专业在动力系就属于哈工大,在土木系则属于哈建工,于是问题就变得更加复杂了。此外,1957年风起云涌的政治局势,也深深地影响了暖通学科的归属。"

叹时光匆匆如梭,忆往昔余味无穷。郭骏教授侃侃而谈,不仅鲜活了那段老去的岁月,丰盈了那些时代的丰碑,也让我们深刻感受到了老一辈暖通大师对行业的热爱、对同仁的浓情。这些流光溢彩、熠熠生辉的过往,记载了太多的曲折与奋斗,镌刻了不朽的精神与力量。经过几代人的艰苦努力,哈工大暖通专业始终在中国建筑科技领域有着举足轻重的作用。过去未去,未来已来!在祖国继往开来的新时期,让我们不忘传承、不断超越,扛起新使命、努力新作为,将暖通事业推向新的高度,书写新的篇章!

一生耕耘　卓育菁莪

——贺平教授人物小传

贺平教授是中华人民共和国成立后苏联专家为我国培养的第一代供热专家,是中国集中供热的先驱,为中国的集中供热事业做出了不朽的贡献。贺平教授在长达43年的执教生涯中,不仅积累了丰富的教学和科研经验,而且积极推动将世界最先进的集中供热技术在我国落地生根。既促进了我国城市集中供热工程的建设,也带动了相关产业的发展。贺平教授长期担任哈尔滨建筑工程学院建筑热能工程系供热供燃气通风及空调专业的教研室主任,带出了一批批教学骨干,为国家培养出了众多暖通专业工程技术人员和优秀的教学科研人才。培养了多届本科生,指导工学硕士研究生11人,博士生1人。他的学生大多工作在供热行业的教学、科研、设计、施工、运行、管理等领域,受贺平教授的言传身教,在各自的行业中积极努力工作。

贺平教授是首部集中供热领域的全国高校统编教材《供热工程》的主编,也是我国多部集中供热规范的主编。先后担任全国高校供热供燃气通风与空调专业指导委员会委员,中国城镇供热协会技术委员会副主任委员、中国城镇供热协会顾问、《区域供热》杂志副主编、太原市集中供热指挥部技术顾问等职。他也热心社会活动,曾任黑龙江省政协委员,黑龙江省侨联主席。

贺平教授祖籍山西,1930年生于香港,是革命先烈贺昌和黄慕兰女士唯一的儿子。1950年满怀报国之志的青年贺平由中央组织部从香港接回北京,并保送去哈尔滨工业大学读书,并于1957年土木系采暖通风专业研究生班毕业。贺平教授和同期毕业的其他同学成为1959年成立的哈尔滨建筑工程学院的建校元老。在之后短短的几年间,他在教学科研的岗位上辛勤耕耘,努力钻研,积累了大量的教学经验,为其今后在供热教材编写等方面的工作打下了坚实的基础。70年代初期,贺平教授是第一批重返讲台的教师,他以前所未有的热情和精力投入到教学和科研实践中。1981年国家批准了哈尔滨建筑工程学院的博士、硕士学位授予点,贺平教授开始招收研究生,充实研究团队。他以敏锐的专业嗅觉以及对国内需求的认知,开始对北欧先进的集中供热系统及供热技术进行全面的考察并大力寻求国际合作。在他的带领下,他的团队对集中供热工程展开了系统的研究。与此同时,还与国内外同行共同编制了哈尔滨、牡丹江、齐齐哈尔、佳木斯等城市的供热规划。

针对城市集中供热,贺平教授率领团队首先开展了集中供热热负荷的研究。其代表性论文有《对降低建筑采暖热指标和提高集中供热系统运行管理水平的初步意见》《采暖热负荷延续图的确定方法》《利用无因次综合公式确定采暖热负荷延连图》《我国一些城市采暖热负荷延时图基础资料的统计整理与分析研究》《冬季通风热负荷延续曲线的确定方法》等,指导的研究生学位论文有《热负荷延续图和区域锅炉房最佳供热规模问题的探讨》《采暖热负荷延续图与多热源环网系统水力计算》《供暖热负荷延时图与分段变流量调节优化分析》等。

贺平教授率领团队深入研究的第二个问题是集中供热工程的设计与运行管理。代表性论文有《高温水供热系统变压式氮气罐罐体容积设计原理》《蒸汽锅炉锅筒定压高温水供热系统安全运行十年的经验小结》《热水供热系统采用分阶段改变流量的质调节的优化分析》《变速水泵在区域供热系统中的应用分析》《城市集中供热系统二级热水网路的设计供回水温度的确定》《供热系统经济运行问题的讨论》指导的学位论文有《集中热水采暖系统的水力失调分析和小管径调节阀的性能测定》等。

贺平教授率领团队深入研究的第三个问题具有相当程度的前瞻性,即多热源联合供热的研究。该研究对于当今国内多热源供热的城市,实现供热节能、经济高效、余热利用最大化等方面具有重要的指导意义。发表的论文有《热电厂和区域锅炉房联合供热的供热工况研究》《多热源联合供热系统年采暖总供热量的计算方法》《多热源联合供热工况分析》《多热源联合供热系统管网设计原则与方法剖析》,并编著了《多热源环网水力分析软件》,该软件成功应用于北京市多热源供热系统的模拟与运行管理。

在上述研究的基础上,贺平教授开展了国内属于开创性的供热预制保温管直埋技术的研究。这项技术对于国内城市集中工程供热的快速发展起到了至关重要的作用。当年,苏联专家传授的供热技术属于严寒地区热网技术,适合在我国极严寒的地区应用。由于需要建造地沟,不仅热网建造费用昂贵,工期也很长而且管网热损失大。1984年,贺平教授远赴芬兰、丹麦等国考察,敏锐地发现其热水直埋管道技术更适合我国寒冷地区的应用,有利于我国集中供热工程的普及。回国后,他积极投身到热水直埋管道敷设技术在我国集中供热工程的应用。发表了《借鉴国外经验发展我国城市集中供热的几点意见》《论我国集中供热技术发展趋向的几个主要问题》《预制保温管直埋敷设的设计原理》。他不仅撰写专业文章详细介绍该技术特点,更促成哈尔滨、鸡西、天津等地分别建立示范工程,从丹麦、瑞典等地引进数十千米预制保温管。正是在这样的大背景下,哈尔滨市建成了我国首座年产200千米的预制直埋保温管厂,我国集中供热直埋管道工程才聚焦在三位一体的聚氨酯发泡保温层、聚乙烯壳体外护的预制直埋保温管道上,集中供热管道敷设技术走上了一条现代化的发展道路。

在积极落实这些硬件建设同时,贺平教授还率领自己的研究队伍,针对我国具体气候和地质情况,对预制直埋供热管道的保温性能和力学性能进行了深入的研究。1989年,在他领导下,哈建工率先建设了直埋预制保温管力学性能的科学研究实验台,进行了包括预制保温管和细砂、中砂在密实回填、中密回填、松填状态下的摩擦系数等参数的测试,对三位一体的预制保温的粘接强度进行了测试,揭示了摩擦系数的变化规律,管道回填的方法等等。在基础研究同时,贺平教授的研究团队还紧贴实际,对包括哈尔滨东光机械厂,哈尔滨市热力公司等数十个厂家预制保温管的力学性能等技术参数进行了应用测试,撰写或指导了论文《直埋供热管砂箱实验台研制及力学性能试验》《直埋供热管道应力分析方法及摩擦系数试验》《直埋敷设供热预制保温管经济保温层厚度理论计算》《几种国产预制保温管的一些性能试验及其分析研究》《几种国产预制保温管力学性能实验小结》,为这些产品的工业化生产和工程应用做出极大贡献。

1990年,他主持完成了国家科技部项目:哈尔滨市低温核供热管网可行性研究项目,并在北京通过鉴定。1993年贺平教授主持完成了建设部"八五"期间研究项目:热力管道直埋技术的完善与配套,为1998中华人民共和国行业标准《城镇直埋供热管道工程技术规程》CJJ/T 81—1998版的编制提供了管键技术支持。为了便于设计院进行直埋供热管道的热力计算,他指导博士研究生开发了《直埋供热管网设计软件》。编写了《集中供热管网技术规程》和《区域供热设计手册》,为预制保温管直埋敷设技术在全国普及和应用做出了不可磨灭的贡献,为我国大面积集中供热的实施提供了有力的保证。可以毫不夸张地说,贺平教授的积极开拓进取,使我国集中供热事业有了突飞猛进的发展。

贺平教授主编的专著主要包括:哈尔滨工业大学出版的《采暖工程》;中国建筑工业出版社出版的《采暖与通风》上册《采暖工程》;高校统编教材《供热工程》第一版,第二版,第三版;国京建委建筑情报研究所第7327号《国外高温水锅炉恒压装置》;机械工业出版社出版的《企业热平衡》。

贺平教授是身体力行、以身作则的老师,对学生们倾注了毕生心血。从学业到生活,教书育人这四个字在贺教授身上得到了最好的诠释,他永远是中国高校教师学习的榜样。

接触过贺平教授的人都知道,他性格开朗豪爽,多才多艺。贺平教授是国家体委授证的国家一级运动员,曾担任国家青年乒乓球女队和黑龙江省队教练。或许是继承了母亲的基因和受到夫人海滨老师的影响,他酷爱诗词和音乐。百废待兴的80年代初期,归乡探亲的贺平教授即兴赋诗一首悼念先父,并且以诗言志抒发心声:"遗子香江血带衣,关山远隔梦依稀。突围赣区凌云志,解放神州向阳归。十载悲欢人浩劫,余生莫教马空肥。心随四化英明志,策马征程履艰危。"这首诗于 1981 年发表在《山西日报》上。在 80 年代某届本科生的毕业典礼上,贺平教授代表老师致辞,并放声高歌"年轻的朋友们今天来相会……再过二十年我们再相会,伟大的祖国该有多么美。"这一幕深深印在了许多毕业生的脑海里。

贺平教授生于 1930 年 3 月,去世于 2000 年 5 月,享年 70 岁。他不愧为杰出的无产阶级革命家的后代,他继承了父亲的遗志,为中国集中供热事业鞠躬尽瘁,死而后已。他的精神永存,他必将永远为人们传颂。

业精于勤，行成于思

——2019年5月追记

廉乐明

我于1951年6月在江苏省无锡市第一中学高中毕业。当年正值"抗美援朝"战争第二年，国内高考还未实施全国统一招生，而是分开由华东、东北行政区和华北、东北行政区联合招生。当时我还是一名17岁的普通高中毕业生，在班上年龄较小，对哈工大的了解几乎是一片空白，仅从招生简章中获知一点信息：学俄语，学制六年（预科一年、本科五年）。对哈尔滨的印象是从电影《松花江上》中获得的，对东北白山黑水、广袤的黑土地有美好的向往。当年我们无锡市一中被哈工大录取的有四名同学，是一起来哈尔滨的。1951年8月下旬江苏、浙江和上海市的录取新生在上海复旦大学集中。哈工大委派一位姓李的预科主任负责新生的面试并安排常规的体检，还安排组织了火车"新生专列"送我们北上。列车配置都是普通硬席车厢，没有挂餐车，因此要求学生尽量备好旅途干粮。大约在8月26日傍晚时分"新生专列"从上海北站启程。在上海上车的新生仅坐满专列的一半车厢，还剩一半的车厢空着，留给南京、徐州和济南站上车的新生，所以专列行驶前方在相应的车站停靠迎接新生上车。此外专列还因避让军用列车在山海关、沟帮子、大虎山、四平和长春停靠时间较长，特别是在大虎山站，火车停靠等待了近一昼夜，全车学生自备的干粮早已吃完，大虎山原本是铁路小站，站内没有供应，只好走出车站寻找小卖店，上千名学生无法解决当天的伙食供应，只好回到车厢里在车上饿着，等待到下一站解决。专列走走停停，火车共行驶了六个昼夜，在9月1日清晨抵达哈尔滨。

九月是哈尔滨的黄金季节，秋高气爽，略带凉意，哈尔滨老站在朝霞中欢迎我们这批从南方来的年轻学生。学校派来了多辆深绿色中型卡车接我们上车，直接送到沙曼屯（即今和兴路一带）的预科校址。一路上经过红军街博物馆、喇嘛台、西大直街、铁路局，见到街道开阔绿树成荫，行人和车辆不多，还有马车在街上奔驰，马蹄嗒嗒声与机动车、电车的声音交混在一起，很觉新鲜。车过了西大桥就似乎到了郊外，连绵一片的高粱地和苞米地。沙曼屯即今和兴路省教师进修学院校址，当时是新建的哈工大预科教学楼，它坐落在和兴路的东侧，在大门前马路西侧步行百来米，有一栋工字形砖混结构二层楼建筑，是我们新生的宿舍，可以容纳近千名学生住宿。楼内有集中供暖（蒸汽采暖）、浴池、大灶食堂。工字楼的后面还有一栋女生宿舍,也有集中供暖设备。在这两栋建筑之间有一片空旷地开辟为体育场、体育教研室,平时作为课外活动体育锻炼,冬季用作滑冰场。从女生宿舍往西有一片连续十多幢小平房,烧火炕采暖,学校安排高年级学生住宿,这片小平房原先是日本关东军的兵营。

到校后第二天就正式上课。1951级预科新生共分为24个班级,我分在甲13班,这批学生来自京津沪宁杭一带的居多,东北学生不是很多,还有少数几个从海外归国的华侨学生,因此口音南腔北调。预科中除了从全国招来的应届高中毕业生(甲班生)外,还有另一批从关内解放区保送来和1949年哈工大在东北地区招来的初中毕业生,到校后进入预科的高中部学习,分为初级(高一)、中级(高二)和高级(高三)三个班级,他们边学俄语边修高中的课程,使用苏联应届高中教材,直接采用俄语教学,毕业后直升哈工大本科学习,这也是当时解决生源的一种特殊措施。

预科的教学内容主要是俄语学习和体育课,此外结合全国性的政治运动开展政治思想教育和党团活动。由于1951年哈工大首次扩大招生,师资力量紧张,俄语教员是聘用哈市本地的苏侨知识分子(从前的白俄移民),他们都受过良好的中等以上的教育。不过虽然他们具备一定的水平,但毕竟队伍刚组建,缺乏成熟的俄语教学经验,同时负责课外辅导工作的中国俄语教师人手不够,配合跟不上,所以学习效果并不十分理想,只能说还过得去。从此往后才得到逐步改进和提高。

关于我们新生的生活,由于"抗美援朝"战争的影响,国家财政还不能做到全部免费,学生的伙食费和日常生活费原则上由个人自理,而对家庭经济困难的学生可以申请补助,学校设有甲、乙、丙三个等级的助学金。我考虑当时的家庭经济状况没有去申请助学金。学生的伙食分大灶和中灶两种,学生自由选择,大灶每月9元5角,中灶每月12元5角。在预科的第一学期我在中灶食堂用餐,中灶食堂设在教学楼地下室。

一年的预科生活,我的俄语学习从零起步,获得了很大的长进,已能进行一般性的口语交流,借助辞典能顺利地阅读俄文教材和参考书。体能也得到了很大的提高,通过了国家颁布的"劳卫制"体育锻炼的标准,并荣获国家"劳卫制"体育三等体力奖章。结合全国范围的"三反""五反"和1952年暑期的教师思想改造等运动,思想认识有很大的提高。1952年11月我被批准参加了中国新民主主义青年团。有几件大事值得说一下。一是毛泽东主席在莫斯科与斯大林签订的中苏友好互助同盟条约于1950年正式生效后,苏联将中长铁路无偿移交给中国政府,而原属中长铁路管理的哈尔滨工业大学自然由中方全部接管,中央任命陈康白任哈尔滨工业大学校长,并确定全面学习苏联,指定中国人民大学和哈尔滨工业大学是全面学习苏联的重点院校,聘请苏联专家来华指导协助办学,因此学校已做好安排迎接苏联专家的到来。二是1952年9月,预科学习结束升入本科时,恰逢国家高教部宣布全国高校进行院系改革与调整。对哈工大来说，化学工程系全部调到大连工学院，冶金系和采矿系调到东北工学院等。并限定原在校本科专业的师生一律连锅端，全部调到大连工学院，未进入本科专业的新生，全部就地改专业。因此，我就遇到改专业的机遇。1952年秋季在预科升入本科前我选择了土木工程系，所以在本科一年级（1952年秋季学期—1953年春季学期）我是按土木系的教学计划上基础课的。此时哈工大的校舍面向西大直街的土木楼（即今建筑学院楼）还未建成，我们本科第一年上课是在旧楼和1952年扩建的与旧楼延伸的52楼（后来与1953年建的土木楼再延伸连接，为区别而取名52楼）。当时校舍正在建造，各班级没有自己的小教室，为了便于召集和管理，都安排在52楼的大教室里，好几个班在一起分区安排座位，每人有一张课桌，所以课后活动和自习都在一起。晚自习9:00结束，我们从西大直街校部步行回到沙曼屯小平房就寝。清晨6点起床，洗漱完毕后就赶到校部食堂用早餐，然后去大教室上课，这样的作息安排经历了一个学期，一直到在西大桥附近的学生宿舍盖成才彻底解决了住宿太远的困扰。在1953年9月我又选了一次专业，这次是将土木工程与卫生工程（给水排水与暖通）分开，我选择了卫生工程专业，有两个班学生。又过了几个月，学校明确地将给排水与暖通分成两个专业。我选择了暖通专业（该专业全称是供热、供煤气及通风专业），有一个班的学生。真巧，我的无锡市一中的同学诸明杰跟我分到一起选了同一专业，同班学习一直到1957年本科毕业。这是我进入哈工大本科时改选专业志愿的一段实际经历，之所以不厌其烦地诉说，因为这是从一个学生的角度客观反映当时学校在学习苏联建立新专业的一个决断进程。

从时间上，哈工大从1952年秋按苏联模式创建本科五年制供热、供煤气及通风专业，是国内最早创立该专业的大学之一，这是因为哈工大原是六年制，有50级的在校学生，刚好1956年夏本科五年制毕业，这也是机遇，抢了先机。

时间进入1953年夏，中国人民志愿军撤离朝鲜回到祖国，国内开始进入了经济建设时期，国家财政得到改善，国家包干了高校大学生的生活费用，改善了学生的生活条件。哈工大的校舍土木楼、机械楼、电机楼和实习工厂以及多幢学生宿舍楼相继投入使用，教学和生活条件得到很大改善。苏联专家按计划陆续到校，学校的教学工作、科研工作和生活安排，踏实有效地开展起来。1955年10月，学校从我们暖通51级提前抽调秦兰仪、崔汝柏、吴元炜和我四人作为苏联专家A.A.约宁的研究生，毕业留校当教师。要求我们除了按计划与同班同学一起完成本科学业外，同时还进行本专业的教师的业务工作。

从1955年10月至1957年6月，我辅导暖通52级的锅炉课程设计和实验，并筹建锅炉实验室。1957年6月我通过了锅炉房设计的毕业论文答辩，完成本科和研究生的学业并同时毕业。

研究生毕业留校后,从统一和高效利用教学资源的角度,哈工大高铁副校长把我调入动力机械系担任热工教研室助教,负责辅导暖通、动力经济、机械、电机、动力等系各有关专业的热工实验课,辅导锅炉56、汽机56、暖通56的传热学课和习题课。1958年春季学期给锅炉、汽机专业56级讲授部分传热学课程。1958年秋季任热工实验室主任负责实验室的建设并协助老教师的专题科研工作。

1959年4月国务院批准建工部以哈工大原土木系为班底组建哈尔滨建筑工程学院的决策,从隶属一机部的哈工大分出来而归属建筑工程部。为成立哈建院,我又从动力机械系调回土木系暖通教研室。着手组建哈建院的热工教研室和实验室,同时承担讲授供热56级的传热学课程(包含讲授辅导和实验的全部教学环节)。

回到哈建院暖通教研室后值得记载的有:

1959年8、9两个月在北京煤气热力公司带煤气56级生产实习,在北京东郊白家庄铺设城市煤气管道。1959年秋季学期讲授暖通57、煤气57传热学(包含讲课、辅导、习题和实验)。1960年春季学期辅导暖通55级毕业设计,负责在省肉联冷库预冻间内安装人工冰场模型实验台测试和辅导省冰球馆的通风模型试验。1961年春季学期讲授暖通58、煤气58传热学、道桥58普通热工学。1961年8、9月带暖通58生产实习,在哈市国测二分局家属楼安装采暖系统。

1961年秋—1965年秋的四年,在国家政治经济形势的影响下,为贯彻中央"整顿、巩固、充实、提高"八字方针,哈建院内有关专业进行整顿、巩固,原计划创办的新专业停办,学生转入暖通和煤气专业,加上暖通、煤气计划内的学生,叠加在一起,讲授课程形成了一个教学洪峰。在这几年中我担任了全部的讲授任务,包含所有的教学环节(见下表所列)。

廉乐明教授1961—1965年期间承担的教学任务

时间	传热学(80-90学时)	工程热力学(70-80学时)
1961年	暖通59;59特 煤气59;59特	
1962年	暖通60;60特 煤气60;60特	暖通60;60特 煤气60;60特
1963年	暖通61(2个班)	暖通61(2个班)
1964年	暖通62,煤气62	暖通62,煤气62
1965年		暖通63(2个班)

从研究生毕业到1965年这8年中,我遇到难得的机会,从课程辅导答疑、习题课、实验课、实验室建设工作,一直到课堂讲授、课堂讨论,在各个教学环节中摸爬滚打,获得了扎实深入的锻炼,站稳了讲台,夯实了一名教师的知识基础,使日后的编写教材、实验研究和科学理论研究得益匪浅,因此我很珍惜学校给我这种机会。

从1966年至今的很多历程,有很多材料我已公之于众,圈内人士都已知晓,就不再多说了。我的自述就到此画上句号。

栉风沐雨五十载

陆亚俊

我于1953年毕业于江苏省立常熟中学。高考面临着选大学,当时哈工大的宣传是:"来哈工大上学,等于不出国留苏,因为哈工大有很多苏联专家。"50年代初正是中苏友好的蜜月期。我们这些青年学生奔着苏联专家就将哈工大作为第一志愿,很顺利被录取。1953年10月,哈工大包了一列火车,接新生到校。我被通知在上海集合上车,行李很简单,只一个箱子,装些替换衣服。在车上吃喝都免费,这列火车走走停停,沿途接新生上车,大概走了几天才到了哈尔滨。我们这批新生就被送到沙曼屯(现和兴路与西大直街交汇处)的哈工大预科部。当时的住宿条件是,女生住楼房,有集中供暖;男生住小平房,据说是日本关东军的兵营,是火炕采暖,一进门是烧火炉的地方,再进一道门是住宿的地方,有一个大火炕,住四个学生。我们南方来的学生从未见过火炕,我就选了一个炕头的位置,认为这里暖和一点。没有想到,我唯一一件棉衣被烧了一个洞。最不方便的是,没有室内厕所,为了学生在晚上上厕所不致被冻病,学校在每个房间的进门烧火间放一尿桶,第二天早晨由工人收走处理。

一年预科,开始就两门课,俄语与体育。按俄语程度分快慢班,中学学过俄语的北方同学分在快班,我们南方来的从未学过俄语的同学分在慢班。每个班有两名老师,一名是苏联老师(教口语),一名是中国老师(教语法)。我们班的苏联老师,是一位苏联老太(在哈尔滨的苏侨)叫塔拉莎娃。她教我们俄语像教小学生一样,手上拿着俄文字母卡片,一个字一个字教我们发音,然后教单词,如"同志""再见""谢谢",再教简单的句子。她也经常邀请我们去她家,锻炼我们说俄语。当时在哈尔滨学俄语的环境很好,到处都能见到俄侨。如果去秋林公司,像去了苏联商店一样,店内有很多苏联女售货员。预科的学习非常轻松,因此课余时间很快就学会了滑冰。后来同学们要求增加一些课程,第二学期增加了一门"解析几何",那个年代中学没有学这些内容。

预科结束后,学生分别到所在系学习。我们土木系学生到土木楼(现建筑学院的楼)学习。一年级不分专业。当时土木系有三个专业:工业与民用建筑专业、给水排水专业和供热供煤气通风专业。一年级结束后分专业,我被分到供热供煤气通风专业。当时全盘学苏联,教学计划、教学方式都照搬苏联模式。例如:课程考试都采用口试,每个学生都有一本记分册(中俄文对照),口试后直接在记分册上打分。课程分考试课和考查课,考试课是4级分制(优、良、及格、不及格),考查课只有及格和不及格。当时没有中文教材,主要在课堂上记好笔记,课后参阅影印的俄文教材。我们学习的专业课与苏联模式略有不同,这与1957年留德归国的徐邦裕教授来校任教有关。他认为我国的气候与苏联不同,我国南方地区很炎热,建议加强空调和制冷的内容,把空气调节从通风课(大概只几章内容)独立成单独的课程,把原"泵、风机与制冷机"分为两门课:"泵与风机"和"制冷设备"。1958年后专业也略有变化,把专业分为两个专门化:(1)供热通风;(2)城市与工业煤气专门化

1959年是中华人民共和国成立十周年,为了十周年大庆,在北京拟建十大建筑:人民大会堂、历史博物馆、民族文化宫、军事博物馆等。由于北京设计人手不够,学校抽调一些高年级学生参加这些工程的设计。1958年我被派到北京建筑设计院参加这些工程的设计,被分配到的设计室负责西单商场的设计,该工程后来未建。这期间,我参与了一项由老师领导的编制火墙图集的工作。那个年代一般的住宅尚采用火墙、火炉采暖。编制的图集中绘制了几种形式的火墙(每种形式的火墙烟气在火墙内行走的路线不同)的构造,每种形式的火墙需绘出每一层砖的摆放法。该图集主要用于指导火墙的施工。

1959年5月土木系从哈工大中分出,成立哈尔滨建筑工程学院,我们成了哈建院的第一届毕业生。当时哈工大有名,我们毕业班想要哈工大的毕业证,后经协商,我们的毕业证上写明1953年哈工大,预科学习一年,1954年9月升入本科土木系学习,1959年成立哈尔滨建筑工程学院而转入……这种毕业证全国也可能是独一份。

我们那个年代上大学完全免费,并实行供给制。到食堂凑成十人一桌就可吃饭。我现在还记得到哈尔滨的第一顿饭吃的是面条,面条盛在大木桶内,已成坨了,但肉很多,学生自己从桶中掏面条,吃多少都可以。当时大部分学生是穷学生,对这样的伙食相当满意了。为避免浪费,后改为助学金制。我拿的是甲等助学金,每月13.5元,感觉比吃大锅饭好,因为这些奖学金,除了吃饭还可剩点零用钱花。

我于1959年毕业留校。哈建院为求发展增加了一些新专业,1960年扩大招生,基础课老师严重缺乏,一些专业教师被派去支援。1960年3月我被派到数学教研室,做了一个学期的习题课老师(在课堂上带学生做题,负责批改作业等工作),同时为下学期教学进行备课。1960年9月开始,承担了全院59级10个班级的"高等数学"的讲课,并从高年级中抽调了几个学生当习题课老师。接着又给新专业"物理""无线电"的学生讲"数理方程""积分方程"等课。这几年刚好是困难年,又经常备新课,需熬夜,夜间饿了只能喝点酱油汤,导致后来身体出现浮肿。医务人员将我们集中到大楼内几间教室中(称住院)调理,给我们喝黄豆汤,以增加营养,缓解了浮肿。在数学教研室工作两年后,于1962

年3月调回专业教研室,开始参加"采暖课程设计"和"通风课程设计"的指导,而后指导毕业设计。1963年被指派为徐邦裕教授的助手,帮助徐教授整理制冷教材,并编写成校内用的教材。同年,"制冷"课转由我讲授,大概1980年以前这门课都是由我讲授。在1965年以前我还带过学生的生产实习,讲授过采暖工程、外专业的建筑设备(采暖通风)课程。因此,在专业教研室工作期间经历了各个教学环节。

1966年2月,我去嫩江地区参加九三农场的社会主义教育运动。同年8月回校后参与了许多与专业有关的工作。如参加哈建院锅炉房中的锅炉改装(蒸汽锅炉改为热水锅炉);加入哈市科技组,总结"汽改水"的经验,"汽改水"是指蒸汽采暖改为热水采暖。1970年9月加入祖国医药研究所的防冻药研制组。研制防冻药是用于解放军冬季作战,防止战士冻伤。我为防冻组提供实验条件,即建小冷库用于药物的动物实验和人体实验。还参加了香坊农场冰棍厂的设计,以及与哈尔滨空调机厂联合研制"除湿机"。

1974年开始参与工农兵大学生的教学活动。那时提倡毕业设计、课程设计要真刀真枪,即做真设计,派学生到各地找设计项目。我曾带学生参加的设计项目有:长春半导体厂洁净厂房设计;镇江光学仪器厂车间的空调通风设计;扬州光学仪器厂车间的空调通风设计;扬州钟表厂车间的空调通风设计。

1977年恢复高考,1981年前专业课教师的教学工作不多,因77、78级入学后,主要学习基础课和技术基础课。为此在这段时间内与外单位协作做些研究开发项目,主要有:与鸡西无线电专用设备厂研制洁净机组;为省医院建无菌烧伤病房;与制氧机厂联合研制HR-20热泵型恒温恒湿机组;与南京冷气机厂联合研制低温(5℃)空调机组;参与建成国内第一个热卡型房间空调器性能试验台等。这期间还组织教研室的同志一起翻译了一本美国教材《采暖通风与空气调节》,1981年由中国建筑工业出版社出版。

1981年9月—1983年8月,由于中国建筑公司拟承建外贸部在香港的华润大厦工程,需要空调技术人才,因此,我被选中派往香港中国海外建筑有限公司工作一段时间。然而由于该工程并未中标,我就只能参与承建城市道路工程的工作。当时香港的工程图纸、施工规程都是英语的。刚好在1976年时,为了出国,我曾经突击学习了一段时间的英语,于是参与了图纸、技术资料的翻译工作,从中也学了不少道路工程的知识。

在香港这段时间也闹了不少笑话。当时国内男同胞的发型主要是"分头",穿着国内做的老式样西装(去香港前,公费为我们做了一套西装和一件大衣),而且不懂穿西装的礼仪(如只能扣一个扣,或都不扣)。香港人一看到我们就知道是内地来的土包子。由于当时内地很穷,香港人瞧不起内地人。后来我们都开始留长发。发工资后我在香港百货公司中买了一套当时流行样式的西装,后来公司也给我们另做了一套西装。经过这样的改变后,就融入了香港社会。有一次我去百货公司买东西,由于我说的是普通话,售货员小姐就问我:"先生,你从台湾来的吗?"由此可见只要不开口,我们像香港人了。

1983年回国,当年我被任命为城市建设系副主任(当时学校还无任命干部的资格,还需由组织部下达任命通知),我主管科研工作,但大部分时间从事教学和指导研究生的工作。1984年招收了第一个硕士研究生。那个年代每年硕士生招得不多,报考的人也不多,原因是本科生就业形势很好,好多应届毕业生选择了就业,放弃了考研。并且能带研究生的教师很少,因此,有几年我必须每年多带几个研究生,曾经有一年招了五名研究生(其中有的是合带的)。那时每带一个研究生学校还给研究经费(教育经费中有这笔预算)。1995年开始收博士研究生。

1980—1990年经济快速发展,各地有不少大型建筑的设计项目,相对而言设计院的设计力量不足,这为我们专业教师提供了参加设计的机会。我们专业配合建筑专业做建筑的暖通空调设计。我参加过的大型建筑设计项目有:吉林冰球馆的暖通空调、室内冰球场、室外速滑跑道冰场的设计;黑龙江省速滑馆暖通空调及冰场设计;威海体育馆暖通空调设计;鞍山五环大厦暖通空调设计;唐山高新开发区办公大楼暖通空调设计;哈尔滨辰龙俱乐部室内水上游乐场暖通空调设计;等等。为此,在2004年我还获得中华人民共和国注册公用设备工程师执业资格证。

1986年,原城市建设系分为三个系:市政工程系、道桥系和建筑热能工程系。我为建筑热能工程系第一任主任。因各系都有编号,城建系原为二系,市政系主任要二系这编号,我就要了八系这个编号,因我知道在香港把八作为吉利数。这年面临着土木、市政、建筑热能工程三个系往新区搬迁并建实验室的重任。我把实验室建设尽量与研究生的课题相结合。有两种结合方式:一是就把实验台的建设作为研究生课题;二是把研究需要搭建的实验台转为本科生的教学实验台。这样也充分利用了研究生的课题经费。

从1990年到2006年退休,我的主要精力放在了本、硕教学与指导研究生的工作上。在这期间主编了两本全国专业指导委员会规划推荐教材:《暖通空调》和《建筑冷热源》。《暖通空调》已是第三版,《建筑冷热源》是第二版。

我工作57年,参加了各种不同工作,做了一个"杂家"。我获得的最大荣誉是:1989年9月获黑龙江省教育系统劳动模范;1992年10月获国务院发给的政府特殊津贴。

师者、智者、达者

——记何钟怡教授

伍悦滨

何钟怡教授出生于1937年,1955年考入哈尔滨工业大学,1960年毕业于哈尔滨建筑工程学院,之后留校任教。1978年破格由助教提升为副教授,1979年加入中国共产党。1981—1984年在美国哈佛大学公派留学;1983—1986年任哈尔滨建筑工程学院副教授、副院长(1983年在美国留学期间由建设部任命);1986—1990年任哈尔滨建筑工程学院教授、院长;1990—2008年历任哈尔滨建筑工程学院、哈尔滨建筑大学、哈尔滨工业大学教授、博士生导师。何钟怡教授分别于1978年、1980年和1988年获得黑龙江省科学大会先进工作者、黑龙江省劳动模范和国家级中青年有突出贡献专家称号。2007年获得全国模范教师称号,2013年获哈工大"优秀教工李昌奖"。

何钟怡教授1960年参加工作后,严格要求自己,不断学习提高,在业务上做出了突出的贡献。

1981年,何钟怡教授被公派到美国哈佛大学进修。他卓有成效的研究和严谨求实的精神得到了指导教授的好评。凭借他的才华和勤奋,如果继续在哈佛工作,相信一定会在学术上取得更多成就,但他还是服从组织安排毅然选择回到祖国,回到哈工大。何钟怡教授常说:"母校给了我太多太多,我时刻感恩在心,因此无论我为学校做什么,那都是应当的。"他是这么说的,更是这么做的。

作为一名科研工作者,严谨、求实、创新是何钟怡教授多年来的一贯作风。他长期从事流体力学研究工作,取得多项成果。近年来主要从事湍流数值模拟、超空泡流研究工作。他先后主持和参国了五项国家自然科学基金项目,1981年公派到美国哈佛大学克莱蒙实验室后近三年的工作期间,从事了多项宏观与微观力学的研究,建成了高剪切、高稳定度层流管路系统,将双光束激光测速仪成功地用于高曲率小管径的脉动流速与能谱测量,在国际上首次测得了高聚物溶液的管流近壁能谱,第一次达到了使双光束激光测量散射体长度接近于其实际极限值,参与提出了高分子溶液减阻机理的新假说和大分子动力耦合理论,受到国际学者的高度重视。

有一次在接受采访时被问及从教近半个世纪的感受,何钟怡教授说:"科教兴国,依靠人才;培养人才,依靠教育。教师的事业是光荣的事业,当了一辈子教师,我觉得很光荣。"在采访过程中,何教授反复强调,教师要全心全意为学生服务,一句"最高的教学目标是追求学生有所得"道出了何钟怡教授对传道、授业、解惑的理解和心得,道出了他为人、为学、为师的态度与精神。

寒来暑往,三尺讲台。何钟怡教授一直承担着难度较大、领域交叉的课程的教学工作。他曾主讲研究生课程《实验的理论基础》和《本构理论》,来自学生们的反馈好评如潮。这是两门理论性很强的课程,不仅需要数学、物理方法的支持,而且由于繁复的抽象思维,在教学法上需要做精细的考虑。何钟怡教授综合自己从教多年来的所闻、所学、所思,厚积而薄发,所以他的讲授内容深入浅出,虽涉猎广泛,但焦点明晰,对学生有很好的指导作用,用学生的话说:"何老师已经把这两门课上到了炉火纯青的水平。"一位学生这样回忆道:"何老师讲课旁征博引,引人入胜,一个小小公式的背后,来历、发展、经过,乃至在物理、数学、水利、暖通、电学、机械、电磁等各领域的应用和发展,都从他的口中娓娓道来。枯燥的公式和推导再也不是令人头疼的晦涩记忆,而是伴随着科学发展史的篇章缓缓展开,从这里仿佛可以看到一代代科学家前赴后继、发展科技的全部过程。"这正如何钟怡教授自己所言,教师不仅要教给学生如何去运用和记忆公式,还要培养学生的想象力,对于学生来说,丰富的想象力可能比具体的知识更有意义。

很多学生都说:"何钟怡教授的课可以不选,但是不能不听。"《实验理论基础》原本只是为一个专业的40名研究生开设的,但是每次慕名而来的有全校各个专业的200余名学生。教室里座无虚席,就连过道都挤满了学生。学生们说:"何钟怡教授的课是一门能吸引不同年级、不同学历、不同专业、不同校区学生反复重听的课;是一个可以挤满了教室、宁可站着也要听的课;是一门年年有同学自发录像、录音,全程记录学习的课;是一门很多同学听了一遍不满足,第二年还要继续听的课;是一门从师兄师姐口中代代相传,劝勉师弟师妹也去听的课。"

何钟怡教授很重视考试工作,他把考试当作使学生确有所得的重要环节。试卷的题量大,但答题时间充裕,题目几乎覆盖了希望学生所掌握的全部知识要点,而且变化多端,在历届考试中没有学生得过满分,但普遍反映通过考试感到确有收获。

一位学生曾写下一段话:"我没见过院士,也没有机会去聆听他们的教诲,感受他们的魅力。但有一何老,我辈足矣!让我们记住这位真正的师者——何钟怡教授!"何钟怡教授的人格魅力感动了所有的学生。在学生的心目中,他是真正的科学"大师",是"无冕之王"。

面对学生们的这些评价,何教授在接受采访时曾动情地说:"感谢大家对我的厚爱。这让我又回想起了我的学生时代。1955年我考入哈工大,我的力学老师王光远院士、黄文虎院士、张泽华教授、赵九江教授和已故的干光瑜教授、朱德懋教授,他们对我的教诲和影响,我毕生难忘。他们授课极其认真,从不看讲稿,有如行云流水,行其当行,止其当止。"何钟怡教授回忆道:"1959 年,我也成为哈工大的一名小教师,当时我就对自己说,要像自己的老师们一样,做到讲课时不看讲稿,挥洒自如。值得欣慰的是,在 48 年的讲课生涯中,我从未违背过自己的这一诺言。实际上,我所做的只是继承了哈工大的教学传统。"

  何钟怡教授在退休之后,依然积极地为哈尔滨工业大学的学科建设贡献力量。他是哈工大南方工作委员会成员之一,为哈工大深圳和威海校区的建设和发展积极工作。作为"哈工大离退休正能量宣讲团"成员之一,何钟怡教授一直在为弘扬哈工大光荣传统努力工作。2018 年 9 月在环境学院"弘扬爱国奋斗精神、建功立业新时代"活动启动仪式上,何钟怡教授受邀做了题为《与时俱进,弘扬与发展我校师德建设的光荣传统》的主题报告,结合亲身经历的分享令在场的新一代教师深切感受到了"师德"的分量。"老骥伏枥,志在千里",这是对何钟怡教授目前生活及工作状态的最好写照。

坚守与奉献，五秩春秋育桃李

——我与燃气的一生之缘

段常贵

学习经历

1937年4月，我出生在嫩江县的普通农家，父亲从事木器加工工作，家中有兄弟姊妹六人，我排行第三。当时农村的学校只开办到小学四年级，要继续读书就要到县城的学校去。从农村到县城的学校，十一岁的我就行走于"朔气砭肌骨"的路上，每天往返十六里路，这一走就是五年，虽然辛苦，但求知的渴望抵消了一切艰辛。1952年，我升入了讷河县（现讷河市）第一高中，开始了住校生涯。三年寒窗，1955年，我参加了高考，当时全国各地都在积极地建设社会主义国家，所以在报考志愿时，我选择了哈尔滨工业大学土木系，并以优异的成绩被录取了。没想到这次选择，我这一辈子都奉献给了哈工大，在这片沃土上学习、工作、成家、立业、退休。

求学期间，有辛苦、有快乐，更多的是对未来的憧憬。出身于贫家的我连生活费都成了令人头疼的问题，在国家助学金的支撑下，我才能顺利开展学业。1959年，在哈尔滨工业大学土木系的基础上，哈尔滨建筑工程学院成立了，我也随之转入建工学院，进入城市煤气工程专业学习，那时的专业选择全凭学校分配，我由此开始了与燃气的一生之缘。当时建工学院刚刚成立，师资缺乏，我因为成绩优异，于1960年3月提前毕业留校任教。为了支援基础学科教学，还曾经在数学教研室工作一年。

工作经历

学校城市燃气专业与暖通专业几经分分合合，我一直坚守在这里，数十年从事着燃气专业的教学和科研工作。

1987年，我作为高级访问学者，远赴比利时布鲁塞尔工作，在这期间，带着强烈的求知欲和对国外先进燃气技术的渴望，在导师的帮助下，我参观了欧洲多家燃气供应和设备生产企业。我的勤奋和工作能力得到了高度认可，比利时和中国进行贸易的公司曾聘我作为该公司顾问,要求我推迟回国。但是,我毫不犹豫地婉言拒绝,按时回国,希望尽快把学到的东西运用到我国燃气建设中,缩小我们国家和发达国家的差距。感恩的心态和报效祖国的强烈愿望是我工作的动力。

改革开放以后,我国燃气事业得到了蓬勃的发展,尤其是进入21世纪,天然气长输管线项目的建设把我国燃气行业推到了一个新的高潮。我50多年来一直与我国的燃气事业相伴,可谓见证了我国燃气行业的发展历程。为了把燃气送进千家万户,我对燃气行业,特别是燃气输配领域进行了大量的研究工作,开展了燃气长输管线动态模拟及末端储气、天然气长输管道可靠性故障树模糊分析、改进遗传算法在燃气管网布局优化中的应用、燃气直燃机的使用对燃气负荷季节调峰的作用、LNG气化站冷能利用方式及分布式能源等研究,并完成了"十一五"科技支撑计划"城市燃气气源、储配及应用关键技术"的子课题储配方向的研究。我主编了由课程建设指导委员会推荐的统编教材《燃气输配》(第三版、第四版、第五版),在编写过程中,我与时俱进,充实了大量的新技术,使之适应燃气事业的发展。

在担任黑龙江省燃气专家委员会主任期间,我利用自己的研究成果,提出哈尔滨的日调峰采用长输管线代替储气罐的建议,被设计方采纳,哈尔滨市成为我国第一个不设储气罐调峰的城市,节省了大量投资和运营费用。同时,哈尔滨当时的气源是鲁奇炉煤制气,CO含量接近20%,严重超出国家燃气规范的标准,冬季多次发生人员中毒死亡事件。我向黑龙江省政府提出新建住宅的室内燃气管道必须安装带切断装置的报警器、旧住宅可以只安装报警器的建议,被黑龙江省政府采纳。黑龙江省政府下达了红头文件,成为我国最早下达此类文件的省份。该文件执行后,中毒事件大大减少,受到从领导到民众的一致好评。

从理论上讲,当城市由采用铸铁管输送煤制气改成输送天然气时,气质由湿气变成干气,铸铁管的密封胶圈的收缩会产生漏气,因此需要设置加湿装置。宜昌市政府要求宜昌中燃设置加湿装置时,为此召开了论证会。我经过实际调查和理论论证,认为在宜昌的特定条件下没必要设置,说服了与会同志和领导。没有设加湿装置的燃气管线,经过检漏和对胶圈的检查,没有发现漏气现象,节省了大量的设备投资和运营费。

多年来,用户盗气或使用不当、胶管老化等原因使输差居高不下,室内由于漏气产生的爆炸时有发生。为了解决这一问题,在我的建议下,目前正在采取一套措施,采用远抄计量表,在室内燃气管道上设置防盗装置、带切断阀的报警器、用金属波纹软管代替胶管等,该措施实现后将杜绝室内燃气爆炸的事故发生,也可以大大减少输差。

根据多年的教学与科研实践,我提出城市燃气设施应以中心城市带动周围城市的"大城市化"的概念,建立统一的系统,节省了大量投资、运营费用,更好地保证安全可靠供气。"大城市化"的思想指导着中燃所属各城市的燃气规划和建设,带来了很好的效果。

个人总结

"规格严格,功夫到家",这是哈尔滨工业大学的校训。"规格严格"是对学生的要求,为达此目的,作为老师的我们一定要"功夫到家"。半个世纪以来,我一直践行着这个校训。讲课、生产实习、毕业设计,教学中的每一个环节我都严格要求自己。1999年,我晋升为博士生导师,至今,我已指导了七位博士和四十位硕士研究生,本科生更是不计其数。

我不仅在教学上对学生负责,而且爱生如子,在学生毕业时,还能够根据学生的特点向用人单位举荐,使学生能够在工作岗位上更好地发挥特长。现在有很多学生已经成为该领域的技术骨干,有的已成为该行业的高级领导干部。我也因突出的教学成绩,被哈尔滨工业大学学术委员会全票通过评为二级教授。

2005年,68岁的我兼职担任了哈工大和中国燃气控股有限公司共同成立的中燃哈工大燃气技术研究院院长,这是国内第一家由企业与高校联手成立的高水平燃气技术研究院。

2007年,我从工作了47年的教师岗位上退休了,这时我已经70岁了。能够培养出为祖国燃气事业做出贡献的学生,是我这辈子最大的财富。

时值母校百年华诞,暖通燃气专业成立七十周年,衷心地祝愿母校百年校庆活动圆满成功!祝愿暖通燃气专业积历史之厚蕴,宏图更展,再谱华章!

任职经历及学术成果

1960—1978年在哈尔滨建筑工程学院城市建设系煤气教研室任助教;1978—1984年任讲师;1984—1993年任副教授,其间1987—1988年作为高级访问学者在比利时布鲁塞尔自由大学(U.L.B)工作一年;1993—1999年任教授;1999—2007年任教授、博士生导师;2007年被评为二级教授。1984—1988年任燃气教研室副主任;1988—1996年任燃气教研室主任;2005年主持成立"深圳中燃哈工大燃气技术研究院",任院长;2011年1月主持成立"航天-中燃-哈工大分布式能源系统联合研究室",任主任。

历任中国土木工程学会燃气分会第四届、第五届、第六届理事,第七届常务理事,输配委员会主任委员,第八届、第九届、第十届副理事长;第一届、第二届全国高等学校供热、通风、空调及燃气工程学科专业指导委员会委员,燃气工程专业指导小组副组长;建设部专家;全国天然气利用规划编制工作专家组成员;《煤气与热力》杂志编委会编委;黑龙江省燃气学会第二届、第三届、第四届主任委员;哈尔滨市第二届专家咨询顾问委员会委员;黑龙江省燃气专家委员会第一届、第二届主任委员;中国城市燃气协会科学技术委员会委员;住建部燃气标准化技术委员会委员;"中国燃气行业专家顾问委员会"博燃网特聘专家;中国建筑节能减排产业联盟专家委员会第一届委员;城市燃气管理与应用新技术示范与培训基地高级顾问;中国城市燃气协会智能气网专业委员会特聘专家。培养两位博士后、七位博士、四十位硕士。参编《燃气输配》第一版、第二版;主编《燃气输配》第三版、第四版、第五版;主编《建设部工人培训高级班教材》;主编《城市燃气名词术语标准》。主持、参与数十项科研课题,在各类期刊发表科技论文100余篇。

不积跬步,无以至千里

——谈难忘的工作经历

马最良

1959年,我考入哈尔滨建筑工程学院,1964年毕业并留校任教。1985年评聘为副教授,1992年评聘为教授,1997年被评为博士生导师。曾任学术兼职:中国制冷学会第四、五届理事会理事,黑龙江省制冷学会副理事长,黑龙江省能源研究会副理事长,中国建筑装饰协会暖通空调委员会理事,《暖通空调》《暖通空调新技术》《制冷空调与电力机械》等图书的编委。九三学社社员,黑龙江第七、八届政协委员。现任第八届全国暖通空调学会热泵专业委员会荣誉主任委员。

自从事高等教育工作以来,曾担任制冷、热泵、锅炉及锅炉房设备等课程的教学工作,为国家培养了大批暖通专业的本科生(指导本科生毕业设计200余名)、研究生(培养博士研究生14名,硕士研究生53名)。多年来,一直坚持教学与科研并重。从事的主要研究方向有:热泵技术在我国暖通空调中的应用;暖通空调设备的研发;暖通空调设备性能试验方法的研究与发展。研究成果丰硕。在国内外学术刊物及论文集中公开发表论文200余篇,编著与参编著作及教材近20部,主审和参审9部著作。

1964年至今,我经历了改革开放前和后两个时期。改革开放前期,1964—1971年在哈尔滨建筑工程学院暖通空调教研室任教。在校做的第一个科研项目,就是1965年由徐邦裕教授和吴元炜教授主持的热泵柜式恒温恒湿机组的研究项目。研究小组根据热泵理论提出应用辅助冷凝器作为恒温恒湿机组的二次加热器的新流程,这在国际上是首次提出。1966年与哈松机械厂(后改名为哈尔滨空调机厂)联合设计、试制出了第一台样机,并于1968年通过鉴定。第一台机组于1970年安装在黑龙江省大庆油田某机修车间内,并通过了大量测试,这是我国第一例采用国产热泵空调机实施的恒温恒湿空调工程。在该项目中,我参与方案设计、新流程实验研究;主持了国内第一台机组性能实验装置(焓差法实验台)和制冷机性能实验台(载冷剂法、气环法)设计、研制工作;参加了样机的现场测试工作,并撰写现场测试报告等。为顺利完成这项研究工作,我作为学校的代表在哈松机械厂驻厂几年。哈松机械厂是哈尔滨空调机厂的前身,它是我国生产暖通设备除尘器的第一厂,也是国家"一五"计划的重点建设单位。

这次科研经历,给我最大的收获就是在我心中埋下了热泵的种子,对热泵技术产生很大兴趣。1971年,我从哈尔滨建筑工程学院调到了陕西凤翔县的关中工具厂。该厂隶属于当时的一机部,并由当时的哈尔滨量具刃具厂以及从全国各地迁过去的技术人员和工人共同支援。这是一家大型的国营单位,在当时也是生产量具的主要单位之一。

在那里我写了第一篇学术文章,发表在了当时的《暖通设计通讯》上,出版了第一本书,发表了第一篇译文。这些经历,使我懂得了如何与工人师傅一起做技术攻关,做技术节能。我们当时厂里要求搞节能,还设有专门的节能办公室。我从锅炉的改造开始,先是为厂里设计制造了三台锅炉,解决了工厂的生产、生活和采暖用气的问题,为工厂节约了大量的投资。后来因为我们改造锅炉积累了很多经验,还去帮别人解决问题。说来有趣,我们工厂从河南拉肉一直无法通过灵宝路卡,后来听说河南灵宝化肥厂想改造锅炉,我们就去帮助他们改造锅炉,然后,他们顺利地为我们放行。我记得我们一共改造了五台锅炉,大大提高了锅炉的热效率。我将这些工程实践总结在了《中小型机械工厂锅炉改装》一书中,这本书后来于1979年由机械工业出版社出版。

当时凤翔关中工具厂是"三边"厂(边设计、边施工、边生产)。我在那里一待就是八年。在这八年里,我从事过锅炉房、空压站、厂热网、各车间的采暖、通风除尘、螺纹磨车间的除油雾和空调的设计、施工、运行等工作;还在关中工具厂进行了一些节能工作,比如:热电联产,利用背压式汽轮机提高背压(牺牲点发电)供低温热水采暖;工业炉排烟的热回收与应用(热水供应);锅炉排污水废热的回收与利用;凝结水回收系统的节能;热力系统的运行管理节能等。我在工厂里的经历,成为我不可多得的个人财富,也凝结成了我以后的个性:注重生产实践,注重与工人技术切磋,注重解决实际问题,辛勤而善于总结,笔耕不辍,一生研究节能减排实用技术等。

我认为自己是很幸运的。关中凤翔八年工厂生涯在1978年结束了,当时国家各大院校开始招收研究生,我考回了哈尔滨,考回了自己的母校,进入人生的新阶段,进入了改革开放后的四十年征途。

我把改革开放四十年的生涯分为了四个阶段。四个十年,四个不同的阶段,有着四种不同的心路历程,也有着不同的成就。

第一个十年,1978年到1988年,是"跟着干的十年"。我考回母校,跟着恩师徐邦裕从事科学研究。当时徐邦裕教授又开始了热泵研究工作的新征程,在国内最先瞄准了空气/空气热泵,开展基础性研究工作。这个研究方向十分适合我,于是我只管埋头专心于科研,不用操心其他的。这颗60年代播下的热泵种子,经过十年的等待,在科学的春天里,种子才获得发芽、破土、开始成长。被录取成为徐邦裕教授的研究生时,我已经38岁了,因此花费了比别人更多的时间去学习。依靠勤奋,我不仅完成了学业,而且由于当时学校师资力量薄弱,我还承担起了部分科研任务。

1980年硕士研究生毕业。1981年,我成为哈尔滨建筑工程学院的第一批工学硕士学位获得者,我的研究题目是"标定型房间热平衡法实验装置的研究"。在这之后的十年里,我笔耕不辍,发表了9篇论文和19篇译文,另外还参加了教材《热泵》《建筑设备施工技术与组织》的编写工作。值得记录的是有关中国第一本热泵专业教材——《热泵》一书,由导师徐先生、同事陆亚俊和我共同编写,并于1988年由建工出版社出版。该书影响广泛,为热泵技术在我国的普及与发展打开了一扇窗户,播下了一颗种子。这本教材在中国设有暖通专业的院校中一用就是二十年,并被学术论文和著作引用上千次,1999年被评为建设部优秀教材二等奖。我就是这样歪打正着地走向热泵技术研究之路。

在这十年里,我受到徐邦裕教授的影响非常大。徐先生治学严谨,品德高尚,对教学、科研非常地用心、勤奋与投入,能跟着徐先生学习是我的幸运。徐先生常跟我讲发展热泵的道理,认为在我国发展热泵有前途。老先生眼光非常长远,大家都没想到热泵今天在我国有这么大的发展。我受先生影响很多。这样的品德,我也传承给了我的学生们。

第二个十年,1989年到1999年,是"自己摸索着干的十年",这十年,没有人带着了,我带自己的学生,教学的同时,承担一些科研工作。参与学校的暖通空调实验室建设,曾教授制冷、热泵、锅炉和锅炉房设备等课程。我对学生的要求是先求杂、后求专、再求博,只有这样才能做好学问。

在这十年里,由于自己刚开始起炉灶,研究经费十分紧张。因此就从花钱少的模拟预测分析方面来选择研究题目,先后进行了大、中型热泵站在我国应用的预测分析、水环热泵空调系统运行能耗分析及其在我国应用的评价、空气源热泵冷热机组供暖最佳平衡点的研究等,其目的是探索热泵技术在我国应用与发展的前景。由此,我的热泵技术研究工作走向自我发展之路。

这期间,我与陆亚俊老师等合编了《制冷技术与应用》《建筑节能技术》《空调工程中制冷技术》等著作与教材。

值得记录的是《制冷技术与应用》一书。这部著作是编著者多年从事制冷应用方面的教学与实践的总结凝练而成。其中的制冷技术是综合20世纪90年代的空调专业本科生、函授生、专科生及培训班的制冷讲授经验,与最新的国内外制冷书籍及教材的优点,撰写而成。制冷应用中的部分内容是编著者多年从事科研、设计、安装方面的经验总结与成果。撰写著作是件困难的事情,立题难、收集资料难、耕思难、撰写难、出版难,甘苦自知。但是,写书是让别人读的,读有所得,得有所用,用有所效。因此,写书一定要讲求"慢工出细活",不可马虎,要对读者负责,不能浪费读者的时间。对得起读者花时间去读它,也要对得起自己花时间去撰写它。

第三个十年,1999年到2009年,是"黄金十年",也是我带领大家干的十年。这十年本是一般人退休后休闲岁月的开始,但是哈工大规定,博导延长到70岁退休。这样,我反而迎来了似乎是人生中最忙碌的时期。这十年有培养博士研究生、硕士研究生的任务,有很多课题(如国家自然科学基金、"十一五"国家科技支撑计划重大项目课题等)需要继续做,还要对从前的研究成果加以总结并撰写成著作,根据多年的教学经验,尽可能地编写出具有自己特色的教材等。因此,这十年是一生中最忙碌的十年。当然,这些工作与成果是我与我的同事、研究生们多年合作的结果,看到我的研究团队不断成长,也开始承担指导博士研究生工作,我心里十分高兴。我为什么说是黄金十年呢?是因为这十年的时间我真正感到了教学科研的自由,我可以自由支配时间,从容完成课题,还能安心地坐下来总结前些年的心得。另外,因为生活条件好了,原来写书很艰难,一是因为时间太紧,更主要的是家里空间太小,老少多人,只能住在一起,根本没有空间好好写书。现在则不同了,总之我感觉这后十年真是好。

在这十年里,我成立了热泵空调技术研究所,热泵技术研究工作进入了成熟和收获年代,正式出版了《水环热泵空调系统设计》(第一版)、《地源热泵系统设计与应用》(第一版)、《暖通空调热泵技术》、《热泵技术应用理论基础与实践》四部著作与教材。值得指出的是《热泵技术应用理论基础与实践》这部著作,是热泵空调技术研究所在21世纪前10年(2000—2009年)所取得的一些研究成果与体会,是根据热泵技术在我国应用的新情况、新特点,坚持独立思考,在不断地从实践中得出的新结论与方法,根源于本土,而不是简单套用国外经验。进入21世纪后,哈尔滨工业大学的热泵技术研究,在国内以一种新的起点开始新的征程,在十年内取得可喜的成果,处于国内领先水平。另外,这十年里还编著或参编了《民用建筑空调设计》(第一、二版)、《暖通空调》(第一、二版)等著作与教材。

三个十年之后,2010年我终于真正退休了。我经常跟我的学生们说谁都可以取得成功,但前提是你要做到"勤做事、勤学习、勤思考、勤总结",只要做到这些,无论做什么都能成事。

2010年到2019年,这是我正式退休后的十年,这十年开启了人生的新一页。停下来干什么呢?这是首先应该思索明白的问题。我想:一应该明白,我的研究热泵的黄金时期已不再有,但关注热泵在我国应用和发展的心却在。二应该明白,年老啦,做点事,保持从前干活的习惯,但其强度要减弱,速度要减慢。做点事也是一种消遣赋闲在家的时间的方式。最后还应该明白,管不了的事别管,用有限的精力去干能干的事情,有兴趣的事情。因此退休十年里,我主要干的事有:

1. 在出版社的建议下,对过去出版的著作与教材做了修编再版工作。比如:修编再版了《水环热泵空调系统设计》(第二版,2011年)、《地源热泵系统设计与应用》(第二版,2014年)、《民用建筑空调设计》(第三版,2015年)、《暖通空调》(第三版,2015年)。

2. 主审和参审多部著作和设计手册。比如:主审了清华大学石文星教授主编的《小型热泵装置设计》、哈工大陆亚俊教授主编的《建筑冷热源》、葛风华教授编著的《暖通空调设计基础分析》、赵亚伟高工编著的《空调水系统的优化分析与案例剖析》;参审了中国电子工程设计院《空气调节设计手册》(第三版)和关文吉主编的《供暖、通风空调设计手册》。

3. 和年轻人一起撰写专著,年轻人为主,我为辅,编著了《空气源热泵技术与应用》,此书正式出版后,畅销的情况多少出乎我们的意料。2017年6月正式出版后,很快销售一空,于是在2018年1月进行第二次印刷。

4. 赋闲在家,有时间多思索热泵在我国的应用与发展的往事,反思热泵在进步发展过程中存在的问题,写一些赋闲随笔、学术论坛论文等。

值得记录的是《空气源热泵技术与应用》著作。它归纳总结出一些值得关注的新理念、新技术、新系统,比如:编著者将空气源热泵系统视为热能再生系统之一;空气源热泵供暖系统遵循了部分能量循环利用的科学用能原则,避免了传统供暖系统用能的单向性问题;多区域结霜图谱;误除霜问题;基于多区域结霜图谱的 T-H-T 除霜控制技术;适合于寒冷地区的单、双级热泵系统设计、应用等,在技术创新等方面均具有积极的指导意义。

回顾几十年的工作,令我欣慰的是,在研究成果中,部分原始创新成果被上海交大、同济大学等著名教授写入多部著作中。先简单介绍如下:

1. 早期的开创性研究成果,大部分载入《中国制冷史》(潘秋生主编,中国科学技术出版社,2008年):

• 1965年参与徐邦裕教授领导的科研小组,根据热泵理论,首次提出应用辅助冷凝器作为恒温恒湿机组的二次加热器新流程,这是世界首创的新流程。

• 1980年建成了国内首台标定型房间热平衡实验装置,为开展空气/空气热泵实验研究和制定房间空调器标准提供了实验基础。

• 波纹规则纸填料及一些非规则填料直接蒸发冷却过程的实验研究;开发了直接蒸发冷却局部空调器和卧式组合式空调机直接蒸发冷却段。

2. "双级耦合式热泵供热的应用基础研究和系统创新"项目,获2006年度中国制冷学会科学技术进步奖(三等),并载入《制冷学科进展研究报告》(王如竹主编,科学出版社,2007年),其技术应用于实际工程中。

3. 蒋能照、刘道平主编的《水源·地源·水环热泵空调技术及应用》专著中指出:"哈尔滨工业大学针对我国电力峰谷差大、空调能耗与环境问题,提出土壤蓄冷与土壤耦合热泵集成系统的设想,将蓄冷装置与热泵地下吸热装置合二为一,通过三工况冷热水机组实现集成系统的热泵、蓄冷和空调三功能,这是热泵系统的新发展,用土壤蓄冷来削峰填谷更是蓄冷空调的一种原始创新。"

4. 20世纪90年代,开展了水环热泵空调系统的研究,主要研究了:

- 其系统运行能耗的评价方法。
- 其系统在我国应用的预测分析与评价。
- 传统水环热泵空调系统的问题与对策等。

上述部分研究成果载入上海交大王如竹、丁国良教授等著的《最新制冷空调技术》专著中。

5. 1995年在国内率先开展了"冷却塔供冷技术在我国应用的模拟分析",研究哈尔滨、乌鲁木齐、西安、兰州、北京、上海、广州七城市使用冷却塔供冷的节能性,指明除广州外,其余城市节能率为12.47%~37.74%,西北地区的乌鲁木齐、兰州使用效果最佳,其次为北方城市哈尔滨、北京。目前,冷却塔供冷技术已成为我国建筑节能的有效措施之一。冷却塔供冷技术研究成果已载入王子介编著的《低温辐射供暖与辐射供冷》专著中。

6. 人工冰场设计方法的研究成果已被陆耀庆主编的《实用供热空调设计手册》(第二版,2008年)所采用。

7. 哈尔滨梦幻乐园暖通空调设计载入同济大学范存养教授编著的《大空间建筑空调设计及工程实录》著作中。

8. 单、双级耦合热泵系统载入同济大学龙惟定教授主编的《城市需求侧能源规划和能源微网技术》著作中。

…………

我的几十年工作概括起来,就是一个关键词:书。结下书缘,几十年工作里悟出"想读书、会读书、永读书"的道理,并在几十年"读书、教书、写书"的过程中,践行了这个道理,时刻都不离书,处处也离不开书,即是个"书虫",实为"可怜虫"。但我不后悔。

我几十年的突出科研成果如下:

1. 1978年黑龙江省人民政府为"LHR-20热泵式恒温恒湿机"科研项目颁奖(省科技大会上)。

2. HR-20热泵式空调机获黑龙江省1982年度优秀科研成果三等奖。

3. HD-9热泵低温空调机组获黑龙江省1982年度优秀科研成果三等奖。

4. 《热泵》1992年获建设部优秀教材二等奖。

5. "制冷"课程1998年被评为教育部的A类优秀课程。

6.《双级耦合热泵供暖的应用基础研究和系统创新》获2006年中国制冷学会科学技术奖——进步奖(三等)。

风尘何惧　砥砺前行

——专业情结五十年

邹平华

求学之路

我于1961年考入哈尔滨建筑工程学院。在高考报考志愿时,我的表哥(他于1960年上大学)告诉我:"我的同学去年考入哈工大精密仪器专业,她知道哈建工是一所有实力的学校,刚从哈工大分出来,你一定要把哈建工填写在第一志愿。"就这样我被哈建工录取,并与哈尔滨、哈建工和哈工大结下不解之缘。

我清楚地记得,1961年8月下旬,土木系的李德庆老师亲自到武汉,把哈建工在湖北招收的学生带到哈尔滨。那时交通不便利,由武汉到哈尔滨坐了三天火车。由于李老师的精心安排,这在当时已是最快和最顺利的旅程。路经北京时短暂停留,我们集体去了向往已久的天安门,我和大家一样特别激动,留下了难忘的记忆。半夜到哈尔滨,从火车站出来看到宽敞的红军街两旁高大的树木、红黄两色的洋式建筑,这些与武汉市不同的城市风光,令我高兴不已。

1959年刚毕业的年轻教师艾效逸老师接待我们,给我们留下美好的记忆。当时正值国家三年困难时期,全校只从黑龙江、辽宁和湖北招收了100余名(其中湖北20名)学生,分配到给排水和煤气两个专业。我分配到煤气专业,到三年级时,改为供热、供煤气与通风专业。当时学习和生活条件都很差,只有一座教学楼——土木楼和一栋学生宿舍(现在西大直街上的海韵酒店),是典型的"马路大学"。没有操场,要到校外的南岗体育场(现在省博物馆对面的华融饭店所在地)和位于海城街的火车头体育场上体育课。由于继承了哈工大的优秀传统、拥有了大批高水平的教职员工,我们在校期间(当时本专业学制五年)接受到良好的教育。承担我们教学的老师都是一流的。基础课老师有:高等数学——吴声和、吴登青;物理——唐光裕;化学——张沧禄;力学——钟宏久、庄重、于光瑜;俄语——赵明瑜等。这些老师大多数已作古,当年的音容笑貌宛在,至今令我们十分怀念。专业基础课和专业课老师有:廉乐明、屠大燕、李猷嘉、杜鹏久、盛昌源、傅忠诚、崔汝柏等。路煜老师和杜鹏久老师分别在莫斯科建筑工程学院(МИСИ)和列宁格勒建筑工程学院(ЛИСИ)获得副博士学位回国不久,充实了教师队伍。老师们潜心教学,全力以赴,为我们后来的发展打下坚实的基础。我就读期间院长是孙西岐、李承文,他们都是1949年以前参加革命的老干部。系主任是水工专业的朱厚生老师,非常能干。因专业调整,他后来调到华北水电学院,并提拔为副院长。尽管物质匮乏、生活困难,但没有人抱怨。大家要求进步、学风良好。上课的时候,大家都争着坐在前三排,很少有人缺课和逃课。毕业设计和课程设计时几乎所有同学整天在教室里忙碌。

除在校学习之外,我们经常参加各种短期或较长时间的劳动和社会活动。我们曾坐船沿松花江到通河农场参加劳动;坐汽车到离哈尔滨不远的永源农场参加秋收;坐火车到齐齐哈尔附近的赵光农场抢收。1964年近半年的时间到庆安县参加劳动,与农民同吃、同住。我印象深刻的是永源农场的大馒头一个足有半斤重,男同学一顿能吃四五个。放在现在,这是不可想象的事。在庆安县勤劳公社勤劳大队农民家里睡火炕,经历了入乡随俗的过程,感受到农民朴实敦厚的品德。

我们还去过沈阳煤气公司的工地实习,与工人一起干活,学习安装管道的基本技能。1966年春按教学计划,学校安排我们到基层进行毕业实习,并结合实际进行毕业设计。我分到哈尔滨电碳厂,由刘祖宗老师带队,首先在碳粉车间同班组工人一起劳动,并熟悉车间工艺流程,然后再独立结合工艺进行设计。该车间的碳粉机,在出料时,整个碳粉机的料斗翻转,大量的热碳粉顿时喷洒而出。由于没有有效的通风措施,工人的脸都是黑色的。我设计了一个可随碳粉机旋转的通风罩和通风系统,可以吸收碳粉机出料时排出的大量碳粉和有害物,减轻对操作人员的身体危害。这个通风罩设计有创意,是我第一个结合工程实际开展的专业工作。

1966年我们已完成毕业设计,并有毕业分配去向(当时都是由国家分配,由上级给定方案,具体到省、市、单位名称)。同学们分赴四面八方,大多数都是去基层单位。到工厂当工人,到农场当农民,到部队当兵。

在市建公司工作

1968年秋我被分配到哈尔滨市第一建筑工程公司第三施工队,到班组与工人一起参加劳动。组长张廷发是一位有实践经验的年长师傅,组内有十来个成员。我与他们一起从事各种管道安装工作,师傅们对我很好。我从他们那里学习了各项有关管道安装的操作技能,学会了电焊和气焊、塑料焊等操作。在班组当了三年工人,直到1971年才把我调到办公室从事技术工作。主要是与工长配合,搞技术管理和预决算。先后与赵鹏云和乔瑞亭两位工长共事,他们都非常淳朴,是在一线久经锻炼培养出来的、有实际工作能力的干部。他们苦干、巧干、千方百计完成任务、高度负责任的精神永久留在我的心中。我从工人师傅那里学习到很多好的品质,他们做事认真负责、实事求是,对人真诚朴实、乐观开朗。这些好品德深远地影响了我。我先后参加了哈尔滨轴承厂、哈尔滨电碳厂、哈尔滨炼钢厂、哈尔滨啤酒厂以及多个民用建筑的上下水、采暖和通风工程施工。在市建公司工作十年多,经历了大小几十个工程项目的建设。

由于多年在校接受的教育和参加的各种活动,培养了我们的朴实的品德和吃苦耐劳的精神,造就了我们这一代人顽强的意志和韧性,使我能够适应基层的环境,与工人们打成一片,工作有责任心。在校所学的专业知识和接受的训练,使我能够更全面地看待各项工作。从事预算工作,在计算工程造价的同时,我不仅仅会用预算定额,还要研究预算定额的来龙去脉。在工程开工前,注重审图。虽然初出茅庐,但我总能预先提出一些国家部委、省、市设计院设计的图纸中的问题,减少重复施工和浪费。在当时不十分注重技术的环境下,我汇集了在审图和施工中发现的、由设计不周造成的问题,在后期还写了一篇论文——《从施工角度看给排水和暖通工程设计中的通病》。在施工中我也尝到了很多乐趣,锻炼了我的实际工作能力,并使我在以后的教学、设计和科研工作中能够将理论知识与实践相结合,注重方案的可行性和可操作性。

回母校工作

1979年母校成立供热研究室,郭骏教授希望我回校工作。我提出调离申请,哈市第一建筑工程公司坚决不放。郭教授亲自找到哈市建工局刘局长,才同意我调动。离开时有的工人师傅还落下了眼泪,令我十分感动,至今记忆犹新。回到学校我主要从事教学和科研工作。几十年过去了,一些付出心血的工作令我难以忘怀。

教学工作

回校后,开始我在郭骏教授领导下的供热研究室工作,1981年到暖通教研室工作。1982年郭骏和贺平老师教授暖通79级的供热工程课程,我和我的同期同学许文发跟随听课。此后由许文发和我共同讲授暖通80级的供热工程,就这样我从老先生手中接过来这一门课的教学任务,全身心地投入教学工作中。讲授了80级以及以后多个年级的本科生课程——供热工程,指导了多届学生的毕业设计和课程设计,以及生产实习、毕业实习和实验课。此外还讲授了施工技术与组织等课程。

讲授了研究生课程——供热技术与经济和供热可靠性与热电厂供热,指导了40名硕士生和14名博士生。我能够注重研究生的思想品德教育、学位论文的选题,关爱学生,培养他们毕业后走向社会的适应能力。

在几十年的教学生涯中,我参编了陆亚俊教授主编的"十一五"国家级规划教材《暖通空调》;与方修睦、王芃、倪龙共同编写了"十二五"规划教材《供热工程》,我任主编;参编了刘祖宗老师主编的教材《建筑设备施工技术与组织》;参编了郭骏教授主编的教学参考书《建筑采暖设计》。

留学经历

20世纪80年代我通过国家考试,由国家公派到苏联的莫斯科建筑工程学院留学,该校是苏联建筑学科排名第一的学校,哈工大有三人在该校暖通专业留学(除我之外,还有路煜老师和暖通07级的周志波在该校攻读副博士学位)。燃气与热化教研室主任是50年代来哈工大工作的苏联专家约宁教授(来华时是副教授),他热情地接待了我。第一次见面,就把他主编的著作——《ТЕПЛОСНАБЖЕНИЕ》(《供热学》)送给我,并郑重地签上了他的姓名。莫斯科建筑工程学院为我提供了去大型科研机构和高校(列宁格勒建筑工程学院、基辅建筑工程学院和哈尔科夫建筑工程学院)参观学习的机会,了解了许多苏联时期集中供热发展的情况,开扩眼界。90年代我又有机会由国家公派到俄罗斯的莫斯科动力学院(МЭИ)留学。该校有世界上少有的教学用发电厂,常年运行、发电上网。在它的主楼二楼走廊墙上挂着许多从该校走出去的其他国家领导人(包括中国的国家前总理李鹏)的大幅照片和介绍。莫斯科动力学院的沙柯诺夫教授曾到北京参加国际会议和访问哈建工,是苏联著名的供热和汽轮机专家、积极的科学和社会活动家。他在50年代参加当时世界上最大的300MW热化汽轮机的研发。他的著作《热化与热力网》出版9次,并翻译为多种文字(其中两版译为中文)。在莫斯科动力学院学习期间我得到教授的指导,加深了对俄罗斯集中供热技术的了解以及对热电联产和热电厂工艺过程的认识。

我的留学生涯经历了苏联和俄罗斯两个时期。80年代留学时我国刚开始改革开放,与苏联在经济、技术、社会生活等各方面都有较大差距。苏联教育、医疗免费,基本生活用品(如牛奶、面包等)和生活用能源收费低,物品全国统一价格,物质供应充分,人民生活富足。90年代留学时苏联已解体,虽然尚能提供教育、医疗免费,生活用能源低收费等基本生活保证,但由于经济急速衰退,卢布贬值,教授们的积蓄几乎归零。收入不适应物价的增长,进口商品大量涌入,人民生活水平显著下滑,与第一次留苏时人民生活幸福愉快的情景形成鲜明的对比。我亲身体会到国家的兴衰决定了人民的命运,深刻地认识到我国改革开放的巨大成就和给人民带来的福祉。

俄罗斯的集中供热有一百多年的历史,供热水平和规模曾长期位居世界第一。有系统、完整的理论研究成果和成熟丰富的应用实践,对世界集中供热发展有重大贡献。例如莫斯科建筑工程学院(90年代以后的莫斯科建筑大学)的约宁教授经过多年的调研,在世界上第一个提出用概率论的理论来研究随机发生的供热事故,并且可定量计算供热管网的可靠性指标,对防止和减少供热事故有重要意义。在留学期间我调研了俄罗斯发展集中供热的历程和先进技术,对我回国后的科研和教学提供了极大的帮助。对比和研究了俄罗斯和中国在供热可靠性研究状况方面的差距,为两次获得国家自然科学基金委的资助创造了条件。

感谢国家为我提供了出国留学的机会。如果没有改革开放,我没有可能跨出国门,就没有到国外学习、增长见识和提高能力的机会。

编制标准

我参加编制标准的工作要感谢贺平教授,是在他的建议和推荐下开始的。20世纪90年代我主编了《供热术语标准》和《供热工程制图标准》。这两部标准看似平常,但这是我与国内供热界专家交往和学习、编制标准的开端。在编写组我结识了清华大学的王兆霖教授(20世纪50年代曾在哈工大跟随苏联专家学习)和北京煤气热力设计院的吴玉环总工,虽然他们是国内供热界的权威,比我年长,名气大,但在组内讨论问题时完全没有架子,毫无保留。王老先生当时已七十多高龄,为了提高供热术语的英文对应词的准确度,曾在北京图书馆连续工作多日。这种精益求精的精神令我终生难忘。标准出版后,我还多次拜访王先生,他思维敏捷、性格乐观开朗、生活简朴的形象深深地印入我的心中。他还送给我他的个人照片,我将永远留存。

此外我还参编了6部标准:《采用闭式小室测试采暖散热器的热工性能标准》《板式换热器(GB 16409)》《钢外护管真空复合保温预制直埋管道技术规程》《小区集中生活热水供应设计规程》《城镇供热直埋热水管道技术规程》《燃气锅炉烟气冷凝热能回收装置》。

编制标准是推动国家技术进步的重要工作,编好一部标准要求编制者有高度的责任心,调研国内外相关领域的发展水平和趋势,了解国内行业的动向。编制过程也给我提供了与同行交流和互相学习的机会。

科研工作

20世纪80年代在郭骏教授的带领下,我完成了国内首个按国际标准研制的散热器实验台,通过了建设部组织的专家鉴定,获得建设部科技进步奖(我为第二获奖者),同时接受了许多厂家的散热器热工性能测试。这一项目是当时国内开展最早、有影响的科研工作,这要归功于郭教授的远见卓识和精心指导。

20世纪90年代我两次主持了国家自然科学基金课题,后来参加或主持了国家"九五""十五""十一五"和"十二五"科技支撑计划项目等科研工作。特别要提到的是,由我担任项目负责人的"十五"科技支撑计划项目——"市政业务管理系统"。该项目经过激烈的竞争,学校获胜,是我系担当的第一个作为主持单位、经费超过200万元的国家大项目。该课题包括城市供热、城市供水系统数字化和市政公用业务IC卡应用集成,涉及市政工程多个学科,以及计算机技术和信息技术的交叉。进展中遇到许多新的问题,是我比较辛苦和难以忘怀的一段时光。我们集合了哈工大本专业和计算机学科的优势力量联合作战,在课题组方修睦、唐好选、姜永成、陈惠鹏等教师和多名研究生千方百计、奋力拼搏下完成了任务,锻炼了队伍,增强了实力,为本专业在申请"十一五""十二五"科技支撑计划项目中取得好成绩,提供了经验和借鉴。

个人总结

我选择了供热、供燃气与空调专业,并将其作为一辈子的事业。有幸从一个幼稚的南方姑娘成长为一名成熟的专业人员;从早期的哈建工的学生,经历了由哈建工发展到哈建大,后回归到哈工大的历程;目睹了随着国家经济发展的需要,专业由供热、供煤气与通风—供热、通风与空调—建筑环境与设备工程—建筑环境与能源应用工程的发展变化。在党的教育和培养下,我不断努力走过了充实的人生道路。我热爱我的学校,热爱我的专业。

学校和我们专业有悠久的历史、优良的传统和忠诚于党的教育事业的教师队伍,我们一定要在争国际一流的大潮中再创佳绩。借专业成立70年之际,祝愿哈工大建筑环境与能源应用工程专业继往开来,书写更华丽和辉煌的篇章!

我 的 路

高甫生

人生是一条崎岖的路,每个人都在走自己的路,这就是我走过的路……

我是福建省福州市人,1938年5月23日出生。幼年和少年时期,我的家住在福州三坊七巷附近的乌山脚下,那里空气清新、环境幽静。乌山又称乌石山,海拔86米,位于福州市中心,是福州三山之一。山上风景秀丽、怪石嶙峋。乌石山上留有朱熹等著名文人的摩崖石刻上百处,是福州著名的旅游胜地。小时候,我就生活在这样一个美好的环境中,打开我家后门,就能上山游玩。

1945年,抗战胜利那一年,我7岁,正好到了上学年龄。母亲送我上了福州实验小学,那是福建省最好的一所学校。后因实验小学离家太远,经过转学考试后,我转入了我家附近的道山小学(现在的林则徐小学)上学。"道山"也是"乌山"的别称之一。

我的中学年代

1951年,我考入福州二中初中。对我来说,小学升初中的考试,更像是一次大考。那时,各个学校独立招生,录取比例非常低,我报考的福州一中和福建师院附中,考生人数分别达到3000多和2000多名,录取人数一共只有150名。因为有许多学生可能同时被几所学校录取,每个学校还有100名的"备取生"。未报到的学生,就由"备取生"按顺序递补。录取名单在校门口的大墙上张榜公布。由于我家里情况特殊,小学升初中时,从报名到办理入学手续,一切过程都是我自己完成。发榜那一天,学校门口人山人海,我挤在人群中,踮着脚、抬头寻找自己的名字。令我失望的是,在福州一中,我榜上无名;在师院附中,我也只落个"备取生",后来被递补上了。同时,我还考取了厚美中学。入学时,福建师院附中、福建学院附中、厚美中学等三所学校合并成立了福州二中。

福州二中位于三坊七巷中的光禄坊,这里是原福建师院附中的校址。当时的学校建筑,我仍记忆犹新,有教学楼、教师和行政办公楼、理化实验楼、图书馆、学生宿舍楼、学生食堂、教工食堂、校医室,还有300米跑道的田径运动场、篮球场、羽毛球场、体操器械场。入学不久,学校又在南侧新建了两座教学楼。在20世纪50年代,能有这样优越的条件,实属不易,这为我们创造了良好的学习环境。

初中阶段是我学习上的重要转折点。刚入初中时,在班上,我的学习成绩只能算是中等偏下水平。初一两个学期,我的期末考试总平均成绩只有 70 多分,其中最差的一门课程只得了 66 分。那个年代,孩子们都很朴实、守纪律、尊敬老师。同班的许多同学,学习都很刻苦、努力。在老师的启迪、教育和班级学习气氛感染下,我开始用功,学习成绩很快有了变化。经过一年的努力,到了初二下学期,总平均成绩就提高到 85 分以上。这个成绩大大地鼓舞了我,让我开始振作起来。同时,让我看到了,我在学习上还有很大的潜力。到了初中三年级,我的总平均成绩达到了 92 分以上。当时的成绩单上,除了记载每门功课的期中和期末考试成绩外,还给出了期末各科成绩(包括体育、音乐、语文、代数、平面几何、物理、化学、生物、外语、地理、历史、政治等,每学期的功课都在十门以上)的总平均分数(满分是 100 分)。

1954 年,经过统考,我继续在福州二中上高中。那一年,初中毕业生人数远大于高中招生名额,初中同班同学只有不到半数升入高中。当时,高中一年级六个班中,有四个班级全部是男生,我所在的丙班也是。新组成的班级,同学间友好、团结,遵守纪律、有浓郁的学习气氛。

上高中后,在初中的基础上,我的学习成绩又上了一个台阶。记得,那是在高一下学期的开学大会上,校长乐澄清给全校 1800 多名学生做报告时,突然提到我的名字,让我心里一惊,真没想到,我竟然得了全校第一名!此后连续几个学期,我的期末考试总平均成绩一直名列前茅,保持在 97 分左右。到了高中三年级,学校实行苏联的五级计分制,就不再计算总平均成绩了。

1956 年,在我高二下学期时,我参加了福州市三好学生表彰大会。福建省省长、省委第一书记、福建军区司令员叶飞亲自为我颁发了奖状,当时,福州全市有 10 名同学获得了表彰。

中学学习阶段,也正是我的家庭生活最困难的时期。母亲带着弟弟一直在外地,我的二哥和大姐去了香港、台湾。我奶奶快 80 岁了,她双眼白内障,近于失明。整个中学学习期间,我除了照顾奶奶外,家里购买柴米油盐酱醋茶、洗衣、做饭,一切都要我来承担。生活极端困难,缺吃少穿、营养极度不良。

在我高中毕业时,1 米 75 的个头,体重不过 52 公斤。不过,由于我一直坚持体育锻炼,虽然身体瘦弱,却没有任何疾病,因此,顺利地通过了高考体检。

艰难的生活环境磨炼了我,让我更早地明白事理,懂得生活艰辛,学会如何有效地利用课余时间,安排好学习、体育锻炼和家务杂事。

中学阶段,考试是一件很平常的事。每学期,除了期中考试和期末考试外,还有无数次的平时测验,当时称"平常考"。有时,老师刚刚站在讲台上,就请同学们收起课本、拿出纸和笔,然后在黑板上出几道题。有时也会在上课的后半截进行测验。最难忘的是,教我们代数、几何和三角课的余伯钰老师,考试是老先生的法宝,尤其是代数课和三角课,几乎堂堂必考,每节课剩余5分钟,他都会在黑板上出5道题,你必须在5分钟之内,熟练、快速地答完题,这种考试不仅没有成为我的负担,反而促使我牢牢地掌握了所学内容。记得,在无数次的数学测验中,我没有错过一道题。听说,当时福州一中的考试更加严格,凡是中学阶段学过的内容,都在考试范围之内。频繁的课堂考试也体现在作文题目上,一次作文课上,陈中权老师出了《记一次平常考试》的作文题。由于这类考试已经深深地根植在我的心里,经过短时间构思后,我迅速动笔,必须在课堂45分钟内完成,时间有限,我只写了五六百字。交了作文后,心里有点忐忑,感到内容太少、写得一般。没想到,陈老师把它当作范文,在同年的其他班级讲解。从其他班级同学处得知,主要意思是,文章短小精悍、构思缜密,只用了几百字,就把我得知考试那一刻的心理状态、考场气氛、考试过程、考试结果都做了生动的描述。这件事,也让我体会到,文学来自于生活,只有亲身体验,才能写出生动、有意义的作品。

考试的常态化,促使学生们在课堂上专心听讲,并通过当天的复习和作业,及时吸收、消化课程内容。同时,也大大提高了我们应对考试的心理素质。因此,到了高考时,我一点也没感到紧张,就像期末考试一样,平平淡淡地过去了。

二中的培养,让我终身受益。在这里我学会了如何做人、如何学习、如何去应对困难,让我坚韧不拔,使我有勇气去应对更大的挑战。

走进清华大学

1957年高考,全国高校招生人数只有十万名,由于与苏联的关系出现问题,全国还有两万名留苏预备生也在当年进入国内高校学习,因此,实际的高考招生人数可能只有八万名左右,这个名额还不及现在每年博士生招生人数。由于招生名额少,我们班大部分人均未被录取。

高考报名时,每一个人可以填写12个志愿,我的第一志愿报考清华大学土木工程系。8月初,我收到了清华大学的录取通知书,这个结果是在我预料之中,所以,并没有让我激动不已。

我母亲得知我考上大学后,从外地回来,为我准备了被褥。我在福州时,冬天从未穿过毛衣,更别说棉衣了,现在要去北京上学,听说那里很冷,究竟冷到什么程度,谁也没概念。所以,母亲为我准备了一套厚的线衣、线裤。

八山、一水、一分田是对福建省地形地貌最贴切的描绘。除了沿海地区有小块冲积平地外,全省都是山地,交通极其不便。福州的学生去外省上学,或是走海路,或是乘汽车,盘山越岭,蜿蜒曲折,经过漫长的时间才能到达目的地。福州虽然也有机场,但是,当时的民用航空尚未建立,这条路想也别想。这种条件下,如果让每个考生自己去外地高校报到,非常困难。还好,福建省教育厅为我们解决了大难题,出省上学的新生都由省里统一组织安排。1957年,鹰厦铁路刚通车不久,从福州到南平的南福支线刚修通,尚未正式通车。铁路部门为我们出省上学的学生开了专列。我们乘坐了赴北京的列车。当时福州考取清华、北大的学生很多,我所在的这一个车厢110人全部都是被清华、北大录取的新生,其他车厢可能也有。据我所知,当年仅福州一中,考取清华、北大的学生就达六七十人。

20世纪50年代,全国采用统一的高考录取分数线,由于历史上福建的教育基础比较好,福建省的高考成绩一直在国内名列前茅,成为全国高考红旗省。不过这种盛况,也就到1957年截止了。因为从1958年开始,国家取消了全国统一的招生分数线,采取各省分配名额的方式。

列车一路前行,第三天上午,我们到达上海。在上海北站下车后,我们在附近的一处商场集中,这里离南京路不远,许多人都去南京路逛街了。我和几位学生留下看行李。中午,我在附近吃了一碗上海阳春面,一大碗面条,上面放一块大肉,味道平平,不过足以填饱肚子。

8月31日上午,列车到达北京站,出站后,老远就看到清华大学的大旗迎风招展,我上了清华的迎新专车,一路奔向早已向往的清华园。迎新车从清华南校门进入,到达二校门前停下。

八月末,北京秋高气爽,蓝天白云衬托下,书写着"清华园"三个大字的二校门,显得格外靓丽、雄伟。我穿过二校门,走到一片大草坪前,面对着远处的圆顶大礼堂,长长地吸了一口北京的清新空气。在这里我办理了入学报道手续,戴上了清华大学校徽,这一刻我正式成为清华大学的一名学生。我的学号是571011。现在,回清华查这个学号,就能查到我。

我被分配到东区的一栋新建的学生宿舍楼暂时住下。9月1日清晨,我站在宿舍门口,望着晴朗的天空,清新的空气中透着一丝凉意,南北方的气候差别显露无遗。南方的福州,现在仍暑气旺盛,而在北京,已经微微露出了一丝寒意。

上午,一位老师来到新生宿舍,让我们填报专业志愿。当时,土木工程系有工民建、暖通、给排水三个专业,后来,又增加了建筑材料专业。大部分新生都填报了工民建专业,我原来也是奔着这个专业来的,但是在听了专业介绍后,我开始对暖通专业感兴趣。人类的"春天工程师"!这个理想深深地吸引了我,我将暖通专业填报为第一志愿。

暖通专业有两个班,每班25名学生,我被分在暖21班,按五年制计算,我们应该是在

1962年毕业,所以,我们的班是2字号。后来,清华的学制改为六年制,作为过渡阶段,我们这个年级只延长了半年,因此,我毕业的时间是在寒假,为五年半制毕业。

清华大学校址是原圆明园的一部分,后来又跨越京张铁路,向东部发展。校园面积非常大,就像是一座小城市似的,如果绕校园走一圈,恐怕半天时间也难走完。由于校园大,后来我们上课时就必须在各教学楼之间跑动,我们课间休息时间是20分钟,遇到两堂课的教室距离远时,下课后,我们就得迅速往下一个教室奔,动作慢一点就来不及了。毕业设计时,我们的教室在主楼,而我们系的餐厅在西大饭厅,就是快走也要半个小时左右。

我们土木工程系住在1号楼,这是一座大屋顶的四层大楼,有300多个房间,楼内设施齐全,每天早晚都有热水供应。我和另外四名同学:段作亭、徐宝华、赵炳文、张松森住在472房间。

1至4号楼组成一个建筑群,四座大楼均为大屋顶结构,外观壮丽、雄伟,四周环境优美,是由中国科学院学部委员(院士)、中国近代著名的建筑大师梁思成设计的。

当时大学不交学费,我们在学校享受助学金,每个月12元5角。这也是学生的伙食费,所以全部以饭票的形式发给学生,如果某一顿饭不吃,可以凭饭票去伙食科退还现金。

开学后,天气逐渐寒冷,冬天来了!我的衣服单薄,根本无法应付北京寒冷的冬天,学校发给我一件棉外套,我穿着它,度过了北京的六个冬天。

当时,我二姐在北京部队文工团,她偶尔会来学校看我,给我五元或十元钱。我用姐姐给的这些钱,买点纸、笔、笔记本等用品,解决了我学习上的大问题。不过,我还是买不起教材,整个大学阶段,所有教科书都是在图书馆借阅。课堂听课、记笔记是学习中最重要的环节,所以,在我的学习用品中,笔记本的使用量最大。

清华大学有严格的校风。校园内,除了本校的大批著名教授外,还能见到钱学森、华罗庚、钱三强这样的顶尖科学家,他们常常来学校,给研究生班的学生讲课。在大批国家级、世界级大师的培养和教育下,在来自全国四面八方优秀学子的相互影响和感染下,校园内学习气氛浓郁。

清华要求学生德、智、体全面发展。在学习的同时,学生们还要参加各项政治活动。大学二年级,我参加了系里的宣传工作,三年级以后,又被调到学校团委宣传部兼任清华大学广播电台编辑,后来任编辑组长,同时,我还担任清华大学校报《新清华》的通讯员,在这段时间内,我写了不少稿件,有许多篇是专为《新清华》写的,并登载在报刊上。为了写稿、组织和编辑稿件,我牺牲了休息时间,也占用一些学习时间。这些工作一般都只能在晚上完成,我经常工作到晚上12点。有一次,当我完成稿件时,一看墙上挂钟,已经是凌晨两点多了。我悄悄地回到宿舍,早晨6点半,照样随班级同学一起起床,参加早操锻炼。调到校团委宣传部后,为了工作方便,我们都集中住在团委宿舍,只有白天随班级学习、活动。那时,在清华大学,凡是被调到运动队、文工团,或担任校学生干部的学生,都离开班级,集中住宿、用餐。体育运动队还有专门的运动员餐厅,为了保证运动员的体能,他们的伙食是特殊供应的。

直到毕业前一年,我才回班级。在清华广播电台任编辑期间,我和编辑组成员,利用晚间时间,准备好第二天的广播稿件。经过修改、编辑后,送去请团委书记(一般由党委副书记兼任)审阅,记得当时我曾经送审过的,有艾知生(八九十年代任国家广播电视部部长、第13至15届党中央委员)、张慕津(后来任清华大学副校长)等,还有两三次送给何东昌(80年代任教育部长、国家教委党组书记)审阅。经过审查后的稿件,再交给播音组。当时,清华广播电台设机务组、播音组和编辑组,广播机房占了整整一个大房间,有专职人员管理、维护;播音员和编辑都是由各系抽调的学生兼职。有男女播音员各4名,他们还多次去中央广播电台学习播音,因此,都有比较高的播音水平。

20世纪50年代末,政治运动不断,从1958年开始,还经常有停课的情况,课堂教学受到一些冲击,对大学阶段的学习多少有点影响。直到1960年中期以后,才基本恢复正常的教学秩序。这期间,国内处于历史上少有的经济困难时期,尽管国家对大学生有照顾,粮食定量较一般居民稍高些,但是,在几乎没有像样的副食供给下,对于正在长身体的年轻人,情况可想而知。艰苦的环境并没有影响同学们的学习热情,大家都非常珍惜这段安静的时期,抓紧时间,弥补前期因政治运动造成的损失。我在担任清华广播台编辑工作的同时,也不放松专业课程学习,各门功课都取得了好成绩。

清华大学注重学生的实践能力培养。在校期间,所有的教学实习都结合真实的工程。大学一年级时,结合测量实习,我们为北京市规划局测量了中关村地区部分地图。实习结束后,班级同学在老师指导下,编写并正式出版了《测量学》一书。大学二年级时,毕业班同学参加北京市十大工程项目设计,我们在配合绘制工程图纸时,学习了不少专业知识。学习专业课时,我们接受了清华教师住宅区的供热管网的实测、调研和调试的科研项目,参加了清华图书馆的空调系统安装和工程调试,等等。参加这些教学活动时,从方案制订、测试方法、使用仪表,直到写出报告,全过程都要求学生独立完成。这一系列工程和科研能力训练,加上许多的基础课和专业课程实验,都对我后来能够胜任工作岗位的教学、科研和工程设计起了非常关键的作用。

1962年,毕业设计开始了。我的课题是"清华大学主楼的供热和空调设计"。这是一座14层的高层建筑,也是当时北京的最高建筑(这座楼至今仍是清华大学的主楼)。毕业设计的论文和设计图纸没有任何样板可供参考,这也使得每个同学都能充分发挥自己的创造性。我的指导老师刘同生,他要求我用一个月时间阅读相关书籍、资料,然后,写一篇有关建筑空气渗透的读书报告。有关这个问题的研究,当时国内还是空白,国外研究也很肤浅。我阅读一些俄文资料,其中内容都很简单。不过,多少给了我一点有关建筑空气渗透的入门知识,就凭着这点粗浅的认识,我逐渐捋清思路,并结合设计中需要解决的问题,提出一些新见解,推导出了一个新的计算公式。我的报告得到刘老师的肯定和赞赏,他把我的报告推荐给国内知名专家杨伟城。

由于我在清华大学的良好表现,1962年五四青年节,我受到了清华大学团委的通报表扬。经过五年半的大学学习,1962年12月,我以优异的成绩完成了在清华大学的学习,获得了清华大学优秀毕业生的嘉奖,在2300多名毕业生中,仅有17人获此表彰。毕业典礼上,蒋南翔校长亲自为我颁发了金质奖章和奖状。

毕业分配时,当时的哈尔滨建筑工程学院暖通教研室主任郭骏老师去清华要毕业生,把我挑选过来了。于是,我被分配到哈尔滨来。

人生转折

1963年2月13日,我到达哈尔滨。记得当时是晚上七八点钟。火车到站后,我拎着行李,刚下火车,一阵刺骨寒风袭来,顿时让我领悟了什么是哈尔滨的冬天。当时,没有出租车,从哈站到学校也没有公交车。我穿得比较单薄,顶着寒风,边走边问路。还好,从火车站到学校没有多长的路程,很快我就找到了位于大直街上的建工大楼。

哈尔滨建筑工程学院是从哈尔滨工业大学分割出来的,原来是哈工大的土木建筑系,1959年,单独成立了哈尔滨建筑工程学院。这座建工大楼原来是哈工大的主楼,分开之后,就给了新成立的建工学院。大楼由前楼和后楼组成。后楼两层,是哈工大前身的校址,前楼五层,是1951年新建的。前、后楼围成一圈,中间是一个面积不太大的空场,用作篮球场和学生室外活动场所。学校所有的行政办公、教学、科研、实验室、图书馆、卫生所、学生食堂全部集中在这个大楼里。楼里还有一座大礼堂,一个面积不大的体育馆。学生宿舍楼位于大直街上,在建工大楼斜对面,是一座四层楼的建筑。1979年,又加建了两层,后来改建成了一座宾馆。学校还有一座四层楼的教工宿舍,位于香坊区红旗大街。学校面积不大,设施简陋,可谓是一个迷你大学。但是,可别小瞧了它,它可是国内最早的一座建筑类大学,是国内所有建工学院中的老大,有些专业可是国内首屈一指。这里的暖通专业也是国内最早创建的。

我推开建工大楼沉重的大门,进入门厅,门卫找到值班老师,他带我到附近的哈工大招待所,在那里我度过了来哈尔滨的第一个夜晚。

第二天上午,我来到学校人事科报到。办完手续,就去财务科领取了当月工资,大学毕业第一年的月工资是46元。此时此刻,我完成从学生时代到工作岗位的蜕变,我的人生转折,就这样平平常常地过来了。

哈尔滨气候寒冷、工作条件艰苦,毕业分配到这里,确实不太理想。有人问我,你是被发配到边疆去的吧?!对此,我当时并没有太多的想法。在清华,我受到的教育是,服从祖国分配,毕业后到最艰苦的地方去,到祖国最需要的地方去!这一观念已经深深地扎根在我的脑海中。因此,我没有任何怨言。相反,我觉得,与分配到大西北参加国防建设的同学,与分配到条件更恶劣的大庆油田的同学们相比,我的条件相当优越了。于是,我就默默地嘱咐自己,要逐渐适应环境,安下心来,做好在这里生活一辈子的思想准备。

初到教研室

人事科报到后,我来到暖通教研室与老师们见面。暖通教研室位于后楼西侧一楼,教研室副主任路煜老师告诉我,你的工作早已安排了,我们正等你呢。我的任务是担任供热59级的通风空调课程辅导和习题课,同时担任供热59班的指导教师。课程主讲由杜鹏久老师担任。

当时,国内空调技术非常落后,民用的舒适性空调还是空白,只有工业上用的集中式空调系统。通风空调课实际上就是通风工程课,课程将空调安排在最后一章,只简单介绍空调原理、概况,什么负荷计算、空气热湿处理、空调系统、气流组织都不讲。我在清华学习时,空调作为单独一门课,由暖通教研室主任吴增菲副教授主讲。虽然讲述的内容还不够全面,但学习后,从事当时的集中式空调系统设计,完全没问题。杜老师与我商量,让我讲授空调这一章。我脱开教材,根据当时国内工业空调的需要,讲述了集中式空调原理、温湿度调节、热湿交换与空气处理的基本原理、喷水室的热工计算等。这也是学校首次讲授的空调课程。

为了使学生对喷水室空气处理过程有更深入了解,我与实验室老师合作,把长期空置不用的一台空调实验台运转起来了。实验台是清华副教授吴增菲在哈工大时设计安装的。实验台建成后,从来没动过,更没做过实验。但是,要让学生做实验,还需配套冷热源,并安装测试仪表。于是,在教学工作之余,一有时间,我就钻到实验室里,与刘祖忠、邢洒成、高秀媛老师等一起,很快地把学校第一台空调实验台运转起来了。同时,我编写了空调实验指导书,送教材科印刷。不久,我为供热59级学生开出了空调实验课。这是学校暖通专业历史上,首次为学生开出的空调实验课。那时,我刚从清华毕业半年的时间。

建工学院的教工宿舍在香坊红旗大街,是由一座四层教学楼改造的。我听说,建工学院刚从工大分出来时,本想把学校迁到北京,后来又决定在香坊建立新校址。不过由于当时国内处于极度困难时期,这座教学楼尚未建成,新校址建设就下马了。后来,这座楼经改造成为教工宿舍。

在香坊宿舍居住的主要是带家属的教工,也有部分是单身教师。本来我也应该住在香坊,由于担任供热59班指导教师,为了工作方便,就住在大直街学生宿舍。当时,我与王慕贤老师合住一个房间,还曾与何钟怡老师、刘鹤年老师一起住过。包括沈世钊院士在内,当时有二十多位年轻教师住在这里。这里离学校大门只有100多米的路程,给我的工作带来很大方便,也便于我与学生们接触。后来,做水冷表面式空气冷却器实验时,我几乎整天泡在实验室里。

我到学校后,因为住得离学校很近,每天一早,我就去教研室,打扫卫生,打开水。以前这些事都是任振良老师干的。他住我房间对面,比我大四五岁,四川人,爱人在重庆。任老师性格温和,我们见面,他总是一副笑脸。他是一位很善良、勤奋、认真的老师。后来,他调到重庆建筑工程学院去了。

刚到哈尔滨,除了天气寒冷外,饮食也难适应。在北京时,清华的伙食相对好一些,以面食为主,副食也不错。即使是在困难时期,粗粮比较多,食堂也会把粗粮细作,让人吃起来口感好些。即使那样,我这个南方孩子,对面食也很不习惯。到了哈尔滨,学院有个不大的教工食堂,每天的主食主要是窝窝头,还经常吃高粱米饭,很难见到面食,更不用说大米了,实在难以下咽。副食方面,别想有好吃的。不仅粮食定量供应,油和肉的供应稀缺,没有鸡蛋,海鲜更别提。东北的冬天,吃点蔬菜都很难,有白菜、萝卜、土豆就不错了。

营养不良,加上刚来时连棉袄、棉裤等御寒衣服都没有,我经常感冒。不过,当时年轻,不在乎这些,工作照样做,身体实在不行了,就去卫生所开点药。

来哈尔滨后,在完成教学工作的同时,科研工作占据我的大部分时间。同时,为了指导参加科研实验的学生,我还要给学生讲授与科研项目相关的知识。例如,表面式空气冷却器、空调机、误差理论和实验数据处理等。为此,我经常去图书馆、资料室借书、查资料、写讲稿等。我在科研方面投入的精力和时间,远大于教学,那时候政治活动和会议很多,白天没有多少时间学习,只得开夜车,加班加点地干。国外书籍、资料多是俄语的,我的专业俄语主要是在清华做毕业设计时学的,现在正好有用武之地。这让我能够比较熟练地阅读和翻译有关专业方面的俄语科技书籍。记得1964年,我刚来学校不久,有一天,学校突然对全体教师进行俄语考核,是一份俄译中试卷,要求在规定时间内做完。成绩公布,我考了92分,排教研室第二名。不过,这只能说明我的俄语专业阅读能力还可以。我知道,与那些留苏的,或上过俄语预科班的老师相比,我的差距还很大。

1964年秋天,陈孟伦从同济大学毕业,分配到教研室来。陈孟伦加上我和于立强,成为了当时暖通教研室最年轻的教师,在教研室形成一股新生力量,主要担任课程辅导、习题课、实验课和课程设计指导。

创建我国第一座表冷器实验台

到学校不久,我担任教学任务的同时,在徐邦裕教授的支持与帮助下,开始了科研工作。那时候没有研究经费,唯一的途径就是厂校合作。我们与哈尔滨空调机厂建立了合作关系,决定先在学校开展空调机组核心部件,即表面式空气冷却器的实验研究。当时,国外空调机组的空气处理已广泛使用翅片管表冷器,我国仍采用喷水室。

1964年初,我开始着手水冷表面式空气冷却器实验台设计,在没有任何参考资料的情况下,我利用完成教学任务的空余时间,经过几个月的工作,完成了全套实验台图纸。当时,许多测量用的仪器、仪表,如测量水流量的孔板装置、测量空气流量的喷嘴装置等,都要自己设计、加工,最后还要自己动手对测量装置进行校核。为此,还要跑书店购买相关书籍,学习有关流量测量仪表的知识,并绘制机械加工图。

哈尔滨空调机厂帮助我加工、安装实验台。喷嘴装置的加工精度非常高,哈空调的厂长肖昌福亲自动手。肖厂长八级车工出身,技术高超,全厂唯有他能胜任这种仪表的加工精度要求。

1964年10月,实验台竣工。相应的空气预处理系统和冷热源配置也随即建成。这是我国建立的第一座水冷表面式空气冷却器实验台。

1965年初,实验台经仪表安装和调试后,正式开始实验。当时的供热60级的五名毕业班学生,以表冷器实验研究为题,在我的指导下,参加实验工作。近半年中,做了涵盖了表冷器的各种可能的运行工况实验,其中包括表面淋水工况,获得了上万个实验数据,并对数据进行了初步分析整理。通过实验研究,也培养了学生的科研工作能力。工作刚告一段落,因为参与新型空调机的研制,我只得暂停了表冷器实验的后续工作。1966年,一切教学、科研都停止了。

1976年,我重新对10年前的实验数据进行整理、分析,并开始撰写论文。经过近两年的工作,完成了《水冷表面式空气冷却器实验研究》和《表面式空气冷却器中,干、湿表面之间的换热规律探讨》两篇论文。实验研究发现,表冷器中干、湿表面换热系数存在着相关的换算关系,因而可以把干工况实验获得的表面换热系数,经过换算后,用于湿工况表冷器计算。因为,湿工况的实验难度和花费的时间、人工、资金远大于干工况。这是一项重大发现,不仅使得表冷器实验得以大大简化,而且,节省了大量的人工和费用。同时,这项研究成果还可能使大量的空气加热器的测试资料应用于表冷器。

当时,国际上空调机组的核心换热部件,正从淋水室向表面式空气换热器转变,国内许多专家都开始了这方面的研究。1979年1月,这两篇论文在广州召开的中国制冷学会表冷器专题学术研讨会上发表。这是改革开放初期中国制冷学会举办的一次重要学术会议,也是暖通专业早期举办的一次重要学术研讨会。我和徐邦裕教授参加了此次会议,我在会上发表了论文。

参与新型空调机研制

1965年7月,徐邦裕教授提出了"利用冷凝热作为恒温恒湿空调的二次加热"的新型空调机流程,它将空调机冷凝器中的部分废热分流用于空调二次加热器使用。

那一年,吴元炜老师刚从北京的劳动卫生研究所回来,也参加了这项工作。在徐邦裕教授和吴元炜老师的主持和指导下,学校多名老师与哈空调厂技术科共同组成联合设计组。同时,由我承担新型空调流程的实验研究工作,负责实验台设计和全部实验工作。实验目的是验证新型空调机流程的可行性,并研究其运行规律。

我正在进行的表冷器实验刚结束,就立即转入空调机实验台及空气预处理系统的设计。吴元炜老师向我提供了空调机组测试的美国ASHRAE标准,这大大减轻了我查询资料的工作量。我完成设计后,在哈尔滨空调机厂建立了实验台和配套的空气预处理装置。

那一段时间,我每天挤公交车,自己掏交通费去哈尔滨空调机厂上班。每个月四五元的交通费,现在看来微不足道,可在当时,却占了56元工资的近10%。生活上,我每天在工厂食堂吃饭,自己掏钱、掏粮票兑换成食堂饭票,与工人一起排队买饭。我与工厂的工人和技术人员相处融洽,他们对我的实验研究工作给予了很大帮助。

1966年初,我指导供热61级11名学生在哈空调厂开展实验工作。当年6月,实验中断。不过,预定的主要实验工作已基本完成,但不能做数据整理与分析。工厂的研制工作不能中断,我抓紧时间,初步整理分析了实验结果,写出初步报告,以供研制参考。

1968年,一台采用新流程、型号为LHR-20的恒温恒湿空调机组研制成功。这是世界上首台利用冷凝热作为空调二次加热的新型节能空调机组。

徐邦裕教授提出新流程,并指导研制成功世界上首台新型节能空调机组,比日本整整早了9年。日本专利技术在1975年公布了与此完全相同的空调机流程。1978年,此项成果获得了全国科学大会奖。

我的论文在《国际制冷学报》上发表

1977年,我在完成表冷器论文的同时,也抓紧了空调机数据处理。首先,我重新整理、完善了流程报告,撰写了《利用冷凝热作为空调二次加热的实验分析》的论文。接着,我又对留存的数据做进一步分析。与处理表冷器实验数据一样,大量的数据整理计算,都要靠人工计算完成。再把处理的数据变成一个个实验点,用手工描绘成各种曲线,分析曲线特征,寻找变化规律。其工作量之大,工作进程之缓慢,是现在使用计算机的学子们所无法想象的。

数据分析,并绘制成曲线后,我发现了空调机组的湿球温度和相对湿度等热工参数变化的一些重要规律,我把这些参数变化规律总结为空调机组热工参数三定律。其中,每一台空调机组无论在什么工况下运行,它的湿球温降都是一个定值(常数),让我感到十分神奇!此后,我一直在思考,如何把这些规律应用起来。我想,定律之所以重要,在于应用,于是,在应用定律的问题上,绞尽了脑汁。逐渐地,我想到了,既然这些定律是反映空调机空气参数变化的定律,那么,是否可以应用它来减少或简化空调机的实验?是否可以只做少量的,甚至可以不做空调机测试,依靠应用定律,然后通过计算或在空气焓湿图上用作图的方法,得出空调机处理后的其他所有的空气参数?如果能得出这样的结果,其重大的理论意义和实用价值不言而喻!朝着这个思路,我继续不断地努力,不断地在焓湿图上作图研究,终于有一天获得了历史性的突破。究竟经过多长时间,究竟是哪一天,现在无从考证了,我真是高兴极了,我抓紧时间整理研究结果,并撰写论文。

徐邦裕教授看了论文后,非常高兴。他认为空调机组三定律是一项重大发现,论文创建的新方法对空调机的研制和实验具有重要意义。我首先把论文寄给《暖通空调》,在《暖通空调》1981年第1期上发表了。不过,那时候的《暖通空调》只是一份国内的内部刊物。徐教授建议将论文翻译后送国外发表。

我没学过英语,1977年后,学校英语老师曾利用晚上时间给我们上课,从 ABC 学起,学时不多,就此,我有了最简单的英语基础。后来,主要是通过自学、查字典的方法,开始阅读一些简单的英语读物和专业书籍。接着,又去图书馆翻阅专业英文刊物,从中找出一些文章进行翻译。就这样,我当时在不长的时间里,翻译了十几篇专业英语文章,登载在《暖通空调》和其他刊物上。但是,这一切都是英译中。现在,要把我的这篇论文译成英文,对我而言,太难了。于是,经与外语教研室主任杨匡汉教授联系,确定请胡昌福老师帮忙翻译,胡老师不熟悉专业英语,我借了两本专业英语书供她参考。胡老师翻译的论文顺利地通过了。

1980年10月,徐教授写了一封推荐信,准备将论文发给即将召开的美国 ASHRAE1981年会,但由于论文翻译、邮寄等原因延误了时间,只能作罢。随后,徐教授又向中国制冷学会推荐了该论文。1982年2月2日,徐教授与当时的中国制冷学会主席饶辅民联合给《国际制冷学报》主编发信推荐这篇论文。当年4月,饶辅民收到了《国际制冷学报》主编的回信,同意接受论文。1983年3月《国际制冷学报》(Vol.6 No.2)发表了这篇论文。论文题目为《Establishment of Performance Charts of An Air Conditioner With One Certified Test Point》(《只用一个确定的测试点创建空调机组完整的热工特性曲线》)。

这篇论文是我国暖通专业学者首次在国际权威学术刊物上发表的论文,也是首次在SCI刊物上发表的论文。论文的发表,徐教授功不可没,没有他的持续的推荐,论文不可能在国外发表。

收到第十六届国际制冷大会邀请函

我在完成投寄《国际制冷学报》论文的同时,又开始了一项新工作。从实验中发现空调机热工参数变化三定律后,我就开始思考,是否能够通过理论分析来验证空调机热工参数变化规律。于是,我开始对空调机每一项热工参数进行理论分析和公式推导,完成了论文《空调机组热工特性的分析与验证》。该论文通过对理论计算的结果与实验测定数据相互比较,进一步从理论上验证了实验中发现空调机组三定律。

1983年8月,第十六届国际制冷大会在法国巴黎召开。我准备将论文送大会发表。为此,要把论文译成英文。这篇论文公式多,语法结构简单,我就自己试着翻译。经过5天的工作,终于完成了英文初稿《The Performance Analyses And Verification Of An Air Conditioner》。我把译稿送给杨匡汉教授,请他修改。他改完后,吃惊地问我:"是你自己译的?改动不多。没想到,进步这么快!"

1983年3月,我收到了第十六届国际制冷大会论文委员会主席发来的论文接受通知书和邀请参会函。这篇论文是我国暖通专业学者最早被国际制冷大会接受的论文之一。由于当时处于改革开放初期,巨额的出国参会资金无异于天文数字,我个人根本无力解决。我给论文委员会主席回了一封信,说明由于某些原因,作者不能参加此次会议。主席再次来信,告知,由于作者不能到会,论文无法进入会议议程,但论文可以编入会议E1论文集的预印本。

科研硕果累累

80年代初期,我在忙着完成空调机组实验数据整理和论文撰写的同时,又继续与工厂合作研制新产品,解决了许多工厂生产中的关键问题。

1980年,我和陆亚俊、马最良、王慕贤三位老师一起,与哈尔滨制氧机厂合作,研制成功HR-20立柜式空调机组,获得了建设部颁发的科技成果三等奖。该机组在噪声控制方面有新的突破,我和王慕贤合作,在《暖通空调》和学校《学报》上,发表了3篇有关空调机组噪声控制方面的研究论文。

1982年,我与哈尔滨第三空调机厂合作,研制成功Qw-B系列去雾除湿机,该产品为我国首创。此项研究成功地解决了我国北方地区高湿车间的潮湿雾气问题,在东北地区上百个高湿车间应用,取得了非常神奇的效果。产品研制过程中,我为工厂建立了实验台,并与工厂技术人员一起做了大量实验,发表了论文。该项研究成果获哈尔滨市1982年优秀科技成果二等奖。《哈尔滨日报》1982年12月29日头版显著位置报道了此项成果。

1983年,我与哈尔滨第三空调机厂及哈尔滨商学院、哈尔滨八区粮库合作,研制成功LDJ-I8型移动式粮食低温贮藏机及低温贮粮技术应用。此成果获1983年哈尔滨市优秀科技成果三等奖。

1992年,我与哈尔滨中药二厂合作,研究双黄连粉针剂干燥隧道系统新技术。该项研究关键在于环境控制技术。我通过设计和建造一个特殊的空调制冷系统,为药品生产创造一个合适的低温环境。该项目投产后,仅一个月,就为制药厂增加产值567万元,增长利润175万元。年增产值6000万元以上,利润约2000万元。

除上述项目外,1984年,我还与辽宁营口机械厂合作,研制成功当时国内最大型号的立柜式空调机组,其风量达20000立方米/小时,并为工厂设计建造了国内最大的空调机实验台。

1991年,我设计了新型矩形管道通风机,并与工厂合作试制成功,1993年,此项成果获国家专利局颁发的专利证书。

1993年,我出版了《高甫生空调论文选集》,这是我国暖通专业人员最早出版的个人研究成果专集。论文集40万字,收集了我本人以及与他人合作,在国内外学术期刊和会议上发表的论文33篇。论文集集中反映了我们早期在空调方面的研究成果。其中,多项研究成果获得了省部级或哈尔滨市优秀科技成果奖。我们完成的所有研究项目均没有国家科研经费资助,主要靠与厂家合作或自主完成。所有的论文均为原创性成果。论文集得到了全国暖通空调专业委员会副主任、清华大学著名教授彦启森的高度肯定和赞扬,彦教授为论文集写了序言。

高层建筑空气渗透理论的研究

在建筑的冷热负荷中,空气渗透负荷占有很大的比例,它直接影响暖通空调的设备投资、建筑能耗和建筑室内热环境,因此在国内外都是最受关注的研究课题之一。

20世纪80年代,面对我国大量兴建的多层建筑和刚刚兴起的高层建筑,由于始终没有一套科学的空气渗透理论和计算方法,只能采用经验的估算法,其计算结果与实际情况差别甚远。

空气渗透受气候、环境、建筑类型、内部隔断、建筑高度等各种参数影响,特别是气候因素极不稳定,研究难度极大。国外研究限于小型独立的建筑,当时未见有关多层与高层建筑空气渗透方面的研究。

我在清华做毕业设计时,就对空气渗透计算方法有所考虑。回忆大学的一段经历,让我重新燃起了拓展建筑空气渗透计算方法研究的欲望。我从80年代初开始这项研究,经过两三年努力,终于有了突破。

1987年,在北京召开的全国高层建筑空调学术会议上,我发表了论文《建筑内部隔断对空气渗透影响》。我刚走下讲台,当时的北京市建筑设计院那景成总工就过来跟我握手,并表示祝贺,他说:"你的论文太好了!"那总一直关注并致力于建筑空气渗透计算的研究,他是国内暖通专业的一位资深老专家。

以往国内渗风量计算采用假定的热压系数,虽然也经过测定,但它是把个别建筑的测定结果应用于所有同类建筑。实际上,建筑热压系数受建筑内部隔断和外窗气密性的影响非常大,每一座建筑都不相同。我在这篇论文中,以某一宾馆为例,分析了六种不同的内部隔断和外窗气密性情况下,热压系数最大相差二十余倍,空气渗透量差别达数倍至十余倍。这篇论文成功地解决了用理论方法求解各种类型建筑的热压系数的问题,使高层建筑空气渗透计算从原始的估算法,转变为可以采用科学的分析的计算方法,实现了理论上的突破,是这一领域研究的转折点。1989年,这篇论文在《暖通空调》上再次发表。第二年,1990年,我又发表了《高层建筑底层大门及底层房间外窗渗透风量的计算》,该论文是对前一篇论文的扩展和补充。紧接着,1991年,我又发表了《风压与热压共同作用下的高层建筑空气渗透计算》。这篇论文应用"当量中和面上升高度"这一概念,成功地解决了风压与热压共同作用下的高层建筑空气渗透计算问题。这三篇论文,奠定了高层建筑空气渗透的理论和计算方法基础。

1991年,国际多区渗透专家委员会在德国埃森召开第二次专家会议,我将我的研究成果归纳并撰写成两篇论文,由郭骏老师带去参会。这是我国自主研究、原创的高层建筑空气渗透理论与计算方法,首次与国际专家进行交流。

我的三篇论文,从理论上解决了高层建筑空气渗透计算问题,并且可以对一些宾馆类建筑进行计算。但由于高层建筑内部隔断的复杂性,实际计算中还有大量需要解决的问题。1989年秋季,丁力行开始进入课题研究,此时,我的论文《内部隔断对空气渗透影响》已先后在全国高层建筑会议和《暖通空调》上发表;第二篇论文也已经投稿,等待发表;风压与热压共同作用下的高层建筑空气渗透计算的研究也已经完成,正在撰写论文中。我安排丁力行继续完善相关研究。丁力行对我的三篇论文进行了系统化融会贯通,他根据我的建筑内部隔断对空气渗透影响理论,提出了建筑内部隔断系数的概念,建立了网络法求解内部隔断系数;编写了求解内部隔断系数和计算渗风量的计算机程序,从而在一定程度上解决了渗透风量计算复杂的难题。此后,我指导数名研究生,与学生们合作,将此项研究继续拓展。王凤波的课题研究了自然通风对高层建筑空气渗透的影响,并编制了简化的空气渗透计算线算图。张春明对高层住宅空气渗透做了进一步研究,编制了高层住宅建筑内部隔断系数计算机程序。在空气渗透能耗计算方面,崔宇捷成功地解决了气象资料统计分析和计算中的简化问题,使得建筑物的动态空气渗透能耗分析这一难题得以突破;王砚玲的硕士课题从计算方法和能耗分析两个方面建立了计算机软件;刘京的硕士课题研究了大气污染对室内空气品质的影响,将空气渗透与空气品质研究结合,把空气渗透研究进一步延伸、拓展。这几位研究生的研究成果,从不同的角度推进了空气渗透研究深入发展,从而建立起了一套较完整的多层与高层建筑空气渗透理论和计算方法,使建筑空气渗透的计算从经验估算法上升到了理论分析法,这是暖通渗风负荷和能耗计算的一次质的飞跃。

有关这方面研究,我和我的学生在国内外先后发表了近50篇论文。2006年,《暖通空调》杂志社选编了部分已发表的空气渗透论文,出版了《空气渗透计算方法及其应用》文集。

不过,让我感到不足的是,商业化推广应用的工作还没有做。有的研究已经做了软件,如果在此基础上,在应用上稍做工作,申请专利,推广应用,其结果就大不相同。

1992年,我针对当时暖通规范中有关空气渗透计算方法存在的问题,撰写了《谈暖通现行规范推荐的渗风量计算方法中存在的问题及改进意见》一文,并在1993年《暖通空调》第二期上发表。此后,暖通规范组邀请我参加暖通新规范修订,由于我当时身体状况不允许,就推荐丁力行进入暖通规范组。因此,现行暖通规范中有关空气渗透计算方法就是在这一方法基础上简化的结果。不过,我认为,这种简化计算远未达到我想象中的理想的效果。只有把建筑空气渗透计算软件开发了,应用软件计算,才能真正发挥我研究的这一套高层建筑空气渗透计算方法的作用。我希望,我的学生或现在在校的年轻老师能把这项工作继续下去。

研究生培养

我从1986年开始招收研究生,曹阳是我的第一位硕士研究生。他本应该是徐邦裕教授的硕士生,那一年我没有学生,徐教授把他交给我指导。当时,水冷表冷器研究是国内的热门课题,而这项课题也正是我在60年代首先开展的研究课题,我安排曹阳继续这方面的研究。那时,建工学院已经从大直街迁往新区,我在老实验室建立的国内第一台表冷器实验台也因此拆除。我联系北京中国建筑科学院空调研究所,安排曹阳在那里做实验。他针对表冷器的排数对换热影响,做了深入实验研究,取得了一些很有价值的研究成果。曹阳非常踏实认真,又经过研究生课题的训练,很受空调所的器重,毕业后他继续留在空调所工作。

1987年李建林入学,我安排他在新区实验室建立一座符合美国ASHRAE标准的水冷表面式空气冷却器实验台。这个项目建成,将为专业今后实验研究工作提供强大的设备支持。对于李建林来说,这个课题不仅工作量大,难度也很大。我向学校设备科申请了一万元的实验台建造经费。李建林具有勤奋踏实、性格直爽的军人品质。他不仅出色地如期完成了实验台建设,而且撰写了一篇很有创见的硕士学位论文。这座大型实验台建成初期,由于当时实验室供电负荷和冷热源的限制,一时未投入使用,后来,在其他研究生的研究课题中发挥了重要作用。

我的硕士研究生课题,主要是在我已有的研究基础上确定的。其中,有的是我已经进行了比较长时间的研究,取得了一定成果或已有突破,但还需要继续延深和拓展。由于有明确的研究方向和目标,这就使得研究生的工作和我本人已开展的研究项目得以互补和延伸。

20世纪80年代末,我在高层建筑空气渗透研究方面取得突破,但是,还有大量的后续工作要做,我的硕士研究生丁力行、王凤波、张春明、崔宇捷、刘京、王砚玲等分别从不同方面,把空气渗透研究进一步延伸、拓展。这几位研究生的研究成果,从不同的角度推进了空气渗透研究深入发展,从而建立起了一套较完整的多层与高层建筑空气渗透理论和计算方法。

我的硕士研究生课题主要有以下几个方面:空调设备热工性能研究、空调实验装置及测试技术研究、高层建筑空气渗透计算方法及其能耗研究、建筑室内热环境及人体热舒适的研究、高层建筑火灾烟气控制技术研究、寒冷地区建筑能耗研究等方面。

从1984年到2006年我停止招收研究生时,十几年间,我共招收和指导研究生30名(包括与其他老师合带的研究生),其中,博士研究生3名。由于多种原因,我招收的研究生数量并不多。20世纪80年代至90年代,报考研究生数量少,因此,每位导师最多只允许招收一名研究生。90年代末,生源数量有所增加。但是,我的身体出现了严重的问题,冠心病、心衰、心律失常频频发作,不断地住院,严重地影响了我的正常工作,所以,也不允许我多招研究生。1997年,我被批准担任博士生导师,由于身体原因,一段时间内我也未能招生。

说到研究生培养,不得不说到经费问题。学校给每一位研究生的经费非常少。尤其是到90年代后期,每位硕士生学习期间的培养经费总共只有1000元,这些钱就连印刷学位论文都很紧张。所以,如果没有其他经费支持,硕士生论文只能选择理论分析和数值模拟之类的课题。指导博士生更需要大量的经费支持。20世纪八九十年代，申请研究课题经费基本上不可能，而到了2000年以后，虽然各种类型的研究基金数量不少，但是，我的年龄超过60岁，已不允许申请科研基金了。

2000年，王砚玲成为我的第一位博士研究生。王砚玲还算幸运，当时学校有一种跨学科研究基金，还允许我申请。因为我安排她研究的是高层建筑火灾烟气控制方面的课题，我找了计算机学院的于教授，请他参与合作申报，由此，不仅解决了王砚玲的研究经费，还帮助几位硕士生开展了课题研究。王砚玲在火灾烟气控制的数值研究和软件开发方面的研究，国内尚未有人做过，我把她的论文交给江亿院士评审，江院士对她的学位论文给予了很高的评价。

冯国会的博士研究课题是他自己带来的，经费全由自己解决。否则，我当时已不允许申请任何形式的科研经费了。冯国会的经费也支持了我当时指导的其他几位硕士生的研究费用。如果没这些经费支持，仅靠1000元的经费，我就连硕士生也带不了。那时，学生发表的所有论文的版面费都由我支付，每一篇论文版面费一般是1000元，有的刊物达2000元，我为学生支付的版面费达数万元。有的学生外出调研或参加学术会议，我还为他们支付差旅费。仅邱旭东、杨慧媛两位学生使用的经费就达学校的研究生培养经费的数倍以至十倍之多。那时，学校对于发表SCI、EI论文给予奖励，按理说，因为导师已经为学生支付了版面费，这些奖励应该抵扣版面费，且这部分奖励也有一部分是属于导师的，但是，我把这些钱都发给学生了。唯有冯国会坚持不要。因此，我也把这些钱也全部用于其他硕士生课题研究中。

冯国会的课题是"相变墙板热特性及相变房间蓄放热规律"研究，他做了大量的材料性能试验分析，建立相变墙板实验房间，进行了长时间的、大量的蓄放热实验研究，他在这项研究中取得了创新和突破，并获得了辽宁省科技成果二等奖和沈阳市科技成果二等奖。

2003年秋季，高军硕士毕业后找我，要读我的博士生。当时我没有经费，正当我为高军的课题资金为难时，赵加宁找到我，她说，她的同学在沈阳铝镁设计院，想与我们合作，对高大厂房、高温车间的室内环境和自然通风做实测和数值模拟研究。我与赵加宁去了一趟沈阳，把任务接下来了。高军的课题经费因此得以解决。我与赵加宁商定，高军课题使用合作项目经费，合作项目由她负责，所有的经费我不过问，都由她支配。同时，我邀请赵加宁担任高军课题的副导师。由于当时我的身体状况不佳，因此，高军的课题，赵加宁替我做了很多具体工作。

有关高军的博士学位论文的课题，开始时，我想结合合作项目，针对高大厂房、高温车间，进行自然通风及室内环境方面的测试及数值模拟研究。高军进入课题研究后，逐渐深入到建筑空间热分层理论研究的方向,针对热分层机理做了深入研究,这就需要有扎实深厚的流体、热物理和数学方面的基础理论支持。

高军的学位论文初稿出来后,完全出乎我预料。我审查过许多博士学位论文,其中有许多清华大学的博士学位论文,还有多篇江亿院士的博士生学位论文。因此,对于博士学位论文的写作质量、研究的深度、成果创新等方面的把握,我还有点经验。高军的论文,无论在研究的难度、深度、成果创新和论文写作水平方面,都达到了相当的高度,具备优秀学位论文的水平。我告诉他,做好申报优秀博士学位论文的准备。其实,我还希望他争取全国优秀论文,他手中还有许多可以继续整理、发表的论文,完全有条件争取全国优秀博士学位论文。

2007年,高军的博士学位论文《建筑空间热分层理论及其应用研究》被评为哈尔滨工业大学第十届优秀博士学位论文。他是学校暖通专业历史上第一位获此殊荣的博士研究生。

高军获得哈工大优秀博士学位论文,功劳不在导师。高军的成功,首先是他本人刻苦、勤奋、专业基础理论扎实,是他的基本素质所决定的。如果说,我做了什么,我只是做了发现人才和推荐人才的工作。

我对学生在论文写作质量方面要求严格,特别是准备发表的论文,我都仔细审查,其中多数论文,我都做了很大的修改,有不少是大改或重写。重要的论文我亲自动手写。像这样由我重写或亲自动手撰写的论文有七八篇。其中,比较重要的有《论我国空调用的冷水机组发展方向》,这是一篇论述行业发展方向性的文章,作者不仅需要全面掌握当前行业发展状况,还要从全局考虑,结合我国的资源、经济发展前景等各方面进行分析、论证。还有《高层建筑加压送风系统实验研究》一文,是一篇分析实测结果的论文,如果没有一定实验测试经验,没有对高层建筑内部结构的全面掌握,没有对建筑内部各区域之间压力变化相互影响的深刻了解,仅凭几个测试数据,真是无从下手。此时,导师就起了关键的作用。

研究生培养中,导师应该起什么作用?我认为,首先导师要了解学生,善于发现学生的亮点,发现并推荐优秀人才。其次,要选好课题、把握课题研究的方向。这一点比具体指导更重要。导师确定课题时,要做到心中有数,要结合研究生本人的情况,确定合适的课题。第三,对于不同类型的学生要有不同的指导方法。优秀的学生,往往都有自己独到的见解,要让学生充分发挥自己的才能,导师不要做过多的指点。许多创新、许多意想不到的发现就可能产生。对于一般学生的指导,导师就需要费点心,重要的节点、结论需要把关,需要发表的重要论文,导师要亲自动手修改。必要时,导师可亲自动手写作,因为成果本来就是师生共有的,导师该做的工作必须做。最后,导师要把握学位论文的审查,对论述的论点、论据、结论要逐条审核,每一条结论都要仔细斟酌,不要让有明显错误的、不合格学位论文从你手中漏过。导师要把握学位论文写作质量。文字通顺、条理清晰、分析透彻、结论正确是学位论文的最基本的写作要求。

设计伴我人生

1974年,学校已经开始招收工农兵学员,大量的知青进入学校。我决定转入学校的设计院。当时,设计院只有九个人。陈雨波担任院长,建筑学有张之凡、郭士元、初仁兴,结构专业有谢贝琳、谭爱兰、张茂秀,电气专业有林玉山。他们或是原系主任、书记或是各系的老教师,都是学院的精英人物。暖通专业就我一人。另外,还有给排水的聂璋义和郭玉如,他们不在这里坐班,有关给排水专业的设计都由他们承担。

当时做设计,没有任何报酬,都是义务的。我们由学校发工资。由于没有经费,设计中,我们使用的纸张、耗材都很节省,一点都不浪费。设计院没有大工程,多是四五层住宅楼或小办公楼之类。暖通专业工程多是采暖、小锅炉房、小热网,少有工业通风或其他工程。

1977年,学校恢复招生。第二年,我回到暖通教研室,继续从事教学和科研工作。由于当时设计院没有其他暖通专业人员,我仍继续兼任设计院的工作,有任务时,我就配合做暖通设计。

从1982年开始,一届又一届学生毕业,大批新成员进入设计院,以梅洪元为代表的一大批新生力量迅速崛起。暖通专业也不只我一个人了,张红、姜允涛、伊勇、张力茁等一批新成员先后进入设计院,李明星也从教研室转过来了,设计院开始壮大成长。

人员多了,我的工作也多了。1984年,我担任主任工程师,不仅要负责图纸审查、修改,新来的人员缺乏设计经验,我还要帮助确定设计方案,并指导设计。由于高层建筑设计需要,我给他们讲授高层建筑空调课程,带他们去上海、广州、深圳考察高层建筑空调。当时,初仁兴老师是设计院总负责人,许多事他都找我商量。有时,从接设计任务开始,我就要跟初老师一起去。暖通专业进人,他也跟我商量,姜允涛、张红等就是我们俩商量后进入设计院的。

我在设计院工作都是无报酬的,我的工资关系仍在教研室。1985年,建工新区建成,学校迁往新区上班。但是,设计院仍留在大直街老楼,这样,我就得两边跑,消耗的精力和时间更多了。同时,也增加了我在交通费、午餐费等方面的负担。80年代后期,设计院开始给我发少量的审图费,当时,王复贞老师任设计院院长,发给我一年的审图费是100多元,这些钱基本上可以补贴我来往设计院的交通费和午餐费,让我不至于贴钱来设计院干活。

1989年,我担任副总工程师,为了迎接建设部设计质量检查,我配合设计院,在设计管理、健全规章制度方面做了许多工作。为设计院顺利通过甲级设计院验收做出了应有贡献。

我在设计院工作的同时,暖通教研室的工作一点没有减少,甚至是超负荷。教学方面,我为本科生讲授工业通风、空气调节、建筑设备三门课程,同时,指导本科生课程设计和毕业设计;1986年,我开始招收硕士研究生;1986年到1991年,我还先后担任暖通教研室副主任、主任职务,又增加不少行政工作。

设计院的工作严重地影响了我的教学、科研,忙得我焦头烂额。没时间写论文了,该发表的论文也搁下了。同时,设计院的暖通空调设计任务越来越多,我作为设计院的兼职副总工程师已经无法满足设计工作的需要,也不合乎规范管理的要求,设计院要我把工作关系完全转过去。但是,我无法脱离我喜欢的教学与科研工作,我更愿意与学生们接触。1992年,我决定离开设计院。当时,路煜教授快要退休了,他决定到设计院顶替我的工作。

随着国家建设事业的发展,80年代后期,设计院开始接高层建筑工程设计,我指导并参与的比较重大的暖通空调工程有:哈尔滨金融大厦(24层)、湖南商场扩建工程(28层)、大连天伦大厦(38层)、山东莱州大厦(24层)、大连外贸中心大厦(33层)等。

庆港大酒店(25层、四星级宾馆)是学校最早接受的高层建筑,因为是头一次做高层宾馆设计,大家都没经验。当时,曾聚集了全校各专业的骨干力量,还聘请一位华裔的英国建筑专家林先生来校指导,我也参加了该工程设计。完成设计方案后,不知何原因,该工程下马了。

我前后在设计院工作了近十八年,前十几年时间,基本上是义务干活,我没有从中得到任何报酬,只是到了最后三四年,每年才给了很少的审图费。设计院工作花费了我的大量时间和精力,很大程度地拖累了我的教学与科研工作,我也没有从中得到经济上的好处,这在现在看来似乎不可思议。那么,我为什么要这样干呢?首先,我已经习惯了无报酬的工作。我们这一代人,都经历过长时间不晋升职称和不涨工资的年代,许多老师从大学毕业开始,当了近二十年助教,拿了近二十年的五十六元工资。我们经常加班加点地干,其中许多工作都与职务无关。所以,我把设计院工作当作自己应尽的责任,当时,我脑子中根本没有考虑过报酬问题。设计院的分配方式,直到90年代以后,才开始有了根本变化。不过,此时我已经离开设计院了。对此,我没有后悔,没有怨言。其次,我在为设计院服务的同时,个人也从中学习到了许多新知识,锻炼、提高了我的解决实际工程问题的能力,这是无法从教学中得到的。

我喜欢解决实际工程问题,它让我有了很强的解决重大工程问题和疑难工程问题的能力。以至于在我离开设计院以后,我接连受聘主持了哈尔滨市一系列重大的空调工程改造和设计。其中,最难忘的是哈一百空调改造工程。1990年,哈尔滨第一百货商店一期工程完工后,由于某建筑设计院的空调设计存在重大失误,致使空调和制冷系统无法正常运行。商场开业后,营业厅出现高温、闷热和空气污浊情况。开业当天就有数名营业员因室内环境恶劣而昏迷,造成严重的经济损失。哈尔滨市政府高度重视哈一百空调问题,决定聘请学校专家对原空调制冷系统进行全面改造。首次参加会议的有黄居桢副教授(建筑学)、路煜教授和我。会议决定由我全面负责论证、提出改造设计方案及措施。哈一百大楼,总建筑面积9万多平方米,这是当时国内最大的商业建筑之一。第一期工程,包括地上两层、地下一层,总面积45 000平方米。空调面积27 000平方米,仅该商场的第二层,单层空调面积就达15 000平方米,而且绝大部分属于内区面积,这在当时国内大型商业建筑中均属首例,工程难度大。我对原空调制冷系统进行全面调查分析后,提出了一个全面的改造设计方案。经施工后,商场内全面达到了舒适的温湿度标准,空气品质得到很大改善,改造后的空调制冷系统具有良好的调节性能。改造工程完工时,哈尔滨市商委主持,进行了工程鉴定和验收,并对空调系统改造成功给予高度肯定与赞扬。接着,哈一百委托我负责二期新建工程的空调制冷系统设计。这座当时国内面积最大的百货商店,空调系统的改造和设计成功,成为哈尔滨后续大型商业工程建设的典范。

从那时到90年代中期,我先后主持了哈尔滨市中央商城、远大商业中心、江南春大厦、金谷大厦等十座以上大型商场、高层宾馆、高层办公楼的空调新建或改造工程。几乎包括了改革开放以后,哈尔滨市早期新建的所有大型商场和高层办公楼、高层宾馆,为改革开放以后哈尔滨市的早期建设做出了贡献。

20世纪90年代,我还和邓林翰教授合作,设计抗美援朝纪念馆的暖通空调工程,这是一项中央军委项目,博览建筑,国家重点工程,工程设计难度大。我成功地解决了许多设计中的难点,取得了非常好的设计效果,该工程获得鲁班奖。

从我到设计院后,包括回到教研室期间,我先后主持及参与暖通、空调、制冷、洁净、供热、锅炉房等各种类型工程100余项,其中,大型和重要工程20余项。可以说,设计伴随我近半个人生。

退　　休

哈尔滨建筑工程学院后来改名哈尔滨建筑大学,2000年回归哈尔滨工业大学。自从1963年2月13日,我到达哈尔滨后,一直在学校从事教学、科研、设计工作。在国内外学术期刊及学术会议发表论文150余篇(包括合作发表);完成科研项目20余项;获得优秀科技成果奖7项,其中,获黑龙江省政府颁发的全国科学大会奖1项。省部级科技成果二等奖1项,省部级科技成果三等奖2项,副省级城市科技成果二等奖2项,三等奖1项;主持并参与工程设计100余项,其中,抗美援朝纪念馆项目获国家鲁班奖。我从担任助教开始,1978年12月提升为讲师,1985年提升为副教授,1993年提升为教授,1997年担任博士生导师。1986年至1991年,我先后担任暖通教研室副主任、主任职务。同时,还长时间兼任学校设计院工作,担任主任工程师、副总工程师职务。我还被聘长期担任国家科技核心期刊《暖通空调》编委会委员、顾问。

2008年5月,我70岁时退休了。当时,学院和系里都会为每位刚从博士生导师岗位上退休的老教授举办七十大寿生日庆典,我的学生们也提早开始张罗此事。我从来不过生日,更不愿意因为个人的事而惊动大家。在我反复劝说仍无效之后,我想,既然他们坚持要办,那就想法缩小规模,尽可能少地惊动大家。我和家里人商量后,决定去北京过生日。这样,一方面,可以满足学生们的愿望;另一方面,在北京过生日,可以不惊动学院领导和系里的老师们;同时,我的学生中有三分之一在北京,这样就减轻了他们的外出负担,对于外地的学生,我也劝说他们不要到北京来。同时,我还向他们表达了,我们全家赴京的一切费用都由自己承担。5月23日,在北京的一家饭店里,我参加了由在京学生们筹办的我的七十岁生日聚会。尽管我之前一再嘱咐过,一切从简,但是,一切仍然出乎我预料。除了在京学生外,远在外地的学生能来的也都来了。由于工作或其他原因未到的学生也发来了祝贺,远在美国的崔宇捷送来了鲜花。充分反映了多年来,我们之间建立起来的深厚的师生情谊,他们的盛情让我感动不已。这是我一生中参加过的最愉快的一次聚会。

退休后,有了时间,有时我也会思考专业上的一些问题,我还试图就一些还没有解决的问题做些工作,在我精力和身体许可的条件下,我又陆续发表了三篇论文。2011年,我重新整理了有关空调机组热工特性三定律的论文,发表了《空调机组热工参数三定律与建立特性曲线的新方法》;2012年,我发表了《关注超高层建筑烟囱效应可能引发的安全问题》,这篇论文是在我对高层建筑空气渗透理论的研究的基础上,对高层建筑安全问题的延伸;2013年,我又针对当时环境污染的严重问题,发表了《雾霾天气、环境与能源——暖通空调行业的对策》一文。这三篇论文每一篇都有15000字左右,都是长篇论文。由于年岁大了,花费精力比较多。2013年,在完成第三篇论文后,体力有所不支,心律失常更加严重,直到第二年,在北京安贞医院做了心脏手术,才真正解决了心律失常问题。我原计划还要再写两篇论文,也因身体原因而放弃了。

2018年,由于年事已高,力不从心,不能做更多的工作了,我向《暖通空调》编委会提出,辞去了担任近30年的《暖通空调》编委会编委和顾问职务。

随着年龄的增长,我的身体日渐衰弱,新的疾病不断冒头,与疾病抗争将成为生活中的常态,不过我还是尽力振作精神,在有生之年,以平和的心态,安享晚年。

　　我走过的路,有平坦,有崎岖,有荆棘丛生,有鲜花绽放。不管什么路,我爬过来了,走过来了,跑过来了。前面还有什么路等着我,还能走多远,我不知道,但我准备好了去面对!

我的三个重要的平台

——专业 70 周年回忆录

郑茂余

我的第一个平台

1969 年 1 月 8 日,这是难忘的一天,在这一天我和我的同学走出伊春市一中的校门,下乡到乌伊岭卫东农场。当时的这个农场是个刚刚建立不到 1 年的新农场,除了几个人们生活所必需的帐篷外,再没有其他建筑物。冬季我们的主要工作是到附近的山上采木头、打桦子,除了供冬季取暖、做饭之外,还要储备夏季用的烧柴。这个农场位于小兴安岭的北坡,再有四五十公里就到中苏边界了,冬季因受西伯利亚寒流的影响,风大气温低,生活环境比较恶劣。我自 1965 年升入高中以来,比较注重锻炼身体,体质较好,因此对于这里比较艰苦的生活条件,我能够较快适应。夏季的工作除了打地场子、开荒种地外,还要盖房子,以替换冬天的帐篷。我的工作态度是,尽自己的最大努力,干好每一项工作,有人在和无人在都一样,把干好每一件工作都看作是锻炼、学习的机会,当然这也包括体力劳动。我觉得,只要我们细心、认真总结,干好任何一件工作都会有收获,这也包括重复性的工作,每一次的重复,都会有新的收获。

为了坚持学习,需要创造一点条件。我请一个朋友帮忙,到四五里地外的一个山冈上,把打地场子特意留下的那棵鱼鳞松挖出来,栽到离我们宿舍最近的山包上,在它的两侧又栽了几棵落叶松,用来遮阳、挡风,靠着鱼鳞松钉了个小遮雨棚,在雨棚下的木墩上钉了块木板当书桌,又搬了块木墩当凳子,在书桌的前面四五米远的地上,我刻上"学习、奋斗"四个大字用来鞭策、监督自己,在小桌的左前方,埋了两个高木桩,上面镶了根铁棍做单杠。这样,一个简陋的学习、锻炼的小空间就建立起来了。有时间,我就到这里来学习、锻炼,这儿被四周的灌木、杂草包围着,蚊虫叮咬是免不了的。我一般每天提前一个半小时左右起床,先跑步 1500~2000 米,然后再学习一小时左右。晚间停电(10 点)后再点蜡烛学习一个半小时左右。我脑海里有一个信念,知识就是力量,这些知识迟早会有用的,人们越是忽视知识,将来越是需要,越是有用。社会的发展,科技的进步,靠的是知识,我要坚持学习。我的原则是,在干好自己的本职工作的前提下,利用一切可利用的时间来学习。

那是1970年的春天,我们排的工作是盖房子。盖土房子最累的活是和泥。土房子以土为主,泥里掺些草,垒成的墙强度高,但和泥要费力得多。盖土房子需要的泥量大,泥堆也大,为了把泥和均匀,需要有人站在泥堆中间和,我的体力比较强,总是和几个体质好的同学站在中间和,在中间和泥的确是很累,要不用力恐怕连铁锹都拔不出来。有时可能要站一天,再加上晚上多学习一会儿,更是觉得疲劳,但第二天早晨一觉醒来,疲劳已被赶走,和泥时我又站在了泥堆中间。已经有一段时间了,有一个工人装束的大个子经常在我们附近转来转去,有时还和我的同事们唠上几句。起初我并没在意,全神贯注地干自己的活,但后来发现,有时他好像在留意着我。我觉得有点儿奇怪,一问排长才知道,他叫李志田,是进驻农场工宣队的,是农场的二把手。他是木工出身,在办公室里待不住,经常下连队转转。时隔不久,连长通知我到场部找负责后勤的戚立春主任,戚主任告诉我,场部决定由我接替场材料仓库保管员的工作,原保管员因工作懈怠回原连队工作。我想,这可能是李志田副主任推荐的我吧。

接了保管员的工作,我首先把来往的账目列清楚,仓库的全部材料进行整理,堆放整齐,把仓库打扫干净,使仓库的面貌焕然一新。那时连队的材料、工具使用、保管都不到位,浪费、损坏、丢弃严重,我看在眼里,急在心上,于是就经常在场区转转,把那些被丢弃的工具、材料都捡回来,能用的整理一下,以备连队领用,不能用的自己能修就修,自己修不了的,就请木工修,以备再用。后来农场一把手李良春主任知道了这件事,他称赞、鼓励了我,后来有人称我"红管家"。除了把工作做好外,我还利用一切可利用的时间来学习。一般情况下,连队拿着领导签字的条子领材料,是先到场部找保管员,保管员记账、领材料的人签字后,一起到300多米外的仓库取货,取货后保管员返回场部。我为了充分地利用时间,更为了避开人们的视线,特别是主管后勤工作的戚主任的视线,干脆就把办公地点挪到仓库,领材料的人直接到仓库就可以了,我节省了来回走路的时间,这样我学习的时间也就多了。冬天,为了节省来回走路的时间和避免惹麻烦,我仍然坚持在仓库办公。木板钉的大仓库,高有五六米,为了防潮,地板是起空的,可以说是六面通风,室内室外的温度几乎是一样,甚至室内比室外还冷。为了能坚持学习,我在靠南墙的一个小窗户内侧,用几张纤维板拼凑了一个1.2m×1.2m×1.8m的简陋小屋,刚刚能放下一张桌子和一把椅子,来领材料的人一拉大门,听见门响我就立刻迎出去,人走后我再回到小屋学习。寒冬腊月,小屋里实在是太冷了,我就找来了两盏柴油灯点上取暖,柴油因燃烧不完全而冒着黑烟,散发着刺鼻的油烟味,隔20分钟就要换一次气,尽管如此,还是暂时缓解了寒冷。再冷了,就到外面运动运动,就这样我坚持了下来。这一年,我转正为工人,我们这一批一共是38人,除了我和另一个做领导工作的人仍留在农场外,其余的都到山下区里充实到不同的工作岗位,我们两个算是以工代干。

1971年的春天,我已自学完了大学的高等数学、理论力学、材料力学、结构力学、电工学、机械原理、机械零件、机械设计、机械制图、公差配合等,还读了一些其他的书籍。事实上,那时候我也说不清自己要学些什么,应该学些什么,只要能拿到手的书就学,因为科技书在书店里根本就看不到,我学的这些书还真是来之不易,全都是向同学、朋友们借的,是他们的哥哥、姐姐或者其他亲属以前上大学时用过的。因此,我学得很杂,甚至包括几个专业的知识,所以很不系统。然而也许就是因为什么都学,为我后来在大学搞科研时各门知识能够融会贯通,干起工作得心应手打下了良好的基础。

1971年的夏天,场领导决定,把要做烧柴的木材综合利用,派七级修理工时旭东、农机校毕业的场技术员王军,还有认为肯钻研的我,我们三人去木材综合利用搞得好的集贤县去参观,回来后搞木器加工。我们到集贤的一个木器厂参观了木旋车间、镐把生产车间,最后参观扁担加工车间,只见加工扁担的两个工人分站在床子的前后,前边的一个人拿着坯料放在台面上并推向高速旋转的刀具上方,向前推送并压向刀具,另一个人握住切削完的一头向后拉动也压向刀具,加工完一面后再回递给前边的人,翻过来再加工另一面。由于是单面分别切削加工,即单面受力,所以坯料在工作台上跳动得很剧烈,这样扁担的表面就经常产生凹痕。如果坯料上有节子,加工就容易产生较大的震动而变成废品,而且有一定的危险性,废品率约10%~20%。我们参观回来向领导汇报后,就各自回自己的岗位了。两个月后,我利用工作之余设计完了4台联机木旋床,靠模镐把加工机,还有自动扁担机,并画出了机械零件加工图。我向领导汇报了自己的工作和想法,领导们听后很高兴,鼓励、支持我,让我大胆干。

我设计的零件分几部分加工,原则是在不影响机械性能的前提下,尽可能少花钱。其中两个零件是坯轧草机上拆下的零件;第二部分是在区材料仓库找现有的优质零件代替,其中一对高速齿轮和一对链轮下轴套后达到要求;其余大部分到乌伊岭区机修厂加工,但因这个机修厂以维修本区的汽车、拖拉机为主,机加能力不强,有些精度要求较高的零件和尺寸较大的零件加工不了,没办法,我联系了在大兴安岭机械厂工作的同学于永生,请他帮助加工完了其余的零件。我顺利地安装完4台联机木旋床,镐把因用量少,所以镐把机暂时不安装,所以就开始安装扁担机。由于扁担机的机架比较大,所以我决定用角铁焊接,下完料后,请焊工师傅帮助焊成。由于变形较大,安装时就用薄厚不同的垫圈找平,用孔的位置找正,安装完后,就准备试车了。

那是1972年初春的一个寂静的傍晚,木器加工车间亮如白昼,知道试车的同事有的已经来到车间等候观看。试车开始了,我拿起一根扁担坯料,放在工作台上并推向送料辊,送料辊夹住坯料自动地送向上下对称、两个高速旋转的带有双面切削刀的组件之间,切削后的光滑面被出料辊夹住送向下料板,整根坯料被切削完后,它后半部分的重量也压在下料板的一侧,下料板的一侧因重量突然增加一倍而翻转,成品便自动地落在成品架上。一根坯料整个加工过程平均仅需 6.5 秒,高速旋转的齿轮的清脆的咬合声划破寂静的夜空,人们追随着声音和灯光聚集在木器车间和窗外,来观看的人越聚越多,试车用的 500 根坯料不到一小时就全部加工成光滑的扁担。成功了!人群沸腾了!这样,我完成了我人生中的第一项发明,这一年我 22 岁。

  扁担机之所以能高速、平稳运转,生产效率高,扁担表面光滑,关键在于应用了双面对称高速切削技术,使上表面和下表面切削力在垂直方向上大小相等、方向相反的两个分力互相抵消,且切削阻力小,刀距小。这最主要的零件是一对高速旋转的齿轮和与它们同轴的刀架及安装在刀架上的切削刀。齿轮的转速达到 2400 转/分,圆周速度为 24 米/秒,这么快的速度确实让我捏了一把汗。初设计时,很多资料记载,齿轮的极限圆周速度一般为 8~10 米/秒,而这一对齿轮却超了 1.4 倍,我有点犹豫。这一对齿轮是我选用现有的,不是原设计的,最后我决定进行校核计算,计算的结果是,实际应力仅为许用应力的 1/8,而且这是汽车变速箱齿轮,材质好,加工精度高,应该不会有问题。我最后决定原设计不变。实践证明,那个决定是对的。

  为了木器加工及其他经营,场里决定成立多种经营连,由我任连长。除了负责木器车间、圆锯班、酒坊、畜牧队外,还要开发新项目。圆锯班的一天生产能力为 800 根坯料,只能够扁担机运转一个半小时,为了扩大扁担生产,场领导决定开发一个扁担生产基地,由我负责。经过考察,地点选定在离农场约 40 公里远的林海林场附近。正在我们准备开发基地,为生产做准备的时候,农场发生了变化。卫东农场和临近的前卫农场合场,叫前卫农场,原卫东农场的领导都到区里的其他单位工作了,我的工作也有一些变化,到一连任副连长,仍主管多种经营。就在这一年的夏天,我出席了全区的知青代表大会,并作为"红在边疆、专在边疆"的典型发了言。1973 年 2 月,我作为乌伊岭区的知识青年代表出席了伊春地区的劳模大会。也就在这一年的 6 月,大学招生了,这一年的招生方法和前一年有所不同,把推荐改为推荐与考试相结合,即推荐的候选人须参加统一考试,择优录取。另外,乌伊岭区的大学指标除 1 名医学院外还有 1 名理工科大学,这些都是我到区里后才听说的。区里给一些单位下指标,推荐候选人,场里通知我到区里报到,准备参加考试。后来听说,是担任区政治部副主任的原卫东农场一把手李良春推荐的我,说前卫农场有个叫郑茂余的青年挺不错,能干、肯钻研,可以让他试试,就给了前卫农场一个推荐指标。我参加了省里组织的统一考试,我的数学满分,成绩在乌伊岭区最好。1973 年的 9 月,我入学哈尔滨建筑工程学院(后改名为哈尔滨建筑大学),开始了大学生活,这样,我登上了我人生中最重要的第二个平台。

我的第二个平台

那个时候上大学叫工农兵上大学,我们班的学生来自全国各地各行各业,党员占半数以上,文化水平有初中的也有高中的,参差不齐。我所学的专业叫供热通风,入学后我曾找过班级辅导员,因为我曾自学了一些有关机械方面的书,所以希望调到建筑机械专业,他们的答复是,专业在招生的时候就已经定了,不能变,我也只好作罢。在学校里,因为我学习基础比较好,学习还是比较轻松的。尽管如此,有了学习的专业和书籍,我更是如饥似渴地学习。在校学习的三年里,我不记得睡过午觉,晚间教室闭了灯,我想办法找地方学习。有些同学尽管基础不太好,学习也都十分努力,因为他们的思想觉悟都很高。在班级党支部"不让一个阶级弟兄掉队"的口号下,我尽可能地帮助同学,有时给同学们补课,有时给基础较差的同学辅导,也曾给同学们讲过课,受到同学们的欢迎和好评。我时时处处严格要求自己,谦虚谨慎,帮助同学共同进步,我也在同学们的帮助下,成了我们班三年来唯一一个入党的学生。

1975年的初夏,我们班走出学校,进行"开门办学"。班级分成两个大组,第一组的同学到北方大厦进行锅炉改造,第二组的同学到哈尔滨玻璃纤维厂进行锅炉改造,我去的是后者,由秦兰仪老师和其他两位老师带队。我们的工作是和工人一起改造一台10t/h的水管锅炉。旧管拆除、修复锅筒管孔、弯管、锅炉定位等工序完成后,就是胀管。所谓"胀管",就是要把管子的两个管头分别插入两个锅筒的管孔内,用胀管器进行胀接,使管头与管孔紧密连接,在一定的压力下,不漏水。要把960根管按一定的顺序胀接到锅筒的管孔内,办法就是用胀管器人工胀管。胀管器主要由3个倾斜的圆柱和圆柱架及转动把手组成,因圆柱是倾斜固定且与轴线方向成3°夹角,转动胀管器,胀管器就沿着轴线方向前进,圆柱碾压管壁,使管壁变薄,周长变长,管与孔间隙变小,连续转动胀管器,管与孔间隙越来越小,直到紧密接合为止。显然,靠人工的力量把管壁碾薄,使它与管孔紧密接合是相当费力的。那是一个炎热的夏天,胀管开始了,两个工人师傅从锅筒一端的420 mm×340 mm的椭圆人孔钻进锅筒开始胀管,过了10多分钟,两个大汗淋漓的工人爬出来了,背心已经全湿透,总算胀完了第一个管孔。他们说,太费劲了,胳膊都拧酸了,里边又热又闷,得勤换人。于是,大家轮流干,为了能在里边多干一会儿,找来了电风扇从人孔往里吹风,大部分人光着膀子干,就这样,大家忙了一天,累得筋疲力尽,数了一下,一共也才胀了26个管孔。如果上下锅筒同时干,照这样的速度,1920个管孔也得接近40天,这锅炉生产等着用,时间也来不及呀!怎么办,大家茫然了。我多次钻进锅筒胀管,体验用力的大小和胀管的整个过程,并细心观察锅筒内的结构、环境,于是我就有了一个设计、制作电动胀管机的初步方案。我把想法对老师和有关领导讲了,他们都非常支持我,鼓励我大胆干。4 天后,我设计的电动胀管机制作出来了,我把减速系统、电机、倒顺开关、卡具等都设计组装在一块集装板上,中心管穿过集装板两侧的耳孔,中心管被两组可调节的三根管支架支撑,相邻两根管之间夹角为 120°,管的一端支撑在锅筒内壁面上,另一端通过丝扣和调节盘连接,中心管在调节盘的中心穿过,中心管的中心与锅筒的轴中心线重合,这样集装板就可在中心管长度方向随意滑动,同时也可以锅筒轴线上的任一点为圆心转动,操作者不需担负任何重量。因此,集装板上的卡具卡着手动胀管器就可对锅筒内的任意管孔进行胀管,并保证胀管器的轴线在锅筒的半径上,也就是说,能保证管壁与管孔严密接触,使之不泄漏。经过实践,一个管孔纯胀管时间只需 25～30 秒,再加上移动集装板、胀管器,定位等,整个胀管过程平均 1 分 10 秒左右,由一个人操作就可完成。使用两台电动胀管机,胀管工序用了六天的时间就完成了,受到老师、工厂的领导和工人们的称赞,这是我的第二项发明。实际上,这项发明的难点并不在于集装板上的机械集成,而在于简单而巧妙地把集装板的耳孔的圆心放在锅筒的轴心线上,胀管器的轴线放在锅筒的半径上,使之移动、旋转自如。这套自动胀管机图纸被保存在资料室,后来一位来自南方锅炉厂的学生复制了这套图,带回了锅炉厂。在学校的开门办学总结大会上,我制作的电动胀管机作为一项开门办学的重要成果受到表扬,并让我发了言。这项发明,给老师、同学及工厂的领导、工人留下了深刻的印象。

1976 年 9 月,我们毕业了,分配的原则是哪儿来回哪儿去,回原单位或回原地、市,由校人事处负责分配。我和同学们到人事处开派遣介绍信,轮到我了,科长说:"你稍等一会儿。"我一直等着,直到在场的同学都办完走了,我再次请她们给我办。科长说:"你不能办。"我问其原因,她说:"院长有话,你不能办。"再问其原因,她嘟嘟囔囔地说:"咱也不知道你和院长是什么关系,把你留校了,你找院长去吧!"我听后头嗡的一下,我从来也没想过留校,再说那时教师在学校也不太受重视,所以我也不愿意留校。我通过伊春的邻居打听到伊春地区人事部门的电话,我给他们打电话,说我不愿意留校,我希望回去,请他们打电话往回要我,经过一番周折,我回到了伊春,也是在我的要求下去了伊春锅炉厂。当时的伊春锅炉厂是个规模比较小,生产条件相对比较落后的一个厂,但领导和工人对我都很好,我和他们相处得也很融洽。我先从比较简单的技术工作入手,建立技术档案,改进、取消落后的工艺,不断采用新技术,提高产品质量,逐渐推出新产品。一年后,正当我不断实施发展计划的时候,我被借调到区里筹建纺纱厂,这个项目是省里计划项目,要求一年后投产,所以工作很忙。一天,我乘火车去哈尔滨出差,从车厢的广播里听到了招收研究生的消息,当时我很兴奋,真的感觉科学的春天又回来了,但当时并没有想要考研究生,只是在头脑里一闪念。毕业已经快两年了,工作忙,纺纱厂的建设是边设计边施工,哪有时间复习考研究生呀!时间已经过去快两个月了,工作的忙碌已经让我把招研究生的事淡忘了。突然有一天,我接到母校的一封信,打开一看,是秦老师写来的,信中说:"科学的春天已经到来了,你应该考研究生,国家正需要你这样的人才,已经有一些人报了名,他们大多是历届的尖子,有的人已经到学校复习了,你抓紧时间报名吧!"看完了这封充满期盼的信,我头脑里又重新掀起起伏的浪涛。多年的奋斗,为国争光的欲望,国家的需要,老师的希望,使我下定了决心。没有时间复习,我也要试一试。还不错,领导同意了我报名,但工作不能耽误。也许领导是从大局出发,为国家输送人才;也许是送我一个人情,山沟里还能有人考上研究生吗?(但后来据有人调查,那一年伊春地区考上工科研究生的确仅我一人)但不管怎么说,领导同意就很不容易了,那可是很关键的一步。考试采用淘汰制,分两次进行,即初试和复试。回到母校参加初试,看到考生年龄相差很大,最大的40岁,最小的22岁,够参加考试条件的有十三届的大学生,我看到他们,暗自庆幸,我来对了,人家40岁的人都报考,我只有28岁,又有什么理由不报考呢?我以第三名的成绩通过了初试,两个月后准备参加复试,有12人参加复试。后来我接到一个电话,是我在校时部队转业的在校辅导员打来的,他说:"秦老师让我告诉你,参加复试的人差不多都来学校复习了,有问题可以请老师答疑,抓紧时间过来吧。"那时纺纱厂的工作正忙得不可开交,很难离开。考试的前两天我到了学校,经过复试,我以第二名的成绩被录取了。1978年9月,我以研究生新生的身份返回母校,登上了我人生中的第三个平台。

我的第三个平台

1978年,我们学校是暖通专业唯一招收研究生的学校,因为学校的暖通专业是全国成立最早、实力最强的,共招收了6名研究生。读研究生,课程比较多,学习一直都很紧张,特别是接触到毕业论文题目以后,晚间在纸带上输入待计算的数据,白天排队上机计算,更是忙得不可开交,那时我确有学无止境的感觉。原本导师打算让我研究朝向修正,结果我研究完了以后,又研究了室温波动,随着研究的不断深入,又研究了间歇供暖与节能,最后研究了变温负荷计算法,这几个课题都可以单独作为研究生的论文题目。我把论文初稿给导师郭骏老师看,导师一看,研究了四个问题,论文的题目叫什么呢,他也有点犯难了,最后起了个名,就叫《动态供暖负荷计算中一些问题的研究》吧,这样,就把四个研究课题都包括在内了。因为那年暖通专业只有我们学校招生了,当时的毕业论文是请全国在该领域最有名望的五位专家审查的,其中包括后来成立的全国暖通专业指导委员会的副主任、清华大学的彦启森老师,他对我的论文的第四部分即"变温负荷计算法"审查的评语中说,有新见解。而其他几位专家对此部分几乎没加任何评论。我想,没加评论的原因可能有两种情况:一是可能没看明白,无法评论;二是可能看明白了,但吃不准对不对。变温负荷计算法,是关于空调负荷计算的一种新思路、新方法,是在新的空调负荷计算方法的基础上,进一步利用建筑物的蓄热性能,来减少动态空调负荷,进而减小空调设备容量。我一直认为,这是我一生中比其他发明或创新更为重要的原创性理论发明,尽管它到目前为止还没受到专业人士的足够重视,但迟早会被人们所认可,并发挥它的巨大作用。1981年12月,经过三年多的努力,我完成了研究生学业,并以"优秀"的成绩通过了论文答辩,获得了硕士学位。

研究生毕业后,我被留校做科研工作,主要的研究方向是建筑节能。在搞建筑节能研究的同时,我跟随导师参加由几所高校和建研院空调所等多单位组成的"建筑物供冷供暖负荷计算新方法"课题组搞科研,后来这项研究成果获得国家科技进步三等奖。两年后,我被指派学日语,准备去日本留学。1985年通过了国家出国日本语统一考试。1986年1月公派到日本北海道大学以研修生的身份留学,也正是那一年,公派出国两年改为一年进行试验。在日本留学的一年里,我不仅学习了日本的先进技术,也开阔了眼界,对日本这个民族也有了进一步的了解。日本人认真、肯钻研,对工作精益求精的精神是值得我学习的。不管他是谁,只要他有长处我都要学。

回国后我主要从事了两方面的研究:一是建筑节能的研究,二是太阳能热利用的研究。后者是从业余研究开始的。起初我就用供暖用的平板散热器涂黑漆来做太阳热水器的集热板进行实验,效果虽然还可以,但冬天不能使用。为了能在冬天使用,我就研究防冻技术,并获得了多项专利。解决了防冻抗冻问题以后,开始搞太阳能热水系统,我认为搞太阳能采暖更有意义,它量大、面广,可大量地利用,节能效果显著。我把太阳能集热器放在实验室的楼顶上做太阳能热水系统的实验研究。那时申请国家或省市的科研项目难度已经很大了,申请时都要求填写本项目研究的基础和具备的研究条件或已取得的研究成果等,所以,只有具备很好的研究基础和条件,才有立项的可能。项目研究的初期,也不管能否立项,只要我看准有用的、有实用价值的项目,自己出钱也研究,太阳能供暖的项目也是这样开始的。

建筑节能的研究,一开始是在导师的领导下进行的,以现场实测为主,目的是搞清楚既有建筑物能耗到底是多少,都通过哪些部位散出去的。外门、窗、墙、屋顶、渗透等的能耗各占多大比例,只有搞清楚这些,我们才能知道节能的重点在哪里,怎么样才能把能节下来。

经过几年的测试,得到了一些基本的数据,有的项目也获了奖,但是,现场测试由于受种种外界因素的影响和条件的限制,难以获得准确的基础数据和结果,要作为指导建筑节能工作的依据是不充分的。因此,我们决定,建立一套精度较高的建筑围护结构热工性能、能耗测试装置,以获得较准确的基础数据,进一步研究建筑围护结构的热工性能,指导建筑节能工作的深入开展。经过多年的艰苦努力,我们建成了一整套建筑围护结构热工性能测试装置,其中包括:1.建筑围护结构足尺构件静态热箱测试装置,该装置可用来测试实际工程中一个开间大小的建筑构件的热工特性,可用来模拟实际建筑构件的传热过程;2.建筑围护结构动态热箱测试装置,该装置建在实验楼的屋顶,它利用室外的自然环境,可同时测试十种不同的足尺构件在自然环境下的全年能耗;3.建筑围护结构综合能耗测试装置,该装置可以用来测试有渗透时的建筑构件如墙、窗等的综合能耗,可用来模拟有渗透时的建筑构件的传热过程;4.建筑门窗空气渗透模拟测试装置,用来测试建筑门窗在不同的风压下空气的渗透量。这套装置通过了建设部的鉴定,鉴定结论为:研究成果达到国际领先水平。这套装置无论是国内还是国外,不管是测试规模,还是测试精度,都达到了领先水平。这一整套装置获得了建设部科技进步二等奖、三等奖。我们利用这一套装置做了大量的测试、实验研究工作,为建筑节能提供了大量的基础数据,推动了建筑节能工作科学、深入地发展。我在研制每台装置时,都有一些创新。比如,国外的静态热箱测试装置的冷箱是固定的,它的计量箱是可移动的,两个箱体合箱时,采用带气泵的气垫移动装置进行移动、对正,既耗电,又不易对正。我们研制的这种装置,采用半圆弧轮和圆管轨道(这在国内外是绝无仅有的),制作简单,使用方便,冷箱和计量箱都能移动,合箱时,箱体移动、对正十分简单;由于冷箱和计量箱内需要直接供冷,所以都安装了表冷器。为了防止制冷剂泄漏,制冷机和表冷器之间的连接采用管道硬连接,因此国内外的冷箱是固定的,而我在箱体外把管道弯了几个空间弯,利用其变形,可使冷箱移动0.5米,计量箱移动1.4米,试件装卸都十分方便;为了提高热箱测试装置的测试精度,国内外都把该装置安装在空调室内,而我们研制的这种装置,在计量箱的外侧又设置了一个空气夹层,夹层的外侧做了保温壳,空气夹层内的空气在风机的驱动下进行循环,既可冷却,又可加热,由计算机控制,使夹层内空气温度的波动不超过0.2摄氏度,这样,测试装置的整体测试精度由5%提高到3%,既节省了空间,又提高了精度。

  2000年11月,我以国家派遣高级访问学者的身份到日本北海道大学研究生院工学研究科,进行学术交流、在外研究,原本可以交流6个月,因为忙,我只申请在那儿工作了3个月。在那期间我从网上看到这样一个信息:日本有关学者呼吁,日本这样一个技术先进的国家,却在地源热泵的研究、利用、推广等方面落后于欧洲的一些国家,希望政府给予重视和资助,大力推广和应用这项节能技术。我仔细地研究了它的工作原理和工作过程,认为该项技术有其突出的优点,但也有很大的缺点。优点是地下的土壤、砂石等量几乎可以说是无限的,理论上说可提取的热量也是无限的。缺点是,由于它们的导热系数比较小,热量在它们中间的传递是缓慢的,也就是说,取热时,取热设备附近的土壤会逐渐形成一个低温区,随着取热的延续,低温区的温度不断降低,而热泵的效率也要随着低温区温度的降低而降低,几年后甚至会失去使用热泵节能的意义。因此,我想到了蓄热,如果在每年取热供暖之后都进行蓄热,那么该系统就可以多年地使用下去了。用什么热量进行蓄热呢？我很自然地想到了我多年的研究——太阳能,夏季气温高,阳光强,取之容易,热效率高,成本低,是最为理想的蓄热热源。回国后,我开始了太阳能土壤蓄热热泵供暖供冷技术研究。经过查询,太阳能土壤蓄热供暖、供冷在国内外均为空白,为首次提出。于是我申报了专利太阳能蓄热供暖供冷方法及装置,在实验室打井(钻孔)8个,其中实验井和测试井各4个,实验井深50米,测试井深30米,在这个实验台上进行了大量的实验研究。多年的研究和实践都证明,严寒地区(也包括大部分寒冷地区)冬季供暖所需的热量是巨大的,仅靠冬季收集的太阳能进行供暖是远远不够的,或因其太阳能集热器面积过大而很不经济,或因一套备用热源造价过高而难以实现。我研究的方法是,把一年四季收集的太阳能都用来冬季供暖。具体的做法是,把一年三季(春、夏、秋)收集的太阳能贮存在地下土壤之中,冬季用热泵取出的热能和太阳集热系统收集的太阳能联合供暖。供暖前期和末期,因收集的太阳能量较多,而气温又不太低,一般用太阳能即可满足供暖的需要,如有多余的热量,可贮存于地下土壤之中,以备冬季供暖。多年来我一直在为此努力地工作着。

坚持专业技术研究,为专业发展贡献力量

——以此纪念我校供热研究室

董重成

我在原哈尔滨建筑工程学院有两个学习阶段,1981年研究生毕业后留校工作,先后在供热研究室和供热教研室工作,期间也在学校科研处和系里工作过一段时间,1997年晋职教授,2000年与哈尔滨工业大学合校后一直工作到退休。

我1973年9月到1976年9月在哈尔滨建筑工程学院的供热与通风专业学习。当年供热与通风专业招了两个班,我们是暖通73-1班,郑茂余老师是暖通73-2班。入学前我对于所学的专业毫不了解,更谈不上喜欢。我们毕业分配的原则是哪里来回哪里去,我是大庆建筑公司推荐到校学习的,毕业后分回大庆石油学院(现东北石油大学)。

1978年恢复高考和研究生招生,我考回了哈尔滨建筑工程学院,按照申报的方向就读郭骏老师的研究生。我做的课题是郭骏老师主持的建设部研究课题。我在1978年秋入学后较早进入课题内容的研究,在郭骏老师的精心指导下于1981年完成了《板式散热器热工性能研究》研究生毕业论文,并顺利地通过毕业答辩。当时学校规定毕业论文要求有两名校外具有高级职称的专业人员评审,郭骏老师请了清华大学供热元老王兆霖先生作为评审人之一,王先生返回的评审意见中,对我的毕业论文给予了充分的肯定和好评,这给了我极大的鼓励。

我做研究生毕业论文时,秦兰仪老师还在教研室工作。一次与秦兰仪老师交谈时,她对我说:"研究课题不论是'土'还是'洋',只要是专业需要解决的问题,就应进行研究,你坚持深入进去,取得成果,被专业应用,以后就会是这方面的权威。"她的话让我受益一生,也因此让我在专业研究中踏踏实实、坚持不懈地奋斗了几十年。

我1981年研究生毕业后留校,在郭骏老师领导的供热研究室工作。当时自己也曾向系里提出从事些教学工作,先过教学关,但是由于一些原因没有做到。从此,在供热研究室开始了专业研究之路。在这里,我得到了锻炼和成长。这次在专业成立70周年之际,应系里邀请,根据自己进行过的专业科研撰写此文,以此纪念我们专业曾经有过的供热研究室。供热研究室人才济济,共同铸就过辉煌。

学校成立供热研究室与建设部进行过沟通,那时国内暖通专业研究机构只有中国建

筑科学院下设的空气调节研究所,顾名思义该所是以空气调节研究为主。因此,郭骏老师在国家重建唐山时,进行建设部科研项目过程中成立了供热研究室,利用地域和技术力量优势承担供热课题的研究。

在学校的重视和支持下,供热研究室发展迅速,人员最多时达30多人,不仅有暖通专业人员,还有自动化、检测仪表、计算机、数学专业的人员。在建造ISO国际标准散热器实验台时,学校还把当时机电专业的老师和研究生也调过来参与课题,可以说郭骏老师领导的供热研究室较早地进行了多学科课题研究。

从供暖设备研发,到前瞻性的建筑节能研究,供热研究室自成立以来,曾一度引领国内在该领域的前沿研究,获得多项国际领先的科研成果和科学技术奖励。供热研究室培养了一批硕士、博士和青年教师科研力量。郭骏老师也凭借其出众的科研水平,被评为国内该学科第一位博士生导师。后来供热研究室的解散,对专业的发展多有遗憾,但是,供热研究室对我国暖通专业的贡献必是学校暖通专业发展史上浓墨重彩的一笔。

我毕业后就参加建造ISO国际标准散热器热工实验台的工作,当时的科研条件很艰苦,很多体力工作都是研究室的老师自己干,包括实验台基础土方、材料运输、设备加工、系统安装等,就连过滤器的沙子筛选、清洗都由我们自己做。研究室全体人员无论男女老少都参加,干劲十足。该实验台建成后,散热设备测试有了与国际对话的实验条件,并在建造过程中发现了国际标准的技术错误,在郭骏老师与国际标准化组织TC 116委员会交流后,获得认可,并表示修订后改正。该实验台通过建设部鉴定后获得建设部1984年科技进步三等奖。之后研究室又建立了高温水、蒸汽——水冷式散热器测试台,具有符合ISO 3148、ISO 3149规定的风冷却和水冷却的实验台,成为当时在国际上具有领先水平的实验装置。

在该项工作中我对有些问题进行了研究,发表了《对散热器实验台国际标准中有关规定的探讨》《ISO水冷与风冷散热器实验台测试结果对比研究》等论文,对ISO 3148、ISO 3149的规定提出了我们的建议。

我通过对散热器热工性能测试研究撰写了多篇论文,发表的《三种铸铁散热器热工性能的测试》论文中的研究成果被《供暖通风设计手册》(1987年版)引用。发表的《关于采暖设计中使用传热系数K值计算散热量的讨论》论文中,提出了工程计算中不必再使用散热器传热系数K值和散热面积计算散热器散热量的方法,并被专业人士认可,由中国建筑东北设计研究院赵先智总工参编的《实用供热空调设计手册》(2008年版)采用了我们提出的计算方法。目前,散热器热工测试已不再给出传热系数的数值,工程设计时也不再使用传热系数K值和散热面积计算散热器散热量。

我研究完成了建设部科研课题"国际标准ISO实验台和实际房间散热量比较研究",

通过了建设部科技鉴定,发表了《散热器在国际标准 ISO 实验台和实际房间测试的比较分析》论文,该研究解决了暖通设计人员对密闭实验小室测试数据能否直接用于工程计算的顾虑,给出了测试条件和实际使用条件散热量的差别,建议测试数据可直接用于工程设计。该结论被编写《实用供热空调设计手册》(2008 年版)时采纳。

20 世纪 80 年代,国家为促进中小企业、乡镇企业和广大农村科学技术进步,振兴地方经济,由国家科学技术委员会成立的国家星火奖评审委员会,负责国家级星火奖的评审、批准和授予工作。学校与当时的河北冀县(现冀州市)暖气片厂(现春风集团)进行项目合作,获得 1988 年度国家星火示范企业奖。该奖也是国家级奖项,当时颇受学校重视。该企业也一直与学校保持长期的合作关系,在行业起到了领军作用。

1981 年原国家建委发文修订《工业企业采暖通风和空气调节设计规范》(TJ 19—75)(试行)标准,郭骏老师承接了采暖内容的修编任务,因此将我带入该规范几个版本的编制和修编工作。该工作让我有机会向专业元老西亚庚、那景成、李娥飞等前辈请教,全面学习、提升了自己的专业知识。《采暖通风和空气调节设计规范》(GBJ 19—87)编写历时五年,参编人员在一起,对改革开放后出现的新技术、新设备认真研讨,对规范内容逐条逐句推敲,让我开阔了专业视野,学到了更多的专业知识,也让我了解了规范编写的有关要求,塑造了严谨的科学态度,对我后来自己主编标准编制奠定了基础。在编写过程中,散热器采暖引用了我研究生毕业论文的内容,发挥了学校实验条件优势。

暖通规范管理组组织编写了《暖通空调设计规范专题说明选编》,由中国计划出版社出版,我撰写的《确定散热器数量的各种修正系数》参考资料,获得主编单位技术负责人和编制成员好评,当时我是编制组最年轻的一位,大家的鼓励坚定了我的科研信心。后来《供暖通风设计手册》(1987 年版)和资料引用了其中的数据和研究结论。

2008 年开始参加《民用建筑供暖通风与空气调节设计规范》(GB 50736—2012)编写,在编写过程中完成了《供暖系统设计参数(比摩阻)的选择》《间歇供暖负荷计算方法》两个专题的研究,同时将我们以前撰写的《散热器采暖低温参数的研究报告》提供给编制组参考。该标准获得建设部 2014 年华夏建设科技一等奖。2012 年我又开始参加《工业建筑供暖通风与空气调节设计规范》(GB 50019—2015)的修编。因为前后参与了规范多个版本的编制工作三十多年,被编制组称为"老规范"。

由于在研究生阶段就是进行供暖方向的研究,因此多年来一直对散热器供暖、地面供暖、电热供暖、燃气供暖等方式进行研究。取得的一些成果被纳入设计规范、标准、手册和图集等设计资料,多项研究成果获得各种奖励。

散热器供暖研究:除前面对散热器供暖技术研究外,我们还对采暖散热器产品做了多项的研究,其成果奠定了学校在该行业的领先地位。20 世纪 80 年代初,建设部开始对采暖散热器进行管理,第一件事就是采暖散热器标准的制定。学校郭骏老师牵头承担了该项工作,并组织有关单位于1986年完成了钢制板型、柱型、灰铸铁柱型、长翼型、圆翼型散热器,及采用闭式小室测试采暖散热器热工性能等七个行业标准的编制,为建设部进行散热器行业管理提供了技术支撑,促进了散热器行业发展。由于上述标准对行业发展的作用,课题"散热器标准"被建设部评为1988年科技进步三等奖。建设部于1986年在标准编制组的基础上成立全国采暖散热器委员会,学校郭骏老师和我在该行业组织担任副主任。

我与他人合作编著了《民用供暖散热器》一书,由清华大学出版社出版,该书是行业内的第一本科技专著。我发表的《提高铸铁散热器换热能力的研究》《螺旋翅片管簇散热器优化设计》等多篇论文对行业研发新产品起到了指导作用。

学校主持研发的"灰铸铁三柱型散热器"等三种新产品获建设部1992年和1993年科技成果重点推广项目,研发的"钢制高频焊翅片管对流散热器"获1995年建设部科技进步三等奖。我主编、参编有关散热器国家、行业标准22部,获7项专利。本人多次受到中国建筑金属结构协会奖励表彰,2006年获采暖散热器行业突出贡献奖。

地面供暖技术研究:我发表了《低温热水地板辐射供暖节能问题的分析》《地板辐射供暖双向传热量计算与分析》《低温热水地面辐射供暖系统调节的研究》等多篇论文。对地面辐射供暖的家具遮挡影响散热进行了实验研究,在此之前国外的资料只是提醒设计者考虑家具遮挡影响地面散热的问题,没有可供设计采用的参考数值,我们发表的《地面遮挡物对地板辐射采暖散热量的影响研究》论文,获2004年全国暖通年会优秀论文奖,该论文给出了不同功能房间、不同房间面积、覆盖率对地面散热量的修正系数,研究结果被纳入《实用供热空调设计手册》(2008年版)供设计人员参考。参编的《地面辐射供暖技术规程》获2005年华夏建设科技三等奖,《低温热水地面辐射供暖加热管内流速对散热量影响的实验研究》获2008年全国暖通年会优秀论文奖。

电热供暖技术研究:对电热供暖的研究起源于20世纪末,由国外引进电热膜产品后,黑龙江省建设厅委托学校进行了"电热膜供暖在工程中应用效果"的课题研究,课题组通过示范工程、测试总结、标准编制等工作,规范了电热膜供暖技术,使其正确迅速推广应用。我发表了《低温辐射电热膜供暖系统的设计》等论文,编制了国内第一部《低温辐射电热膜供暖技术规程》(DB23/T696—2000),研究成果"低温辐射电热膜供暖应用技术"获2001年黑龙江省科学技术三等奖。之后作为技术负责人又编制了《低温辐射电热膜供暖系统应用技术规程》(JGJ319—2013)。该方面的研究促进了电热膜供暖技术在北方区域的广泛应用。

燃气供暖技术研究:我对燃气在高大厂房的供暖效果进行了深入研究,发表了《燃气辐射采暖系统的测试研究》等论文,并编写《燃气应用工程手册》(2009年版)"燃气供暖"一章。2017年进行再版修订,增加了"燃气壁挂炉热水供暖"内容。

除研究了多种供暖方式外,我还进行了供热系统的设计、室内供暖参数、分户热计量、系统控制等方面的研究。发表了《供热管网保温厚度的计算研究》《分户计量供暖节能住宅户型修正研究》《供暖分户热量计量方法及系统设计》等多篇论文,发表的《住宅分户热计量供暖系统设计中热负荷计算的讨论》论文获2000年全国暖通年会优秀论文奖,研究成果"供热系统监测与控制改造技术"获2011年黑龙江省科技进步三等奖,参编的《供热计量技术规程》获2011年华夏建设科技二等奖,参编的《城镇供热系统评价标准》获2012年华夏建设科技三等奖。

供热研究室较早就进行了建筑节能的研究,而我则是供热研究室解散后才开始这方面的研究。与赵立华老师等组成的科研团队先后参加了中加、中法国际合作项目、建设部节能示范项目和黑龙江省重大科技攻关课题研究。侧重对严寒地区建筑节能等进行了深入研究,发表了《严寒地区实现建筑节能50%对策研究》《外保温墙体传湿研究》《严寒地区既有住宅墙体节能改造研究》《塑钢窗冷风渗透耗热量计算的研究》等多篇论文。作为技术负责人之一完成的"严寒地区居住建筑节能成套技术研究"获2002年黑龙江省科技进步一等奖,参加的国家"九五"课题"节能建筑达标现场检查仪表"获2006年华夏建设科技三等奖,参加编制了国家标准《节能建筑评价标准》(GB/T 50668—2011)。担任了学校建筑节能技术研究所所长。

分别参加"九五""十五""十一五""十二五"有关国家科技支撑计划课题内容的研究。2006年赵华老师任系主任,在争取"十一五"课题过程中,赵华老师组织了全系的力量竞争到四个课题。其中的"既有建筑设备改造关键技术研究"(2006BAJ03A)是国家科技支撑计划的重大课题之一,无论是其研究内容、参与单位还是科研经费,对我们专业来说都是前所未有的。该课题由我们学校负责,清华大学、中国建筑科学院、北京建工集团、康力集团等单位的60多人参加,圆满地完成课题任务书的研究内容,受到项目管理单位的表扬。

我还完成了建设部行业协会科研课题"散热器低温供暖研究",发表了《散热器采暖系统低温运行的研究》《既有建筑改造后散热器供暖低温运行的研究》等论文,提出了采暖散热器可在60℃给水温度供暖的理论和计算方法。该观点打破了散热器供暖的传统热媒参数,在当时颇受质疑。目前,在以热泵为热源的供暖系统中,已广泛采用该温度进行散热器供暖,散热器低温供暖研究为散热器使用热泵为热源提供了技术支撑。同时该研究也为后来的低温供暖设备研发提供了技术依据。低温供暖研究也让我进入了空气源热泵行业,和倪龙老师一起进行了空气源热泵供暖的研究,推动了空气源热泵供暖的应用,自己也被中国节能协会热泵专委会和中国热泵产业联盟聘为特邀专家。

因工作需要我曾在科研处做过副处长和系副主任,这段时间我也一直在做专业课题的研究,因此,1998年不做行政工作后,自己的科研工作得到了很好的延续。从系里副主任职位下来时供热研究室已经解散,心里不免留有遗憾。之后我就到供热教研室工作,当时方修睦老师任教研室主任,他把自己讲授的"暖通施工技术"课程让给了我,从那以后我才真正地进入了本科生各环节的教学工作。之后又给本科生开设了"暖通新技术"等多门课程,给研究生开设了"实验方法与数据处理"等课程。

2005年我给本科生讲授"暖通施工技术"课程,使用的还是1987年的统编教材,技术内容已不适应教学需要,为配合当时专业评估,学校和系里希望能编写新教材,并给予经费支持,因此我作为主编,组织了有专业实践经验的几位老师共同编写了《建筑设备施工技术与组织》。在编写中,将我参编并获2003年华夏建设科技奖的《建筑给水排水及采暖工程施工质量验收规范》中的有关规定,发表的《散热器安装距离对散热量影响的测试研究》等论文研究成果引入教材,融入了新的专业技术,使得该教材体现了新技术发展,在出版后被多个学校选用。2008年又参加高校推荐教材《建筑设备工程施工技术与管理》的编写,并在修编时担任第二版的副主编。2009年参加了高等学校规划教材《建筑节能技术》的"供暖系统节能"内容编写,并将我们多年有关供热系统研究供暖方式的比较分析、供热管网保温厚度的计算研究、住宅分户热计量供暖设计指南探讨等多项成果收录在教材里。

我在校几十年工作中取得了一些成绩,在校内曾被评为学校先进科技工作者、学院的优秀党员、系里年度工作量第一名,获得过学校最高额度论文检索奖励。

我的科研工作主要从事建筑节能与供热技术、供暖系统设计及应用技术、供暖设备研发等研究。主持和参加中加、中法等国际合作项目、国家科技支撑、省重大科技攻关、部级科研课题30余项,担任过国家科技支撑计划重大课题负责人;严寒地区居住建筑节能成套技术研究等5项科研成果达到国际领先水平;主持和参加研究课题获省、部级科技奖励16项;主编参编教材、论著及专业设计手册9部;主编参编国家专业技术规范、行业标准35部;发表学术论文160余篇。曾到俄罗斯远东国立大学、法国建筑科学技术中心(CSTB)、德国工程师协会(VDI)、美国采暖制冷与空调工程师协会(ASHRAE)进行技术交流。

我曾担任中国建筑金属结构协会常务理事、全国采暖散热器委员副主任及专家组副组长、中国建筑学会暖通空调分会理事、中国建筑学会暖通空调分会供暖专业委员会主任委员、中国制冷学会空调热泵专业委员会委员、住建部专家委员会城镇供热专家组委员、全国暖通空调及净化设备标准化技术委员会委员、住建部建筑环境与节能标准化技术委员会委员、建设部供热质量监督检验中心专家委员会委员、中国城镇供热学会技术委员会委员、中国节能协会热泵专委会特邀专家等社会兼职。

在求学和工作过程中,我培养了自己的专业情怀,从对专业一无所知,到喜欢热爱、深入研究、付出心血,取得成绩被社会认可,则是顺其自然。至今我仍在做一些自己喜欢的专业工作,并以此丰富退休生活。

感悟:人生多有遗憾,奋斗终会收获。

第三章 校友名录

暖通燃气校友名录序

在专业历史记忆中,校友名单是必不可少的重要组成部分,我们五人组在北京校友会编制的校友名单基础上进一步校核整理,目标是尽可能完整地将校友名字入列,不缺失(但也不重复),也为了给今后完善档案打基础。

工作开始制定的编制原则是名字编入入学年级和班,这对于1977级以后校友问题不大。但对于之前的年级,入学来源入口很宽,毕业出口相对较窄,且变动较大,因此采取了编入毕业班级的做法。博士生的学制比较特殊,则是以毕业和在读分别编制。

因学校档案严重缺失,本次整理邀请各年级或各班级校友参与工作,历经了一个多月的时间,在与100余位校友进行了沟通交流后,形成了现在的校友名单。20世纪50年代名单完成历时1个月,反复进行讨论与修改,在与各位老校友的交流中,感受到了他们认真负责的工作作风,"规格严格、功夫到家"体现得淋漓尽致,非常钦佩!2000级以后的研究生名单则仅用了1天的时间,眼快、手快、脑快,年轻真好!

由于个别班级没有联系到校友或校友回忆的不完整,部分校友尚未列入,自评估本名单的总体完整性可达到90%以上。另外,部分校友由于各种原因,入学年级和毕业年级不同,部分校友没有完成全部的学业,这些在名单中并未体现等,都是遗憾!借用一位老校友的话:"只能是力求准确,不可能太完美了",期待后有来者继续。

校友名单将在下面慢慢呈现,她带领我们再一次回忆着在母校共同的青春时光和不一样的岁月芳华!

赵加宁
2019.6.5

本科生

1949 年
设立专业方向

1950 年

刘锡山	谷剑宽	王民生	王义贞	林淑令	贺　平	高泽华	龚循吉
路　煜	盛昌源	刘祖忠	武建勋	徐谋海	秦书勤		

1951 年

杨绍海	任振良	张林瑞	崔汝柏	秦兰仪	吴元炜	廉乐明	邵锦书
杨庆礼	薛秀英	陈学昌	张永铨	赵恩卿	程志英	张乃涵	诸明杰
陈国彬	高文忠	徐岚文					

1952 年

李本谘	刘永志	严正元	景淑白	谢伟光	王庆华	吴铭泉	刘钊荣
汪墨林	朱学明	施能树	傅维栋	徐慧筠	陈美梅	袁论元	孟宪吉
刘永芳							

1953 年

供热 53

葛仁濂	韩浩然	崔春英	程紫润	陈宏章	门璘生	吴有筹	钱育民
张凤桥	王珍生	杨振魁	陈鸿润	余恢度	刘绍基	申国宾	李自然
栗颖娟	王国瑜	王度方	裴尚伦	乔世茂	邢酒成	奚志忱	钟步超
沙兆坚	邓松如	蒋光大	时淑芬	李明运	魏运香	吴成禄	蒋宜萍
郭盛元	何相林	范惠民	汪博泉	郭魁选	张宝珩	陆亚俊	俞纯桥
邹士富	贾福康	王凤才	沃丁柱				

燃气 53

傅忠诚	艾效逸	管荔君	江孝堤	梁安馨	陈培英	黄　篯	李荣(大)
李荣(小)	高学孟	殷　勤	吴裕英	黄兴洲			

1954 年
未招本科

1955 年

供热 55

马金洋	马鸿发	魏学孟	张士文	赵德宇	钟庆琛	杨家诚	孙性良
高文韻	于凤兰	黄耘秋	孔庆宝	张耀岚	刘汉忠	娄长彧	卢永昌
孙 平	汤 原	程仁美	王延荣	王兆椿	徐志远	阎尔平	李朝君
杨崐龄	尹维轩	张景芳	张启先	赵文德	李闰霞		

燃气 55

常树人	孙庆复	白淳岳	常玉春	陈玉民	董 珊	段常贵	姜永顺
蒋连生	金石坚	李振鸣	苗树园	谭达德	徐国峰	严铭卿	赵宝田
刘树挺	冯长海	郭银广	焦正润	刘世昌	李茹蓉	姚传芳	曹兴华
孔庆宝	王锡鹏	赵志达	刘金波	征祥生	刘淑琴	王先绰	吴健英
许 祥							

1956 年

供热 56

王延荣	德占海	刘汉宗	刘 海	许忠臣	王慕贤	李春山	孙柏林
马广大	汤 源	许世韶	张俊同	王德新	陈启中	刘宗智	陈世岩
吴味隆	门连卿	许 让	孙继承	王景春	刘金波	李宝珠	刘桂萍
展毓恂	王凤莲	樊砚冰	李云凤	鲍二立	刘志学		

燃气 56

曾昭浩	赵廷延	严继铮	邵玉祥	赵常桓	付柞鹏	刘兴业	李伟奇
张茂祖	顾建刚	张化修	邢德惠	綦教柱	朴凡兴	陈小英	袁银海
谢 俊	陈红润	赵宗琦	张桂琴				

（以下 40 人因抽调等原因学习期间离开）

魏文才	吴儒元	杨家成	郭育德	李淑筠	苏忠华	张 坪	郑官振
薛祖玉	周雪筠	王 玲	魏厚敏	凌更成	徐秀登	陈荫萱	常 瀛
张淑珍	王顺荣	卢桂菊	陈葆满	姚光群	于立强	王 涛	程云凌
王昌祥	姜昌德	赵思泳	程明美	栾学翔	田凤仪	曾祥生	赵常桓
杨怀周	张明惠	金泽民	梁守信	李成根	李恩甲	杨德山	王相华

1957 年

供热 57

赵天玉	陈洗尘	秦传奎	郭天绿	李华滨	刘丽清	石登云	李　崑
白国梁	白景银	施宝臣	邢玉田	姚来信	朱世林	朴斗焕	郑炳学
陈阴轩	马树连	王海文	李宝贵	孙宝和	邢玉贞	金沢民	吴力运

燃气 57

罗仁静	李佐奭	郑明义	黎光华	王印峰	霍占礼	苏仲印	范良君
崔秀玉	邓　渊	任庆福	邵玉祥	潘元官	彭子虞	施培森	黄效忠

1958 年

供热 58

徐宝山	张守德	杨寅兰	钟汉鼎	张志敏	王　涛	钱嘉章	朱沉潜
吴春林							

燃气 58

何伯康	高淑范	奚黛玲	谢焕武	姚焕有	张树藩	秦肃钧	罗仁静
高首魁	胡来臣	刘书贞	李永庆	俞季兴	朱富荣	赵仁田	

1959 年

供热 59

冯宝岳	韩　筠	王维方	刘正平	刘桂兰	韦焕相	程世忠	贾呈会
徐国忠	姜明生	康希瑞	邵广玺	范吉成	赵占霖	薛瑞元	徐秉朗
李振刚	方鐸烈	张德明	李宗志	崔占祥	赵云峰	刘福德	胡庆山
许世勋	王国强	陆庆山	衣树元	翟宇彤	姜程陆	孙梅岩	张肃砚
于学庆	金振同	金水石	张思勋	石有权	陆春华	李凤德	赵敦齐
赵文焕	杜长莹	徐自强	张维周	刘健龙	金东连	陈禹功	宋景彬
张　锐	陈作哲	刘庆山	马最良	朱贵章	李贵有	张宗雪	王庆石
张景桂	路　英	董根才	刘　颖	白文彬	郭永德	陈文海	张克霞
刁振阳	王振学	朴钟仁	穆哲民	黄运康	徐之道	陈太民	杨韻芬
张桂铭	朴淳彬	杨宗是	丛安滋	孙振江	徐中权	吕佐君	王剑皓
郑德临	杨荫民	王明飞	易金宝	李承芝	李相基	蒋向东	沈金山
黄文厚	杨秀瑶						

燃气 59-1

姜洪鹏	何世英	宋长印	吴希文	吕鸿玉	唐曾乐	龚正浩	杨　素
张友义	王玉林	王梦舜	袁国汀	丁全豹	翁新藩	杜世如	何树源
彭子虞	林谦祥	何永庆	陆家泰	吕世勋	王海清	陈甫云	齐靖庶

燃气 59-2

徐　良	郭懋宏	袁世隆	薛天祥	朱奇慧	王　兵	张均治	马玉斌
黄正勤	王富力	胡仁陞	孙玉治	李金友	万署松	姚根金	戈安生
王雪芬	高兴喜	张　诚	王志昌	金　野	张起瑛	陈　复	费永海
杨　凯	曹樟煜						

燃气 59(特)

| 于子雄 | 姜庆汶 | 李永根 | 何连生 | 宋怀芳 | 刘行端 | 刘良贤 | 金点德 |
| 谷吉明 | 喻宗石 | 庞增辉 | | | | | |

1960 年

供热 60-1

周乃如	朱凤德	李伯仲	胡炽黔	马同福	吴宝珍	曲国栋	张凤珠
苏兴亮	谷钟明	李善化	姜金龙	张瑞堂	石太如	赵维莲	陶良忠
许家良	金维新	林义雄	祝端奇	范垂贤	赵维轩	赵　波	成德英
刘珍汉	周育兰	单玉华	胡书传	许宏禩	徐华东	陈定南	伍本万
黄长寿	黄庚扬	冯新尧	李炳星	刘文学	王绍政	陈宝信	李宗刚
孙承先	张岐山						

供热 60-2

荣大成	张智斌	关桂琴	张贻信	项景谦	李长山	张连福	江敦玉
裴树林	杨占星	董建民	周淑媛	王家瑞	朱季平	彭泰瑶	孙锦林
徐荣祥	吴耀楚	赵国奇	宁志成	陆长久	林正俊	崔　英	崔炯燮
郭春信	黄志强	田忠仁	卞大祥	马继珍	廖　嘉	台振水	吴儒元
刘成义	杨文元	宋根海	孟昭书	许世勋	孙荣枚	魏忠林	

供热 60-3

宋泽寰	宋锡贵	郑才户	魏炳坤	华春山	王志忠	张书欣	王吉昌
栗　曼	陈之曰	孙剑东	施夏生	徐文珍	储贵荣	周宗骅	王铁志
鲁云福	董连举	刘广山	屈昌明	张迎春	常　瀛	常　原	

燃气 60-1

张国学	阎振华	张秀琴	孙树饶	周义根	陈凤云	傅继俞	丛正之
李惠荣	刘维祁	董运华	李 维	张鸿雁	周文鼎	于淑敏	马 黛
费乃嘉	蒋连成	陈嘉桐	常 忠	刘 敏	崔桂忱	李盛文	周 衡
刘文杰	王玉辉	马增玉	孙玉华	梁福勤	王文心	胡振刚	渠桂英
张守芬	刘锡武	谢钟慰	征祥生	唐国堃	马德智	王惠贞	衣凤君
田德义	田顺泰	钱普源	郭志发	韩继庆	黄 庆		

燃气 60-2

石静芬	赵桂茹	祁建德	赵素贞	姚炎祥	姚占统	袁文耀	任培秋
刘敬仁	汪家骝	王叔英	王保晨	魏志华	闫瑞荣	于龙水	俞广猷
李玉文	陈宏年	郑玉山	葛瑞昆	赵俊鹏	周 俊	刘有才	铁广栋
谷洪君	孙佩瑶	丁冬珍					

1961 年

供热 61-1

倪熙威	李长顺	李淑芬	杨仁杰	穆 瑛	李学贞	邹平华	张满河
黄崇国	杨永胜	孙德兴	杨久福	张铭志	王恒年	李云璞	宋占义
王宗藩	杨 凯	刘凤恩	卢儒生	张金坤	张传生	王永生	谭建华
王景华	朱 礼	毛忠禹	田锦禾	王永平	尹承志	苑祥岐	胡振刚
刘纪范	付贵仁	刘金波	郑仁春	蒋某某			

供热 61-2

王桂荣	张同英	万慕芸	付秀云	董淑英	罗英华	张静桦	王惠贞
杨兰英	渠桂英	屈昌明	鲁德福	张志贤	马德智	尹万智	胡亚民
张 焱	李昭斌	欧阳坤泽	邹道忠	崔淀文	王墨翰	秦国良	渠凤鸣
郝玉民	叶 潜	王德宏	钟庆时	张春临	王家新	金铭佑	李炳星
李德林	董文清	朱庆斌	刘锡五	陈宝信	王永增	张 力	许文发

1962 年

供热 62-1

孟昭贵	王魁吉	付会林	郑家骏	苍锡君	吕安林	李本勇	高智力
冯颖杰	杨雅芬	李书筠	陈继先	刘芳垣	张久昌	梁裕坤	范垂民
林永禄	王胤昌	佟承禹	夏宝江	张玉林	陈彧华	夏永仁	

供热 62-2

王治权	胡继业	毕可贵	高久长	陈诚玺	孙玉梅	张玉琴	王宝纯
吴钟大	金爱子	金元淑	石玉梅	冯文彬	许立经	刘雅彬	李雅珍
才裕环	黄家平	张 有	王广录	姜成男	杨春茂	刘振杰	

供热 62-3（原煤气 62-1）

王 谦	赵同实	朱长青	张春林	王鹏武	陈永贺	贾振波	曹喜文
苗重新	李鸿义	王 枫	王文心	任福生	薛元臣	才德贵	恒 明
张宝相	刘文秀	李志鹏	刘殿仁	张少令	王允称	王雅君	付兰君
李凤琴	王 珣	王桂华	高梦梅	周克婉	魏淑兰		

供热 62-4（原煤气 62-2）

韩玉红	祁中秀	于克敏	于天池	侯凤英	田金质	马贺武	王福隆
施家相	韩佑文	王家新	李作臣	陶世海	胡克勇	康 庄	尹万智
李葆才	孙彩斌	曲维滨	李高基	魏 影	靳守用	邱志民	纪洪盛
赵立崑							

1963 年

供热 63-1

赵月英	康树平	张忆晋	翟玉文	李俊英	齐素云	张立岩	时宝春
汪广生	王书翰	吕克翰	孙仲全	胡开基	段长祥	姜乃瑞	石常发
梁国刚	邴振君	杨春明	徐国文	陈季芳	陈永昌	胡玉功	李忠白
纪洪盛	沈喜良	韩德轩	乔国安	王宝先	崔尚臣	孙彩滨	张恩全
朱维义							

供热 63-2

李文秋	支金双	李广友	李宗纲	原金胜	王 炜	靳守用	赵希桓
赵玉清	李智荣	李 莉	孟凤兰	杨 元	曹庆丰	张青林	王 玉
苗丰顺	郝存才	刘利民	牛世勋	王俊亭	徐成富	张永清	叶金华
马家滋	房雄飞	赵安平	冯太和	迟肇林	王玉学	刘国柱	张绍明
高景泰							

1964 年

供热 64-1

| 王 志 | 张久喜 | 何莉梅 | 杨万清 | 杨秀溪 | 李灵芝 | 朱永健 | 朱翠华 |

吕福祥	王连奎	郎业丕	靳朝君	王天虎	戴文革	刘云敬	刁喜安
孙艳芳	王福春	范崇孝	曹昌根	张守发	刘 忠		

供热 64-2

杨凤成	董长山	汪镇修	周学光	马世俊	吴允兰	李景裕	王铁山
陈志洁	李锡荣	陈章云	张素延	郎 源	李春田	高 全	吕春玲
沈万槛	马增坤	吴淑珍	盛晓文	姜培源	付兴华	李宝祥	胡福庆
王玉祥	张建基	杨文斌	王锡好	张振环	于卫民	王朴实	张殿杰
刘占元	高祥国	程秀泽	盛树繁	马正刚			

1965 年

供热 65-1

于殿仁	祖 峯	王昌福	田智敏	贾 澜	孟庆林	傅芝林	栾茂贤
陶银锁	王永江	明玉海	陈宪奎	苏福才	毕成义	刘福祥	张才文
张国臣	段景和	刘奎志	李明俊	王恩华	刘中復	伊秀芬	刘秀萍
贾秀惠	王玮萱	王金凤	毕国升	蓝孝杰	慈东训	翟守成	高 玉
李俊荣							

供热 65-2

孙大石	陈素兰	高静慧	张金环	王学砚	梁秀英	李显范	范兰生
张文祥	杜俊功	张鸿翔	牛延柱	潘日山	刘贺民	王 群	高清志
刘 方	于汝安	陈国男	亢光君	张宝功	杨怀珍	张云华	冉令申
姚裕民	徐江兴	陈英杰	宫本有	张照全	张宪文	李有铭	孙玉武
刘名哲	孙广学	庞茂生					

1966—1971 年
没有招生

1972 年

供热 72-1

魏晓枫	徐凤琴	周清村	郑大成	连玉田	刘 霞	王福华	卫 巍
魏文浩	杨秀娣	周复根	崔永虎	鹿洪春	张廷玺	刘密山	赵小平
刘立成	张利民	陈雨海	曹贵权	吴尚华	彭继印	翟云友	徐英淑
苏爱珍	刘 涛	王滨辉	仲兆谋				

供热 72-2

李长源	房阁云	孙红梅	吴淑琴	徐淑芳	丁淑洁	高承玉	迟乃英
赵敬秋	崔兆兴	宋金起	黄玉和	赵 勇	沈 杰	曾文奎	彭焕文
张雅杰	权宁万	李兴华	左群英	魏鹤鸣	李德勇	尹丽芬	杨淑琴
刘世铨							

1973 年

供热 73-1

袁向黎	李 荣	李松军	刘佩华	潘庆民	刘崇礼	王素卿	姜淑珍
侯利卿	潘 军	祁春德	魏绍玉	黄阿蜜	马玲茹	杨玉梅	王福增
石贵奇	李树田	苏彦章	曲斌昇	张新华	王晓慧	史凤来	王桂芝
赵和平	王玉梅	袁志伟	黄明璋	董重成	姜国建	乔润齐	王国良
鲁永昌	隋永平	胡晓林					

供热 73-2

张新蚕	周玉芬	陈孝柏	徐建章	富丁成	孔繁荣	徐继富	王新一
金满武	徐 军	聂传学	陈保民	岳云达	王宝海	宋昌镇	李玉红
李秀荣	崔晓光	孙永革	潘文华	蔡新民	殷铁龙	周淑杰	吴瑞林
邢桂芬	李国繁	刘连斌	郑茂余	崔启刚	马顺琴	张振国	刘 和
魏家仁	朱凤华	张树权	唐 堂	乔 燕			

1974 年

供热 74

张光荣	吴晓平	潘臣远	郭庆昕	张兰英	林 慧	曹静云	金佳宾
于文成	董 富	潘大林	李俊魁	齐玉凤	张福春	时占华	范敏文
王景龙	张恒玉	孙伟薇	张 盛	霍淑兰	赵丹飞	王惠英	华景彦
冯亚军	王永利	王春清	庞宗春	邓光明	赵余秀	刘国清	高国骞
王家兴	王雅琴	王 辉	刘 杰	贾士光	王援朝	侯 瑞	赵伟民
王文娟	曾晓慧	徐火炬	姚新华	王连会	李 漫	袁凤芹	蔡雪杰
刘学志	李祖哲	侯 君	凌人滨				

1975 年

供热 75-1

宫本臣	李桂琴	徐凤英	庞长富	常树君	王宝明	任淑敏	陈其生

于 剑	杨群林	姜德章	李国林	佟志浩	包富忠	王安良	于海林
庞淑琴	杨玉林	牟秀荣	袁久奎	朴相男	刘凤武	王铁良	唐德超
邱振平	韩鹤令	申桂琴	刘 波				

供热 75-2

常绍春	张汉明	李立荣	冷友春	陈 智	钟金鹏	杨守信	朱志会
刘彩琴	邱 艳	陈宝泉	姜 东	李金祥	韩厚本	刘成彬	赵陆生
姜 宽	都兴超	杨德山	武继全	田秀荣	刘爱贤	冀国富	郑宪武
张礼明	冯 慧	孙 丽	郭志强	杨建民			

1976年

供热 76

蒋瑞滨	杨 萍	张晓艳	李长义	王晶兰	张素慧	杨 生	刘梦真
杨德彬	詹园青	袁鲁滨	刘清林	王志勇	谢志高	邢万国	吕 岗
史平生	张振海	戴吉元	韩久诚	张百忠	刘明亮	白晓溪	夏喜英
黄崇军	赵玉华	张金才	孙同安	李国柱	胡曼力	张丽娇	初国君
孙 毅	范积权	陈淑华	石永杰	李丽云	白 云	陈秀云	包绍清
冉春雨	白秋洁	姜丽华	鞠淑湘	郗长乐			

1977年

供热 77-1

鞠硕华	方修睦	赵加宁	赵海丹	万 沐	矫学真	韩清源	王曙明
徐立华	刘成刚	张德信	赵宗显	李德英	张成祥	刘湘生	吴 宏
王思平	康 慧	郭海新	李东平	张晓勇	殷 政	许明哲	薛双喜
于晓明	李 煜	刘 超	张德宇	邱玉瑞			

供热 77-2

李善斌	张德明	唐祯华	龚福华	王锡岩	杨 光	关文吉	王富国
虹 霞	吴光林	王维新	王威华	王随林	李俊明	韩谊农	邹汉伟
贾 辉	蒙 娜	谢文新	贺 伟	余 群	刘明生	王金荣	吕彭源
杜鹏飞	刘佳欣	陈 晖	武东强				

1978年

供热 78-1

| 项卫中 | 闫静萍 | 陈育伟 | 李希维 | 龙云朋 | 徐 静 | 尤 滨 | 范有臣 |

钟 洪	渠 谦	马争朝	尹其昌	余承烈	张俊生	史先进	赵宝俊
宿清志	杜 群	赵 东	付毅飞	夏燕翔	付少华	张 明	曾祥琛
孙大力	王玉翔	孙 刚	沈尔成	吴宝瑞	张慕良	李静梅	张治国
高恩世							

供热 78-2

吴怡青	蔡觉先	倪铭文	刘洪友	刘 力	谭广平	朱华华	巴 巍
吴晓红	王恒伟	何陆华	孙 军	刘 伟	杨旭东	谢 肖	李 群
陈克明	吕 桦	张福成	朱业樵	张大明	张 进	高红路	王 平
张书忱	和安清	韩洪度	周 星	高 进	李 巍	屠星驰	徐明立
刘 斌	王 钊						

燃气 78

杜兴宝	丁晓敏	韩弘波	韩 斌	韩建平	胡学毅	贾兆公	李寿官
李建勋	李福东	李海梁	李建飞	刘 杰	林 鹏	孟宪耀	宁蓉明
孙宗浩	隋元春	司马明	王运阁	王 启	王之良	严红玲	杨秀丽
于乾和	张 平	张贵明	张庆风	赵力军	朱健颖		

1979 年

供热 79

张力苗	唐金泉	陈 旸	熊 洪	李晓冬	孙向军	唐广来	杨大伟
李 季	李及成	侯 明	佟国东	温克强	王安俊	布 林	张忠超
闫志刚	刘国华	王冬光	郑建华	张春凤	徐志星	蒋冶红	周 丰
陈 泓	徐礼荣	金丽娜	白 灵	陈 丹	张 健	谢 鸣	李 刚

燃气 79

郭南平	张秀琴	王 宁	陈云玉	尹衍光	张 巍	孙昱伟	刘贺明
曹 毅	卜前程	王广柱	陈伯扬	毕 红	宋建敏	王文德	高秀玉
徐良胜	王 雪	高奉春	李守明	李殿蓬	樊金光	周传利	李革新
周中学	葛连军	刘秋水	张蔚东	王志宏	张宝金	景树森	傅爱斯
王维仁	苗绍明						

1980年

供热80

徐　青	赵树彬	李琳琳	马德顺	赵　里	胡静秋	马剑忠	于志杰
常国华	关　震	伊　勇	王晓东	廉大为	张月钢	刘胜全	王存榜
王敏江	杨小恺	邵子平	刘庆利	门启光	闫复志	李　刚	谢　鸣
段雅彬	方　堃	付　博	綦建国	石荣珺			

燃气80

李兴佳	李永威	刘　杰	程京木	白　刚	徐　超	张昕蔚	衣　甫
张宏伟	杨　军	焦文玲	周树森	常　滨	乔庆基	孙仁和	王玉明
黄凯英	李　瑛	张　绚	赵立波	韩洪建	姚志军	李　为	王国富
部敬孝	郝振东	陈令文	宋燕波	孙卜武			

1981年

供热81-1

陈　栋	孙喜山	刘锐人	郭　鸿	史殿强	金　峰	迟润哲	李丽群
杜　军	崔雅珊	陈　羽	丁艳辉	刘淑娟	任晓玲	侯志松	王　义
胡术阳	张唯毅	姜允涛	金　跃	郭启民	薛剑虹	姚　琳	俞维平
程谟勋	王　进	陶永纯					

供热81-2

宋　滨	张晓阳	邢忠和	李金玉	张秉伦	张士京	张　东	王世杰
孙大才	朱蒙生	李明柱	葛继明	李盛波	卢劲舟	李雪松	施彤滨
徐　勃	韩腾飞	张力军	张　平	李雯筠	刘　文	姚　杨	殷晓莹
秦　玲	张　红						

1982年

供热82-1

丁义滨	杨跃芝	李守恒	林　杉	邹志峰	宋士杰	张树为	王树伟
吕惠群	张佑民	赵亚伟	侯根奇	马若冰	刘　滨	李　隽	刘亚坤
秦勋冬	蔡　宁	张洪顺	李效红	张　宇	王文胜	苏　刚	李丰同
韩书生	李新付	李建奇	刘培湖	魏　玮	王　珊	徐理民	

供热82-2

| 王　松 | 叶德强 | 刘建禹 | 张恒富 | 张志刚 | 姜玉明 | 王　敏 | 赵西平 |

赵云鹏	杨伍林	罗加力	马松茗	宫照强	郭庆堂	田琼	刘平
郑开林	王丽杰	杜俊生	邹东晖	张青山	高桂英	刘希军	谷志强
张桦	刑忠和	王晓岚	乔玉晨	刘骊	肖玉民	郭皓	王锐

燃气 82

应怡	武明举	韩立平	刘伟茹	潘波	桑荣莲	王军	王焱兴
朱斌	张弘	王志祥	韩显军	赵耀宗	徐红安	陈培新	李恩山
吴静	李国红	孙静	高永和	鲍泽海	徐志乾	李华琴	刘亚士
邹涛	田贯三	靳冬青	王大伟				

1983 年

供热 83-1

孙安业	宋华赞	姜大力	高建军	杨美丽	王云东	邹瑜	李先春
戴协	王志瑜	王士利	王兰才	董洪伦	关楠	向家胜	谢世培
王海辉	董建平	宋宇	曹宝贵	李军	张凯臣	孙志涛	邹东坡
赵欣虹	房家智	任志远	王爱菊	王旭霞	赵永生	冯绍萍	牛宏伟
杨雲鹏	吕志宽						

供热 83-2

王文历	张强	宋扬	师清尧	段正锁	薛士启	李安民	王金社
冯国敏	单磊	许星	申好武	王斌	凌红	张国江	王琨
屠晓明	孙玉国	孙海涛	鲁忠义	刘丽莉	张志清	高晏飞	马云龙
魏霖	袁堂钦	崔守亮	刘永斌	徐光杰	刘占虎	李光旭	孙薇莉
刘光军	陈永志	孙永利					

燃气 83

马发才	王小川	郭欣	赵仁杰	杨家福	张艳梅	高维民	张陶
姜殿臣	马玉宏	陈洁瑜	李相基	宋朱光	周宏军	高亚楼	赵立新
宁秋实	牛玉梅	李荣志	王成辉	马元彤	张强	郑铁军	任宝生
韩雪冬	杨利国	王卫东	孔晓燕	王玉强	刘长征		

1984 年

供热 84-1

| 王志军 | 张肇荣 | 赵小全 | 赵雪蓉 | 秦文敏 | 张宗礼 | 孙淑琴 | 杨新 |
| 雷炳成 | 王华强 | 程保才 | 赵矿美 | 辛培梅 | 张强 | 王中华 | 孙立波 |

林中狮	许桂英	刘庆成	何立群	武 清	焦有芬	孙洪君	苏余昌
陈永志	陈 钧	衣美凤	马振永	董秀芳	郭仲先	蔺双锁	官景峰
律宝莹	林 利						

供热 84-2

时敏芳	王长进	王 毅	郭 明	朱 文	王 江	夏 冰	马志方
许志明	高丽华	王文晏	管连波	王彦国	姜宗淳	王丽坤	王 欣
刘 力	赵 平	蔡红生	李红霞	兰树合	袁国儒	吴全华	武瑞芬
邢 燕	李茹燕	麻天宝	赵红戈	田生国	郭立雄	刘光军	孙永利

燃气 84-1

范慧方	姚亚奇	赵生庆	王志峰	滕云龙	林 权	姜东琪	王卫琳
刘 慧	宋继生	宋吉杰	袁 赓	罗义英	李为民	李俊斌	朴贞花
王圣伟	郝德龙	张晓春	邢小旗	金 彪	王少华	李兴泉	李 伟
焦 岗	邹忠学	陈 辉	王 彬	尚 毅	陈 虹	王贵武	刘道栓

燃气 84-2

于英莲	贾雁群	王晓宇	王启昆	程 智	张 芳	王 海	孙长池
潘小非	冯 军	贺百艳	彭 涛	高亚东	邵现领	于京春	孙锦杰
孙迎春	李丹华	郑 岚	徐红琳	陶新伟	赵 华	张智勇	王永勤
甄 金	吴长征	杨长国	陈培钰	杜子君	周延华	张文君	鲁德宏

1985 年

供热 85-1

安秀云	佟志文	苏志宏	李政献	廖圣权	杨春水	李林清	赵锡瑾
孙长凤	杨德志	杨山荣	武晓梅	马锦华	乔荣明	王润光	刘国香
黄亦农	于义成	李龙民	陈海清	赵瑞峰	郝卫平	王志和	刘兆森
王 钢	郑 斌	王 伟	李 晶	禄 清	张 军	王 宏	孙 波
刘 伟	李 爽	成 殁	杜 军	崔晓波			

供热 85-2

丛山日	许文华	刘响林	袁小林	雏世荣	陈健夫	郭昌举	王东亮
贾鹏超	王长虹	余兆堂	经菊萍	侯卫东	王洪杰	陈淑兰	方建军
王洪山	刘建华	鲁凤英	潘月和	唐声川	任传波	韩建辉	谭晓东
文学军	邹雅君	宋 武	陈 东	王 慧	贾 军	刘 越	高 岩

吕　莉　　孙　婕　　张　宏　　张　巍　　张　平　　何　敏　　徐　鹏

燃气85

魏新莉　李英军　徐光波　徐德明　项　君　朱昌伟　薛　梅　李　静
杨玉玲　赵　明　韩宏伟　谭洪艳　李　勇　闫　滨　王玉梅　张绍革
宫翠峰　高　强　赵　丹　李　媛　冷　英　张延武　王宏伟　王文新
闫海鹏　张　昊　李洪晋　曹　荣　刘延智　陈　瑜　张玉梅　刘艳涛
杨泽明　张慧明　孟学思　彭　涛

1986年

供热86-1

蔡志珍　唐　蓓　李红英　肖　丽　龙　青　金　健　刘兆森　夏　群
于宏元　陶　萍　郑　力　蒋晓晖　郭　旭　唐洪涛　刘长庚　赵　毅
王　虹　王　瑶　王培玲　孙凯儿　王亚茹　刘伟君　杨冠秋　孟庆祝
薛亚红　冯　岭　黄一兵　施晓峰　章维芳　马　洪　郑东旭　徐　云
高立新　潘　军　张赵军　王庆东　李　杰　李三林　王志和　孙　波

供热86-2

杨自强　徐开宏　钦鸣宏　杨　柳　张传生　程　刚　赖东文　张　清
宋桂平　胡贵胜　王绍卿　孙　峰　吕　聪　孙　静　王理晋　吕欢田
陈燕平　赵　伟　李裕华　唐　浩　丁云飞　蔡蓉晖　宋志清　刘贞东
宣立利　梁　欣　徐　文　蔡宝军　巩　立　朱　玮　王青山　孙长胜
王　青　张　颖　刘晓勤　夏喜英　赵庆利

燃气86

魏运祥　孙　薇　王　黎　杜永宝　于立新　封　雨　李　凯　卢新义
王建钊　于　涛　张　鹏　赵劲松　张彩霞　张　放　车立新　韩东明
刘　柱　袁立冬　陈　明　王　晶　刘艳涛　杨立民　张　剑　张培东
朱　晓　傅松波　张万杰　张放民　谷　波　车　轩　张春梅　陈永红
耿新娟　金佑忠　张治江

1987年

87专科

屈伟东　金红航　高小阳　张东民　康　威　郝伟斌　陈　薇　陈明磊
黄朝辉　曲　涛　刑朝辉　薛冬霞　郭源田　文　岩　朱　辉　刘吉宏

| 崔 敏 | 孙春光 | 王 盈 | 王宇清 | 尤志纯 | 刘丹彤 | 崔新军 | 程远志 |
| 梅 钢 | 李东红 | 苏黎威 | 李月国 | 段长毅 | 苍 松 | | |

供热87-1

鄞 涛	高 进	陈重峰	王广义	钱桂林	梁卫国	杨成林	王 健
吕成刚	邹 志	郦可文	邵 红	李 颖	黄 健	胡晓微	刘晓利
姚 利	崔宇捷	刘咏梅	程 辉	时咏梅	董 爽	汪 波	关乃群
王维华	李 毅	杨庆崑	武昆平	刘岩松	黄 海	郭志海	刘国丹
赵玉凤	韩鹏姝	陆晓明	黄一兵	王 晋	陈云飞		

供热87-2

张 浩	张桂生	陈茂洽	刘建雄	张俊雄	潘 东	刁会明	刘永红
王本学	李慢忆	董 洁	刘 辉	刘慧英	高 峡	杜建红	刘 晔
刘激杨	段国栋	邢云梁	邱爱东	刘爱田	耿传英	杨 靖	宁立峰
张弘怡	袁 静	宋 宇	张 炯	周文魁	赵文哲	刘甲锟	刘永忠
王卫东	李三林	吴耀伟	刘兆森	张 薇	陈振昊	毛庆勇	

燃气87

霸广忠	夏冬昱	王新彦	王秀燕	杨富军	胥淑红	牟卫东	刘习茹
王铁军	潘利民	杨孝红	梁 瑛	余硕成	姜 滔	孙远萍	黄 彦
辛 宏	郑 重	赵 军	刘 锋	刘振雄	陈勇强	吴 江	杜建梅
吕文哲	陈 豫	杜东生	徐凤英	王建明	赵少敏	陶黎明	

1988年

供热88-1

王常海	孙 宁	王政新	颜宏林	王 瑨	殷德刚	赵宏俊	华乃元
吴红莲	方先成	孙立翃	仵 军	房 亮	齐文止	李舒亮	卢璟麟
赵 微	陈 港	张 洁	金 莹	张菁华	王志胜	吴南路	崔 云
徐长龙	陈 超	张晓航	郑 燚	李俊华	史东风	张亚秋	于静涛
朱凤兰	王 芳	张春明	李九如	江 玲			

供热88-2

张晓滨	刘姜澎	靳凤颖	王 红	王丹宁	孙玉丽	吴 红	张慧燕
丛 颖	吴丹竹	高 翔	孟广宇	汪 雷	王红朝	张 韬	张澎湃
张勇杰	张治宇	费红兵	康永虎	于 海	马 驰	韩大亮	陈 赤

张晓伟 刘国峰 朱鸿俊 林　冰 于　凯 林书宽 郭　浩 舒　艳
安　海 刘子亘 谢　岗 杨　立

燃气 88

董建军 陈长军 马剑飞 杨海威 许　波 韩菊莲 申　宏 吕国兴
董　政 王源平 赵　群 陈　巍 王智勇 谭春永 李春德 郑絮飞
尹英南 刘　言 殷启凤 周　凌 张　颖 袁惠英 钱　康 夏卫国
齐志刚 张　勇 乔士山 谷学伟 赵越超

1989 年

供热 89-1

张　晶 李　梅 张　锐 刘　薇 刘晓雨 韩慧秋 赵　勇 薛文博
高　辉 金华飞 齐政新 王选禹 王成松 吴　昊 李宪波 杨东辉
曾　浩 徐晓鹏 杨　明 曹大伟 陈昇军 杨基春 林树山 满孝新
李　桢 姜轶苏 李　岩 陈自坚 王成松

供热 89-2

闫宪春 关世海 张蔚东 李春安 王江东 王　戎 于立旸 于景萍
康凤莉 刘　京 吴学君 李景鑫 仝玉兰 刘松涛 王立新 石金锋
张仁华 裴晓梅 高永群 张　军 李　巍 吴晓虹 苗建轲 邓　松
王　宁 王朝明 王　璐 蔡代锡

供热 89-3

李　悦 盛志宇 张　辉 侯兆川 董　威 王　晔 穆　冬 许海峰
王　羽 宋玉森 祝锡强 赵　姗 陈　丹 刘中华 黄　非 董大宇
刘健玲 汤　澍 潘春松 王纡菲 黄　非 祝锡强

燃气 89

曲宪国 李旭东 于永波 杜　宇 郭小威 李　军 党卫东 刘文博
孙宏艳 吕淑华 杨志军 张　坤 辛惺惺 侯　刚 孙天罡 李庆生
王志函 冯　刚 李　波 乔　珩 申　粤 陈荣华 张天力 王玲玲
张　刚 赵学云

1990 年

供热 90-1

王生文 刘　伟 张文武 姜　峰 赵建波 周建峰 李松林 孙　强

宋业辉	张国华	李永斌	汪兆东	张金明	冯学会	魏文宇	姚 镝
戴立生	邹初元	王 亮	李宗新	吴分苗	李东姝	鲍英萍	贾敬芝
张 帆	方 彤	李战红	田冬梅	王建华	曲 涛		

供热 90-2

林豪孟	李秀军	张 威	叶 林	周恒涛	赵 伟	高铁军	赵成河
杨恩亮	魏传滨	宋 杰	李耀斌	戴会凯	徐锐锋	樊更强	周伟东
李晓峰	王兰锋	任崇益	许建抑	支卫峰	吴庆荣	王 静	王宇红
郭沈志	周旭东	孔 佳	刘 云	丁永玲	赵玉杰	李景梅	李 岚

燃气 90

王 岱	蒋 浩	于碧涌	金玉波	王丽萍	王海燕	赵云峰	邱晓峰
刘立华	陈智君	陈晓玉	胡修勇	徐伟萍	刘向阳	赵珊挥	高 勇
王许涛	赵兴涛	杨 杰	薛宏文	杨宝文	曾锦森	张 越	彭小兵
伍清晔	王 超	吕贵生	汪欣荣	高 松	王明军	王 姝	卢成刚
梁华茂							

1991 年

供热 91-1

杨万才	杨 琦	耿莉红	李弘立	陈永红	徐完红	姜常松	张 郡
王慧勇	邵桂杰	吴丽君	王砚玲	刘海男	张永浩	崔 炜	韩 刚
肖印奎	陈 飞	陈瑞兵	汤建平	王 琦	陶 健	罗 璇	周 晖
段铁民	高曙光	李湛初					

供热 91-2

栾啸民	梅雪黎	孙振宇	张年红	严新宇	陈克松	姜秉钧	孙宝芝
杨玉景	芦 岚	孟繁宇	宋 岩	裴凤玲	赵 泉	方 亮	刘得庆
王旭昭	苗永利	王茂盛	王奕然	孙德庆	敖文斌	金彩琴	林志运
张 雁	张翼鸿	陈 楠					

供热 91-3

吴银仓	李 玲	刘建纲	陈竹杰	梁 珍	姚 奇	吴 芒	万春华
张敏浩	冷媛媛	张继民	刘宇哲	唐一涛	张 冰	赵永利	陈 滨
马国彬	刘月梅	王云飞	马长江	齐少忠	王宏扬	金玮涛	王 和
徐俊峰	钟 诚						

燃气 91

张晨曦	李长江	吕雪峰	孙宇辉	陈永杰	王日林	赵长山	王晓春
周雪飞	刘雅晶	孙　锐	程贤红	钱文斌	梁海斌	崔晓杰	邓永海
胡韶琦	姚欲飞	陈　强	弓晓芬	冷春风	柳华伟	刘艳秋	陈木程
胡志杰	任林军	王志强	廖四海	陈永华	李　莉		

1992 年

供热 92-1

于晓怡	邵继民	宗里刚	戴　晟	金　旭	肖太兴	田国强	李　磊
吕　玄	李　昕	原　莹	孟彬彬	曹贵江	张雅茗	赵金玲	张冬洁
傅　强	刘瑞东	邵东升	杨文龙	孔德强	曹　昕	杨　琳	崔性泽
杨书明	马艳贤	孔　冬	郭宏林	吴志新	于卉滢	王海川	王丽媛
杨　杰	李宏图	邱里鹏	耿浩凯				

供热 92-2

孙景志	陈　曦	肖元河	杨春英	袁堂仕	马　跃	葛立武	穆　萍
朴东辉	金元国	李勇日	杨　志	孟　涛	李　岩	方小红	陈志惠
张　勃	袁志滨	王　晔	尹德全	芦振学	徐天翼	宋云柯	张瑞霞
郎岩松	郭艳芳	王晓茹	刘　宇	彭　阳	曹慧哲	张代群	洪　锋
孙丽颖	齐小玲	潘育璞	杜国蛟	杜　绯			

供热 92-3

孙　韬	宁筱川	英向东	房成祥	王　安	卢　鹏	于　彬	李勇飞
闫　萍	马　达	何　桢	那海涛	高　岩	白　山	王宇琦	隋红玲
王彦武	丁长皓	于海英	朱晓冬	吕天玲	郭鸿宇	孙成国	董　宁
赵丽莹	徐　静	韩　波	郭雪莲	林　阳	崔喜春	董晓奎	李　敏
杨国权	刘桂英	王品月	唐　嵘	李宝林	迟睿智	尹琬琼	

供热 92-4

吴铁成	韩凤毅	李国斌	顾红军	彭　刚	金洪文	于晓凯	肖益民
孙　斌	杨江红	苏德权	张蓉蓉	朱岳梅	张　炯	周俊生	毛　辉
胡小平	汤延庆	刘　刚					

燃气 92

施　婷	赵秀敏	秦　枫	张瑞红	全顺姬	唐青娥	徐　伟	郑国路

严益剑	赵明光	万　军	胡　宇	高忠敏	展长虹	王双双	刘连国
雷更生	高　钦	吴义龙	张兴民	罗振江	李铁军	袁艳平	尹旭昆
张结来	李东立	凌　云					

1993 年

93-1 专

郎立飞	赵然勃	俞英鹤	焦成刚	刘　刚	张　强	吴旭东	李雪涛
杨文钢	周启冬	田　野	王海明	刘进军	初华锋	刘爱东	马英峰
邹光波	陈　明	刘　永	李从冰	李殿会	鲁晓民	马　明	赵海英
董凡荣	许丽华	马　红	徐晨萌	夏晓兰	李　峥		

升本科：郭海玉　李生智　汪　勇

93-2 专

李朝臣	杨锡永	毕吉国	李晓明	程　亮	孙玉斌	崔信中	王家东
刘　刚	聂洪涛	冯黑南	高代远	闫洁兵	于　祥	张立学	王志军
刘文婕	孙美利	辛　丹	原　辉	王　静	冯　睿	李　嘉	田　野
杨　铭	王川武	韩　烽	许树东	张益壮			

升本科：宋西忠　杨春刚　肖海峰　齐浩然　陈鸿鹰

供热 93-1

魏志民	吴嘉慧	王国银	张　光	杨向劲	唐明杰	王晓文	李　纪
王宇峰	李本强	李　芳	杨　旭	迟　翔	熊惠锋	刘占盛	艾尔丹
王晓霞	全德海	李晓鹏	姜益强	连九勇	张艳芝	吴秀军	范秋涛
王秋多	王海军	秦　柏	才　浩	卢　青	王鲁泓	许　刚	李生智
汪　勇	宋西忠	杨春刚	肖海峰	郭海玉	周励强		

供热 93-2

陈世东	聂国良	施　军	张　宇	金明玉	雒红军	宫　健	杨　帆
唐　虎	张　蓉	滕　煊	张　彪	王　达	白文辉	盛伟东	瞿文辉
李雪松	崔向玲	荣秀春	陈端旭	贾明岩	鲍　琦	孟繁伟	龚春年
白芝兰	徐　胤	王冠威	栾晓木	金　毅	项世海	陈志佳	文　军
陈鸿鹰	齐浩然	刘　萍	刘赞辉				

燃气 93

钟德鑫	罗冬林	吕海涛	杨红波	陈寿安	张　伟	陈　宁	劳学竞

车德臣	徐金龙	刘晓刚	俞　辉	陈理治	黄诗标	邱卓煜	李贤才
张泰强	陈月莲	孔令珣	周长胜	高　鹤	张锡明	王东明	刘志强
董晟栋	邹晓虎	曲保成					

1994 年

供热 94-1

程　华	崔　红	丁洪涛	傅　艺	高　颖	高　源	韩　锋	孔凡中
李　罡	李　谦	梁秋妹	林岐山	刘东明	刘　俊	吕华军	曲韶辉
宋　扬	王　琳	吴盛山	谢宝刚	徐　刚	徐清佚	许思琪	许勇智
张飞龙	张　智	钟香玲	祝远祥				

供热 94-2

姚秉江	周祖东	李子军	赵学峰	杨　森	张立群	闫志恒	刘广安
赖洪庆	赵树成	邱旭东	章红武	张　鹏	宋晓飞	刘春雨	王　成
王伟峰	丛海滋	赵　阳	高丽华	张　敏	李　晔	李　林	李　蕤
赵丽娜	李　静	许耕昕					

供热 94-3

安振云	白哲伟	窦　鹏	傅　斌	姬海涛	金友发	蒋　铮	胡新果
郝润卿	黄建光	宫成钢	刘丽波	刘　生	刘运新	李英杰	李洪莉
马晓斌	南志伟	祁尔莉	薛秀哲	徐伟春	印卫军	岳峻岷	闫明琦
曾汉群	朱华敏	张耀荣					

供热 94-4

杨春生	张　强	王世丹	张　伟	黄元文	张志勇	窦希云	宋　鑫
周利君	王　剑	孙海光	肖生华	楼胜芳	陈伟娇	林晓莉	李　正
王　毅	王　加	刘翠琴	周巧航	潘晖庭	朱　淼	王　汹	于　广
张新宇	郑志成	刘砚臣					

燃气 94

刘　斌	王　睿	朱晓军	邢翠萍	黄朝霞	雒艳丛	卞晓冬	贺登峰
钟　涛	杨好昕	佘海涛	李　雪	于仕山	王　政	何承明	平益波
吕　岩	周　新	王兵峰	朱勇矩	周　璟	汪云梅	刘永宁	扶治立
孙少堂	王庆刚	田英帅	方玉成	杨新权	陈爱贞		

1995 年

供热 95-1

黄大汉	蔡建林	张宇翔	王毛旦	邹煜良	安丽娟	刘洋	冯小菲
杨帅	刘宇	卢青彪	王丰	乔云铭	冷冬	宋小涵	温笑寒
赵亚新	赵东	黄治国	龚小兵	胡晶薇	孙瑞国	初再勇	任民
杨金生	贾春霞	陈剑锷	陈松健	邹明亮			

供热 95-2

高波	姚春生	曲世琳	葛茹倩	宋叶茂	王森	周格	崔彦枫
陈柏君	赵喜锋	姚晶波	刘广晨	李大军	张成国	曲丽萍	吕君
汪文东	颜高峰	管厚林	李昊	曾涛	孙杰	李国东	
徐飞	林朝星	赵石东	孙峙峰				

供热 95-3

王立军	张军	邓婧	张弘	董永芳	魏春明	庞静	吴全
吴芙蓉	白天	王秀明	李晏虎	刘进宝	乔梁	姜晓春	周长明
于丽	余延顺	吴荣华	王洪智	徐细兵	靳琼	鲍振忠	李书山
刘喜才	孙宗宇	张锐	孙国锐	张鹏			

供热 95-4

贺永平	韩菁	吴学慧	张晓燕	李志清	逄秀峰	王刚	陈申迅
金丽花	马迪	张学刚	李晓东	田刚	罗东奎	程志刚	张昊
刘海军	宋舰	张宇明	赵桂双	王兴国	修鹏利	赵永志	龙军
朴魏栋	邹慧明	叶国林	宫秀武	崔光远			

燃气 95

黄俭	田正云	邱彩梅	林永春	贺秀武	张贤中	张海鹏	王文新
刘庆宇	廖庆先	王烜	阮伟	梁吉群	姚金艳	孙佐	钟大亮
王长新	黄俊	陈肖阳	闫晓飞	王言果	尤国永	佘海涛	辜铿

1996 年

供热 96-1

罗飞	张欣	郭瑾	赖文彬	李云龙	郭占军	陈广峰	冯爱荣
周靖宇	潘春明	王伟	唐晓健	刘爱国	刘悟训	于晴	孙福全
蒋丰彪	高虹	伍勇	王宏岩	刘波	金芳	杨成林	苑翔

孙绍蕾　　力乙轩　　任永科　　田三强　　刘宏鹏

供热 96-2

王佳圣　　朱　筠　　鲁先胜　　亓云鹏　　黄　聪　　王金玲　　刘奇伟　　于海英
宋玉宝　　张红杰　　吕　加　　李维凯　　贾　岩　　周睿超　　赵　清　　甄月英
孙文杰　　王宜青　　牟剑秋　　姜　宁　　吴雪莹　　廖泽剑　　李小朋　　谢丽芳
洪治国　　王立山　　韩天阳　　金学善　　李凌远

供热 96-3

吴春华　　陈　岗　　白海龙　　高刚军　　韩伟林　　洪　毅　　黄丽君　　黄柳汀
金红波　　李思成　　林　静　　刘　洋　　刘小青　　刘湘云　　刘登龙　　孙　宁
孙家军　　唐符皓　　王景生　　魏彦辉　　徐春荣　　徐志英　　杨啸寒　　张华杉
张谢辉　　张智广　　周志刚　　周　浩　　朱志军　　赵国利

供热 96-4

刘昕莹　　张兴艳　　彭玉翠　　尹　航　　吴　芳　　顾　燕　　刘　芬　　曾　莉
隋　闯　　宋振坤　　陈　辉　　李爱国　　王占权　　刘成林　　刘忠航　　喻银平
余冠群　　王逾昔　　黄常军　　杨　华　　候明刚　　李冬生　　王雪冬　　关英泽
范　强　　马良栋　　后洪林　　罗立夫　　李丰丰　　王　萌

供热 96-5

聂俊珑　　杜友斐　　王景辉　　黄　明　　乔　欣　　崔彦涛　　王志刚　　李　晶
张昕宇　　康新潮　　姜　涛　　刘晓东　　陈志峰　　刘　军　　陈　夺　　戴　旭
屈贵志　　高志勇　　陈志斌　　王海龙　　高　军　　宋　岩　　张淑红　　季喜廷
严　莹　　苗艳姝　　张　敏　　吴年凤　　李玉洁　　王红艳

1997 年

供热 97-1

陈　杰　　叶志兴　　王丽娜　　桑国安　　周军岭　　刘纯杰　　孙　刚　　王　强
姜　岩　　王欣蔚　　刘立友　　李玉梅　　王　铁　　王立梅　　王庆祝　　龙　涛
杨景丽　　林德荣　　熊　刚　　刘志江　　姜　锐　　高东欣　　白首跃　　李　融
李雅军　　臧广宇　　张冬至　　王　丹　　林肖庚

供热 97-2

李世堂　　邓振昌　　梁雪梅　　沈　峰　　刘满增　　宋　阳　　冯　健　　张建海
张广军　　朱宝成　　李　丽　　陆晓红　　韩　威　　华桂藩　　高　鸽　　杨　光

| 王洋 | 王飞 | 曹琳 | 杨金华 | 吴汉 | 封家平 | 江辉民 | 吕鹏 |
| 刘宇 | 李忠建 | 张子阳 | 刘宛佑 | | | | |

供热 97-3

罗东华	李学兵	戴珩	卢宝国	杨明忠	王森	冷冰	李岩
林文明	路广英	郝富荣	赵庭敏	陆广博	田海	蔡端阳	邱瑞
臧洪泉	夏大鹏	焦文龙	刘亮	陈树斌	袁赛	井玲	张志强
王国梁	周舒晗	蔡凌云					

供热 97-4

王保利	彭本锋	邵青	李大为	何丽霞	张玉	于正芬	董昕
杨嚣嵩	李景帅	王强	廖雪江	陈文杰	刘恺	邓忠义	李勇
王振威	孙光明	金智华	王家兵	陈锡曾	毕武剑	刘筱屏	王春丽
苏景楠	陈炜						

供热 97-5

赵枫	王松	蒋永明	章春艳	王宇	顾灵伟	焦镭	陈鑫
王文才	陈凯	赵昕	石广星	叶冬梅	焦海涛	赵正茂	张英杰
周岩彪	金俊飞	荣莉	姜然	杜金勋	张季娜	邢国斌	蔡小兵
辛建宁	张岑						

1998 年

供热 98-1

袁永新	花志新	徐立志	白冰	蔡日丹	张志杨	刘涛	刘丽波
沈锋强	张连彬	王建宝	张喆	李辛	李忠田	孙浩	姚阳
王小学	赵水根	王科	王文安	张平	张一丁	王晓秋	哈米诺
栗樾	伊大海	周贵斌	徐艳霞	郭辉	刘志铭	张庆焘	林云光
丛日明							

供热 98-2

郑忠海	姜春鹏	张志勇	关超	于楠	陈玉红	马宏伟	刘哲
魏广艳	刘慧敏	盖海飞	任成燚	江连昌	姜肇锋	王春霞	孙安娜
林涛	郭丽岩	张淑彦	张成喜	茹晓民	闫超	胡立蛟	高子荣
于光炤	徐建刚	刘鹏飞	夏国强	毛春生	方强	郭刚	刘俊峰

供热98-3

赵奇峰	杨文刚	李 杰	王宏伟	侯明久	张 威	衣丰昌	徐国利
李洪军	董忠国	滕 龙	郭卫国	陈 海	郑雪晶	杨银环	查玉杰
栾冬梅	刘晓丽	王 珂	梁娟娟	何 峰	刘 洋	汤 泽	乔 明
李正伟	王占峰	杨成佳	王 浩	孙 盛	朱笑言	马传忠	

供热98-4

赵玺灵	苑玲玲	刘浩宇	李晓巍	张明玉	唐兆伟	刘培源	李 祥
张 宇	高 鹏	温婉如	姜国瑞	陈 歌	丁大勇	贺世权	曹国庆
郭 宋	庄志强	赵 静	战 勇	王春磊	韩庆奎	柳 靖	王轶尧
石云霞	刘 军	田晓民	马 力	刘世平	孙 博	王康成	许传军
殷占民							

供热98-5

姜 旭	张靖友	李士新	刘 杨	倪 龙	郑树刚	田宝石	孙亚锋
吴 跃	张存森	冯玉刚	唐刚山	刘 岩	王伟刚	彭 佳	解文辉
李德贤	王 磊	李延峰	宋学蔚	杨铁铮	黄 坤	回海波	孙时亮
陈震宇	梁 岩	荆俊杰	任晓东	刘旭冬	耿 蕾		

供热98-6

傅兴仁	张 荧	赵 涛	吕观龙	李 冰	廉孝齐	刘莉娜	苏 刚
石海洋	彭 志	仲 华	赫荣欣	林毅峰	代玉金	杨海华	代文峰
汤丽波	马金利	魏世雄	马晓芸	杨 光	徐 杨	钱剑峰	夏 麟
雷 勇	鲍 妍	高 健	姜建军	蒋玉锋	李又新	胡林鹏	唐林峰

1999年

供热99-1

伊圆圆	修 超	任 旭	白红娟	陈 岩	潘瑞岩	赵 静	李巨应
张 乐	孙天慧	冉广清	杜 科	王 玲	秦 雪	张 骋	王 鹏
罗志文	孟繁波	郝春雷	邓长宇	谷万盛	王 莹	孙 宁	李 忠
同 斐	苏志刚	徐宏光	张连嘉	陈鹏飞	田刚虎	赵德飞	孙 超
黄志敏	董 菲						

供热99-2

| 邹 宇 | 范永辉 | 李 阳 | 蔡存占 | 李 松 | 王云飞 | 崔海龙 | 吴丰君 |

何　峰	杨承将	李　岩	王振京	刘　亮	黄　平	张　晓	董焱城
王　嘉	刘　洋	潘海吉	袁茂平	张瑞芳	何耀辉	贾永乐	宁可为
白旭东	滕大志	王曙光	陈永强	李雅铃	沈竞男	丁颖慧	高　博

供热 99-3

李立冬	高俐敏	孙　爽	李久青	李瑞芳	汪　萍	吴　菲	张　莹
刘海成	王昊凡	章　瑶	杨家明	修　宇	刘佳音	刘鹏飞	王　遥
吴海峰	金哲秀	陈　刚	李峥言	王　斌	刘广明	毕卫平	候盛年
林海亚	钟晓辉	李建华	刘　勇	王志军	刘方亮	张　冬	

供热 99-4

杨海滨	李　静	刘　威	张承虎	韩宗伟	孔凡红	孙建丰	齐　琦
孙慰梦	梁丽敏	梁鹤哲	李　明	杨灵艳	浦华勇	姚　伟	全雪梅
孙继洋	赵天怡	李兴国	魏云霞	王立成	刘朋光	谢灵君	杨宝军
陈　佳	周　权	邓　欣	高　伟	王守峰	黄丽萍	张　璋	荀志国
陈永攀	王　飞	王海男	石　光				

供热 99-5

竺景芳	钱　薇	廖荣华	刘学伟	薛贵钰	孙玉辉	门　伟	谭咏薇
张秀梅	刘　勇	施永富	邬益峰	陈卓伦	陈益明	岳国庆	刘海超
季长华	张铁杠	郭希望	孙根河	王　菲	吴文超	彭永森	张　黎
齐冬梅	郑桂友	王俊和	杨运才	周子文	田英丽	王小强	明钟魁
王　刚							

供热 99-6

范萍萍	吴俊杰	邢红鹏	魏　罡	饶　伟	周　春	柳　松	王乐莲
张　龙	王　健	张　淼	杨　勇	蔡华伯	李　鑫	张宇艳	关永立
孟宪峤	李　亮	李　霞	李魁山	刘　洋	潘　雪	赵　翔	王　淼
哈长鞠	沙立军	刘国华	高显鹏	王学龙	周雪冬	刘　刚	

供热 99-7

解红梅	王利成	钱　涛	黄元涛	庄　英	马继平	张时聪	段晨亮
徐坤明	张　伟	初雁秋	陈　涛	殷志舜	郑昌权	王杨洋	高　峰
吴　伟	崔晓菲	王　雪	张　超	张雅琴	李雁冰	张殿金	庄伟波
金宝峰	杨　丁	哈龑琼	张洪雁	于　明	姜　宇		

供热99-8

林秀萍	李 进	徐潇潇	孙宏伟	康 健	李持佳	徐 伟	王 欢
雷翠红	白秀利	孔江红	杨 帆	闫 俊	张宏宝	谭薇薇	赵志庆
张洪海	康智强	金铁龙	王 冉	张守峰	韩晓阳	李 洋	崔东柏
杜明明	王树鹏	金 彦	于海军	周立嘉	杜 仲	刘 迪	李 媛
赵原伟							

2000年

00-1

李义桥	冯 昊	贾 博	陈浩波	奚伟光	韩艳平	张闻斯	周 磊
张 月	李运华	李 斌	梁 超	袁 琦	于 爽	关 静	赵善围
魏蓓莉	田永铮	任晓伟	明 婧	陈 哲	侯晓林	郭六恒	师 婧
张 宁	杨 涛	丁有虎	刘兰斌	洪 涛	邵 瑾	王 樱	谢 丹
杨昕述							

00-2

任 源	李 静	孙 静	张宏宇	程慧敏	彭 楠	刘丽丽	杨 芳
魏 燕	唐徐勇	闫立成	高同乐	魏东辉	迟继元	周永峰	陈军华
陈 林	杨晓利	赵 刚	赵振波	王 明	马新发	胡 北	姜修涛
边光星	王 栋	郑晓东	刘欣欣	程洪峰	胡海涛	赵传江	顾文涛
刘 静							

00-3

魏景姝	邢 兰	刘 颖	魏行行	董学佳	李晓梅	戴向丽	孔琳琳
丛雪松	段铁成	于 磊	王铁军	仲 玮	钟志德	刘雪冰	陈 刚
杨俊峰	马宏宇	朴焕文	闫继成	陈冬冬	黄阿宝	李 军	梁雨晟
王凯龙	谢康山	张大威	周靖航	邹杨波	丁庆欣	公 伟	宋学浩
张书堂							

00-4

任海龙	陈晓莺	曾金海	顾晓光	王 旭	李 燕	徐 莹	叶喜波
韩 利	赵 莹	李林林	代华靖	张 姣	杨海岳	李 群	王柏秋
宋桂平	赵原林	李述伟	任 芳	武 博	许长城	董 雷	苑成文
田海清	裴 硕	孙 隆	吴 滨	杨义超	王中华	杨红辉	金正日

初振国

00-5

安玉翠	巩晓锋	刘杨	汪兴	王磊	王振华	曹茹	鞠睿
曹立勋	单红星	张琴	李国玮	王冬梅	霍秀芝	孟范利	宇永香
康国青	邢志超	李洪洋	史丽萍	张永飞	范晓楠	刘永锋	厉小勤
付少锋	薛永鸿	王君杰	刘辉	刘文杰	郭先东	张慧	胡毅斐
王汇昌	孙鹏						

00-6

董晓磊	韩冰	荆慧	刘丽娜	刘昕昕	马爽	孟琳	秦静
徐楠	曾光	张欢	崔毅	鲁绪三	潘晓	王彦刚	徐士博
杨斌	张建宇	张一浅	曹雷	裴学颖	任传宇	魏宗林	杨芮峰
曾庆磊	朱丹	朱可成	王建飞	郭强	秦文	隋亮亮	王珑璋
王英瑞	徐少毅	张洪耀	赵继越				

2001年

01-1

杨春朋	阮明蕊	孙志刚	张军	李佩铭	焦阳	高志宏	蒲敏仪
申春镐	齐月华	李学波	李志刚	刘国威	孙钟阳	裴智超	王宇航
杜新珠	李鑫	刘永鑫	马志先	樊德玺	赵磊	黄欣鹏	步海洋
刘开邺	林志星	赖家俊	郭传华	张健涛	刘朔	柯尊友	黄磊
苏红乡	石涛	辛明西					

01-2

孙立红	王凯	鹿巍	付志鹏	赵麒	杨铭	赵忠良	伍焕洁
赵栋	吕喜柱	逄文秀	金权	何娟	周宏峰	王琛	卢玉安
由晓迪	赵潇君	翟羽亮	王连波	凌人凤	丁子虎	冯伟	陈钧
张海竹	何燕平	杨政	王清树	姚攀攀	吴用	吴青	廉平
杨俊	寇伟						

01-3

王婷	吕超	田秀华	汪艳伟	王奇	谭亮	李永洪	孙照燕
叶碧锋	孙婷婷	白景辉	尹海文	黄挺	易伶俐	袁飞	邢岩
王昕	王博	朱秀波	蒋崴	信书圆	付卫波	董治宇	赵志航

| 杨帆(男) | 杨 光 | 王珏琨 | 余建国 | 杨帆(女) | 吴利强 | 吴 麟 | 王 预 |
| 张彦龙 | 刘兴发 | | | | | | |

01-4

王振宇	李 恒	于 鑫	王海涛	李春莹	李遂乐	张静茹	张 亮
胡音音	金 蓉	李 嘉	朱晓姣	赫崇辉	李翠敏	栾继超	刘志华
程 明	李磊祚	何 超	覃如旺	田向宁	章萧珊	李跃群	胡 燚
孙 振	刘国栋	郑振华	谌伟林	曹 坤	郑 熹	姚 晴	安 辉
武化宇	黄文涛	叶科杰					

2002年

02-1

刘璐璐	李 锋	张 慧	胡玉鹏	胡盼盼	李东厚	孙元超	孙鸿博
杨莎白	刘甲第	李 迪	嵇永飞	王 辉	李新杰	程 伟	杨长明
孔祥兵	陈文科	赵 阳	王旭强	张 吉	黄嘉骅	舒 勇	麦东道
周 帆	莫 斌	沈德安	陈 铖	杨 飞	雷宏亮	马艳龙	贠朝旭

02-2

张福臣	魏 佳	邢志博	刘文廷	殷红亮	李克志	武文涛	李嘉音
汤 爽	甘 露	杨志勇	徐迪生	高 磊	顾冬明	孙 坚	刘飞鹏
黄魁清	张文武	蔡伟华	董建锴	赵 刚	王 震	邓小池	李光灿
李 翔	谢翠华	杨有明	罗春雷	巩忠领	陈之俊	胡斌喜	李富强

02-3

周 玥	赵志丹	冷志鹏	牛晓元	蒙建东	孙 璐	徐建斌	陈雅莉
刘 磊	刘 研	孙广卓	陈 禹	李志统	杨希旺	徐 珂	黄尧锟
廖友才	王当瑞	周仁喜	汤平传	许志飞	朱红军	刘芳毅	肖剑春
翁运飞	周勤进	梁 继	王廷松	艾朋利	党永伟	王北明	廖乐阳

2003年

03-1

王 毅	李 娟	李百利	肖光华	王智慧	邵春廷	何 实	高 龙
曹 雷	郑海龙	张 科	田高磊	戴永亮	陈田山	王程平	杨宜川
赵建华	喇丽萍	王传明	王 寅	杜 程	吴斋烨	杨恩泽	王贵强
陈爱露	沈 鑫	王孟春					

03-2

押淑芳	郝　昕	刘　强	郭　升	程　鹏	李　宁	井富有	张海林
张伟山	温　岩	高　涛	陈　波	经富民	唐青松	杨庆睿	赵　耀
韩佳宝	杨志勇						

03-3

孙竞飞	李　雷	段富国	李晓峰	刘运雷	吴远端	程喜兵	赵朋飞
宋存智	赵永强	熊小武	阿米尔·买买提	才　晏	郑瑞芸	唐海侠
刘　磊							

2004 年

04-1

陈宏岩	杨士超	曹运韬	季明星	李德玉	英刘杰	席晓振	徐俊杰
张鸿波	王苹苹	尚祖一	孙德宇	席晓峰	刘晓亮	任　博	胡玉鹏
吴　顿	盖立勇	窦文娟	齐静静	李德玉	孙　恒	李　亮	刘鹏宇
吴善昶	吴克会	王云龙	付泽强	张高峰	冯昭文	丁　毅	

04-2

王陆廷	李　鹏	郭荣海	王洪利	彭　亮	吴小冬	林艳艳	单　滨
席永刚	方　宏	周　群	王国明	石春辉	赵昊阳	孙雨林	黄灿灿
唐勇辉	周有晖	周彦伯	骆军刚	史乐天	苗　实	吉云飞	唐　杰
郑　锐	马　梁	薛广庆	丁维勇	王　杨	孙雨林	母志勇	王　锐
龙　琳							

04-3

邰义军	张添翼	史晓宁	陈　凯	杨　帆	张犹故	张　磊	赵世扬
包晓慧	王会鹏	钱少杰	刘　超	王迪迪	黄　凯	王　新	胡　婧
段光玺	陈　君	郝建良	杨　磊	闫　俊	谭海阳	陈　娜	张晓晨
郁宇杰	张岩峰	林文均	邱正明	申健平	梁　栋	杨金伟	

2005 年

05-1

李聪聪	张元凯	魏祝巍	齐春军	史世坤	周肃亮	昝周良	石小薇
连　旭	闫　凌	包宁宁	谭　鹏	杨　楠	王嘉杰	曹春明	戎小寅
林春光	喻　宇	赵立发	闵旭伟	钟兆鸿	任永健	王　文	毛俊俊

刘冬枝　阿里木江·库尔班江　杨　剑

05-2

田维治	张乃方	岳　超	王　磊	娄　伟	唐　岩	孙　琼	孙　彪
谢艺强	严福城	曹姗姗	韩瑞端	王　丕	张智斌	单鲁文	邓文才
谢安明	林升柏	张明伦	彭明末	李　尹	吴　彬	于　洋	王亚文
曾矾辉							

05-3

常保辉	白柯江	赵　宇	丛　乐	付　玉	刘　政	邢　程	杨　勇
傅　娟	姚新玲	张甜甜	冯卫东	王阳生	曾飞雄	陈质毅	吴林和
黄　锐	庞　涛	马金星	宋晓程	郭　翔	张雪丹	崔　晓	刘孝林
赵元良	段应松						

2006年

06-1

李　鹏	马　帅	王金飞	刘　磊	张　曦	裴　蕊	李　萌	王　锐
郝俪娟	魏　强	吴洁清	魏亦强	程瑞希	徐振凌	陈　超	孙　硕
曲德虎	王　荣	王亚伟	苏　醒	王　平	赵金燕	朱　鑫	

06-2

李辰光	张文杰	林　鑫	宁　渤	刘　成	李芳芳	李子锋	严柳生
何龙承	唐　丽	李云翔	刘　龙	安建胜	尹生来	薛　晨	赵慧鹏
陈彦龙	史有刚	关学强	刘　廷	邱建文			

06-3

郭　强	王冬冬	付慧影	杨　光	郝寅龙	孙明阳	杜洪全	赖达祢
刘文宾	蒋志祥	杨笑寒	杨　杰	黄泽龙	尔驰玛	景德平	何亚男
赵凌云	罗兴猴	黎　鹏	于易平	吴若勋	高　楠	卡哈尔曼·伊力哈木	
李　杉	郝　青						

2007年

07-1

赵建飞	张伟龙	崔　鑫	赵金艳	王　平	朱　鑫	樊雪峰	姚泽江
周志波	苏道林	李欢欢	张辰公	马鑫龙	金华国	杨　阳	缪仲文
张　科	童为政	李少艮	唐思南	吴毅学	左　川	李　平	马世云

梁显鹏	罗家杰	图尔迪·艾海提	买尔哈巴·阿不都克然木	麦尔哈巴·艾尔肯		

07-2

葛状	刘小林	朱凯	陈蕃榕	杜清婷	曾寒	王俊	罗建楠
高嘉明	李杰	何文健	邓承志	徐欣	任生雄	涂鹤馨	徐世虎
屈戈	方轩	张萧忆	冶永福	李幸春夏	艾依萨江·亚森	李伟
刘婷婷	崔秋实						

07-3

王硕林	徐琛	张春亮	唐明宇	王军	陈石	张少华	韩旭
吴福平	孔祥宁	李沁波	黄烈旭	肖庆合	王波	谢开创	杨紫维
税亚欧	方明露	许海荣	张华明	杨明全	杨林山	张月庆	孟娜

2008年

08-1

高克文	朱旭	李树明	高文龙	徐文博	李英奇	丁瓅	武广
胡剑	万斯睿	徐超	莫秋龙	吴锦汉	莫煜均	陈锐	杨小湖
韦纯红	普正林	王凯	雷志雄	刘清	李鹏圣	戴佳琦	雷博
木合塔尔·热马占							

08-2

张平	富昌健	奚望	周核名	王琰	杨荣毅	巨鹏飞	骆浩然
张鹏程	邹志勇	林峰	吴德成	周阳	伊卜拉伊木·阿卜拉	沈天贵
李昭	王晶晶	刘玉洋	杨美林	田浩	康诚祖	陈磊	宣杨

08-3

贺子恩	包斯琴图	王昊	曹智翔	刘鑫	刁福星	崔磊	王龙强
林凌翔	方浩	张志兴	郭泓杉	覃露才	陈明炀	王治平	陈宇栋
卜新鹏	张龙	木斯塔帕·买买提	武磊	冯武龙	伸浩通		

2009年

09-1

郑文科	朝波	张浩	张朝阳	周宇杭	王文静	王阄韬	朱添奇
李欣宇	范丽佳	林美顺	李志高	陈磊	陶建新	高峰	吕中一
张海军	潘伟红	曾令杰	陈祖东	陈永超	孔蔚慈	陈光	苗磊
艾力江·艾拉							

09-2

米巫撒	黄　冠	杨茂嵩	尹晓彤	严艳秋	牛志杰	付天骏	张　巍
秦　旭	涂世杰	周　峰	贺　杰	张娅妮	李　鑫	李亚军	薛立言
周天承	塔　娜	苏冬冬	邱卓莹	文灿辉			

09-3

李　芳	唐加力克·赛坎	马　攀	周登科	邵博函	刘　琳	王　越
朱　凯	王奕聪	王兆同	吴剑平	殷海参	郑　聪	寇　非	饶峻荃
刘鑫民	顾俊伟						

09-4

黄　冠	马玉婷	高勇帅	唐胜楠	冯　磊	杨琛敏	李佳楠	李　越
孙　涛	赵兴茂	王文进	比扎提·海拉提	林　波	李　澜	刘　翔
郎　朗	葛康宁	王秋冬	王年华	贺　晓	何国良	刘耀威	孙　上

2010 年

10-1

郑裕东	阿哈提·买买提	邓佳丽	曹加鑫	杨　煜	张　滨	李丰志
史路阳	于克成	辛　强	王雪梅	汪　磊	徐秋雨	张　扬	王海明
林己又	张金冬	祁杰旺	王佳民	陈维颖	郑皓宇	张　蕾	张　卓
余雪婷	巨　烈	李泊然	王浩宇	朱　悦	季红蔚		

10-2

高　增	仇丽娉	陈鹏飞	朱宏耀	任　燕	侯旭光	肖　晔	赵秉南
孙树欣	李国磊	陈崇一	周　策	王　志	刘云翰	芦　欣	王舜尧
刘尉尉	徐天昊	陈　强	阿恩沙尔·艾米热艾力	任　坤	李　昂	何　峰
余春林	孙纪康	魏　琰	暑娃克·吐尔逊艾力				

10-3

苏日提	李振远	王嘉贤	刘鑫喆	牛超群	张　宇	蔡　强	李　慧
宁　博	胡　胜	许乃之	邓洪学	谈诗佳	戴怡峰	吉玉辰	郑进福
张　哲	刘明哲	姜程山	张亚飞	刘红宾	闫发聪	王　洲	顾林强
秦楚林							

2011 年

11-1

李 越	金 冬	赵 普	童佳玮	翟云鹏	吕成文	高 琳	史红阳
刘俊迪	任玉莲	王玉书	努尔伊力·阿布都热孜		马 烨	蒋彦浩	许健明
熊 亨	陆曦晨	刘名鹏	谭 旭	黄 涛	鲍星运	曹 勐	郭冰茹
杜 浩	卢昱岑	玛娜提·马吾列提汗		王诗月	鄂雪娇	林徐东	

11-2

阿迪力·阿不力米提		陈赟然	傅 艳	黄 斌	曹 建	吴逸杰	刘黔奇
王 鑫	崔奇杰	李思璐	李可望	刘 羽	崔存鑫	张冠宇	薛普宁
周 添	高 放	潘 进	任报国	郑 乔	秦 昊		

11-3

杨 浩	木扎帕尔·木塔力甫	陈运起	米培源	张康顺	杨立辉	赵明达
史翰超	陈 潜	宫沛东	石晓萌	王宣博	鲍 洋	梅逸之	刘 博
磨柳洁	方 杰	何艺泽	余仕交	林圣剑	冒 凡		

2012 年

12-1

何 苗	梁晓昕	徐梦洋	田兴浩	陈之华	范晓宙	籍舒然	刘天杰
孙苏雨婷	路佳音	李 俊	傅旭辉	张 军	刘宇圣	孙 威	陈浩文
林仲祺	张秋萄	石吉红	段开国				

12-2

李升臻	李昕蒙	连仕康	姜大吉	杜鸿志	张济辞	王宇鹏	贺蓉蓉
刘 雨	景毓秀	李智锐	李兆东	马国强	费 强	颜芷辰	林亚娜
许群星							

12-3

杨文娟	刘 明	徐小羽	王琳琪	刘珈毓	王 涛	刘思琦	杨 枫
曲子奇	杨墨铭	包克宇	余志义	郭 飞	王 斌	曾令鹏	王 好
安 琛	白依茹	卢东昱	巴特乔乐				

2013 年

13-1

张亚捷	帕丽扎·卡德尔别克	魏继宏	高嘉豪	牛冬茵	宁芮廷	陈铁强

徐秋阳	林泽日	周 爽	窦震宇	石京平	蔡依明	李莹莉	李 雪
艾 涛	龙承宇	刘育毓	孙新伟	卢彦羽	杨建成	卢成志	安婧仪
鞠 辰							

13-2

张莹月	雷 明	马贵强	张学瑞	张 顺	刘媛媛	赵艳红	于晓龙
朱 悦	马钰娇	耿祥哲	崔天阳	张玲娜	郭吉伟	孙 嘉	张 琨
方佳民	沈子超	贺润洲	彭若与	秦培宇	陈文豪	黄柏翰	柯 颖
段骁健							

13-3

谢婉馨	冷东雪	肖晶怡	郝凯睿	赵晓欢	赵文萱	李树一	刘长号
张轩睿	于建宇	白华斯	张 哲	鞠雨晨	马连裕	王羽珊	赵晓晴
李 健	章超波	韩何甯艺	莫小霆	钟谢华	叶 豪	周 洲	龙俊宇
依勒哈尔·吐孜木							

2014年

14-1

廖焱捷	依利多斯	马翼飞	于启明	迪丽妮尕尔·帕尔哈提		何金凝
于 双	虞丽丹	徐 蘅	姜丽泉	陈令钦	王述炜	陈晓龙	张舜志
李繁江	罗粟仁	易德混	徐云艳	李勇华	郭家豪	李哲远	

14-2

陈胜蓝	巴音苏	袁 泉	张 琪	董奕辰	乔靖凯	贾初杭	张馨芳
杨晨磊	沈 杰	袁 云	赵子龙	邢洋洋	艾成成	汤振博	文作炜
唐 娟	钟 衡	冯 杰	吴加宗	魏佳森	李龙常		

14-3

关宏姝	张冰峰	任 杰	赵锡媛	张 昕	苑星国	刘凯月	田芷齐
秦存一	马晨钰	吴俊儒	孙雅晴	张鹏飞	韩东亮	向子豪	王 强
马 昊	李运哲	符大剑	杨煜洁	罗 萍	施博仁	马俊飞	马聿希

2015年

15-1

| 邓 奥 | 韦 犇 | 张 囡 | 何志博 | 林 涛 | 张英博 | 庄 鸿 | 赵 策 |
| 张馨予 | 夏 磊 | 张宇欣 | 谌薛蛟 | 董冠显 | 张 盈 | 马恒源 | 徐 晨 |

夏云飞　　林仁祺　　迪力牙·帕尔合提

15-2

韦炽亮	靳笑宇	王琛琛	上官泽群	张杨杰	陈珊珊	李沫函	梁志伟
陆威俊	赵一波	魏世娟	刘甲	何智钊	塔力哈尔·马哈亚		史芸桐
冯志强	闫冰	陈凌顶					

15-3

阳衡	程程	杨欣悦	牛飞霖	程郡	刘露	王荣环	蓝海霞
王瞰居	刘凌宇	翟江东	李嵩智	罗宗林	步玉莹	蒲积宏	杨舜霆
武剑锋	吴书桃	蔡明叡					

2016年

16-1

田佳骏	张晗冰	刘吉哲	陈哲	王涛	胡为先	王瑞华	马卓
张阳阳	姜巍	何骋	胡云浩	刘豪	叶盛辉	刘莲	何泰伯
刘星江	张声婷	夏克尔·卡玛尔		吴华林			

16-2

于沛鑫	袁嘉睿	佟程远	李旭东	毛毛	李屏山	江剑辉	郝爽
宋佩耕	潘凌晗	徐盼望	田浩岑	汤健宏	高庆梅	陈嵘	林木森
罗依蝶	程康	李科	杨子葳	郭文博	于庆洋	尹顺浩	贺全彪
秦玉松	汪怡心						

16-3

张晓萌	郑伟佳	肖南海	李春森	库迪热提·阿布力孜		王思语	郑利文
赵为颉	丁立	刘可欣	张笑海	张慧学	金遥遥	陈程	黄玉盘
叶安琪	顾皞	赵晴	于畅	汪刚	楚建飞	郭萌	钟昊轩

2017年

17-1

简文碧	汪浩	林煜轲	彭黎菊	刘心怡	郭钰	齐那尔·吐尔逊哈孜	
拿旦木江·库尔班江		阿斯儒塞夫		马旭冉	王子龙	段榆	常百虎
杨舒童	王午藩	刘旭晨	张泽宇	王震	杨占海	莫继杭	

17-2

杜佩阳	达仁·纳新	陈晓钢	向杰	田晗	冯靖舒	裴浩展	宋江涛

茆　庆　　梁　超　　赵　恒　　阮昌运　　苏旭杰

17-3

朱南西　　朱志鹏　　付振杰　　吐·吐尔布其　　梁　正　　杨　奎　　杨小舟
唐　兴　　齐中琨　　石　含　　杨树鑫　　加央加措　　张　毫　　韩　森　　潘　厅
保生强

2018 年

18-1

荣振帅　　齐　施　　伍经纬　　陈　宇　　王颖凡　　李世泽　　赵淑慧　　陈泽良
李　海　　吕　胜　　关司航　　扎西团玉　　陈　杰　　杜晓莉　　薛　乐　　王朝恒
潘卓远　　毕秀新　　马清林　　郑雯誉　　袁梓杰　　周珂羽

18-2

李哲凯　　王　昊　　杨皓天　　宋子薇　　赵龙腾　　陈天祥　　开依赛勒·马木提
郭杨千　　吕孝洋　　朱禹州　　侯冲冲　　王　玥　　黄　实　　赵艳平　　林玮霖
毛念鑫　　巴依力格　　赵浩辰　　杨子卓　　王　皓　　王子立　　王奉刚　　范林庆
赵福志

18-3

史国正　　巴哈德尔·帕尔哈提　　沈福星　　赵子皓　　李向鹏　　陈李田　　朱振宇
孙谦睿　　郝泉禧　　黄正坤　　韩　朝　　金瑞颖　　伊力哈木·艾合麦提　　刘一品
李一帆　　丛　镇　　陈伟金　　魏浩然　　胡　可　　韩　岭　　陆群山　　李佳奇
卢一冉

研究生班　硕士研究生

1952 年 研究生班
郭　骏　　温强为　　陈在康　　方怀德　　张福臻

1953 年 研究生班
陈沛霖　　陈棪存　　李猷嘉　　赵振文　　姜正侯　　金志刚　　钱申贤　　刘在鹏

1954 年 研究生班
薛世达　　郭文博　　田胜元　　韩维伦　　王荣光　　王锡光

1955 年 研究生班
秦兰仪　　崔汝柏　　吴元炜　　廉乐明

1978 年
马最良　　许文发　　孙德兴　　郑茂余　　董重成　　左群英

1979 年
姜成楠　　潘大林

1980 年
空招

1981 年
刘明生　　许明哲　　赵建成　　于晓明

1982 年
渠　谨　　朱业樵　　孙　刚

1983 年
王冬光　　陈　旸　　王金荣　　林润泉　　吴继臣

1984 年
李俊明　　唐广来　　管继顺　　赵　华　　季　杰　　隋元春　　赵旭东　　项卫中
史春艳　　韩　英　　韩谊农　　张维佳　　矫学真　　王铁良　　王清勤

1985 年
李宇明　　王　健　　刘　文　　王维新　　姚　杨　　陶永纯　　陈晓杰　　李明柱
殷晓莹　　孙喜山　　吴永红　　迟润哲　　宋　彬　　张月刚

1986 年

洪中华	李永威	曹　阳	张志刚	张树为	徐理民	张洪顺	路世强
赵加宁	戴　昕	王　飞	郑慧民	徐宏庆	李　明	李　仁	林福军
吴金波	陈　晖	冉春雨	刘殿彪	蒋南波	马继涌	韦新东	

1987 年

庞广根	伍悦滨	房家智	阚久峰	马　立	吴建松	宋兆成	王文宇
李建林	孙广龙	邹　瑜	顾大明	毛建素	焦文玲	朱蒙生	朱　林
杨　光	张殿军	陶　进					

1988 年

姜东琪	王昭俊	丁力行	何立群	陈际阳	林　丽	雷炳成	袁代光
雷红兵	邹志峰	白　莉	张建利				

1989 年

刘欣彤	黄亦农	刘响林	张维功	郑　斌	王凤波	王　钢	史守峡
朱华威	杜　伟	赵立华	李　华				

1990 年

盛　琳	樊洪明	张　生	叶德强	谭福君	胡松涛	王　威	车立新
高立新	李　杰	杨自强	毕贞福	王亚茹	郭云龙	王亦群	徐开宏

1991 年

刘永红	战泰文	崔宇捷	张　浩	刘国丹	文学军	马雅玲	蔺　洁

1992 年

杨　军	张春明	肖玉生	张佳亮	陈　欣	周颖媚	袁惠英	何铁军
王思平	李滨涛	薛焕郁	李德英	杨立民	李九如	王　芳	舒　艳
张佳亮	解东来	张吉礼	于京春	孙　宁	郭　旭	李家伟	

1993 年

张　昕	谢明浩	谢安生	孟庆宇	高　超	曹　源	宋　莉	沙　林
陈　琦	魏　斌	齐政新	刘向东	叶　海	王连信	刘　京	

1994 年

陈　明	邓志宏	陈军栋	于国清	王建华	伍清晔	孙晓秋	曲　涛
于　戈	姚　镝	赵　伟	李振江	宋业辉	郭　蓉		

1995 年

赵长山	杨　辉	周雪飞	冷春风	孙宇辉	董大宇	孟凡兵	满孝新
张奕昌	周恩泽	薛面文	宫丽虹	于楷进	赵永利	巴　勇	齐　杰
吴学君							

1996 年

高景峰	赵金玲	李东姝	赵秀敏	王　竞	唐建峰	杨　庆	程锁明
赵　震	刘光军	袁堂仕	尹德全	肖益民	徐彦峰	裴一扬	展长虹
王立新	张继薇	吕文哲	杨一军				

1997 年

董和平	赵　鑫	聂廷哲	李本强	户　岩	刘　辉	韩伟国	黄跃武
王晓霞	刘海东	王静超	丁云飞	马国彬	王砚玲	曹　勇	李晓鹏
劳学竞	路福和	姜益强	王　刚	全贞花	王海燕	张继国	刘　华

1998 年

王　加	王　锡	于英娜	于　丹	李　正	岳峻岷	周巧航	熊　筠
周祖东	贺登峰	闫志恒	史　超	李少芳	寇　虎	邱相武	王　建
鞠硕华	姜允涛	曹慧哲					

1999 年

侯兆川	刘卫民	孙宗宇	李　静	余延顺	高　岩	吴荣华	牛维乐
陈海波	韩晓红	于　涛	刘青荣	贾春霞	曲世琳	王　煊	王冬梅
季阿敏	李晓明	王丹宁	于碧勇	王海峰	周　辉	孙春华	梁　珍

2000 年

张亚立	范　蕊	王　淞	许世杰	唐晓健	黄丽君	冯爱荣	苗艳姝
金　芳	李文波	周志刚	张华杉	徐　刚	张志强	李爱国	俞英鹤
喻银平	刘　琨	卢　震	高　军	傅　斌	高井刚	林　媛	张昕宇
马良栋	郭　瑾	韩志涛	王　伟	逄秀锋	王　荣		

2001 年

董文平	张春杰	刘天顺	田　海	李丰丰	姜顺姬	葛茹倩	许　强
王　伟	徐细兵	姜　莹	刘汝鹏	张建斌	那　威	王春丽	程卫红
赵丽莹	智艳生	张　玉	邱旭东	齐明空	李　冰	李　峰	邢国斌
刘孟军	江辉民	刘　军	杨景丽	姜　锐	由胜霞	夏开新	周军岭

| 王　洋 | 荣　莉 | 戴　颖 | 陈大伟 | 刘海军 | 管厚林 | 梁雪梅 | 张泓森 |

2002年

白　天	曹　琳	查玉杰	崔彦涛	封家平	高　波	高　鸽	高　鹏
谷现良	郭卫国	何丽霞	雷帮伟	李　丽	李　娜	李　祥	李　岩
李艳杰	李　勇	李正伟	李忠建	林　涛	刘培源	刘悟训	吕　鹏
马迎秋	倪　龙	宁　宁	钱剑峰	任晓东	沈锋强	宋传亮	宋　艳
孙安娜	王春霞	王　浩	王丽娜	武丽霞	肖　昱	杨　丹	杨慧媛
张宏兰	张姝丽	张淑彦	赵奇峰	赵水根	赵玺灵	郑雪晶	郑忠海
朱宝成	庄志强	王常海	康　华	刘志泉	宋传亮	张旭涛	时国华

2003年

龚　雪	顾灵伟	韩宗伟	何　峰	荆俊杰	孔凡红	雷翠红	李魁山
李若珊	李文琴	李　阳	刘莉娜	刘　威	刘　洋	柳　松	罗志文
马广兴	齐海鸥	齐　琦	饶　伟	孙慰梦	谈宏莹	谭薇薇	佟　凯
王　芃	王　雪	王杨洋	邬益峰	卜宪标	夏国强	许　勇	杨宝军
杨灵艳	赵天怡	陈鹏飞	竺景芳	苑　翔	张承虎	张　敏	张时聪
张学文	陈益明	陈永攀	崔彦枫	董　菲	张　超	康　健	李持佳
齐海鸥	谈宏莹	吴学慧	张新渝	王凤云	邢子鹏	郑海风	夏季平
迟　亮	张姝佳	孙峙峰	肖　龙	狄彦强			

2004年

刘　杨	韩艳平	张洪敏	扈晓庆	徐　健	高华伟	曹达君	田兆东
崔永旗	胡文举	潘　刚	贾　晶	李　静	韩庆奎	李德贤	钟大亮
许立飞	李林林	董　雷	邢　兰	魏景姝	王　磊	安玉翠	曾　光
张　欢	李　斌	陈军华	杨　涛	田永铮	胡　北	施　微	李娟娟
毛会敏	肖国锋	张志强	刘志斌	李运华	王中华	杨红辉	王振华
汪　兴	王建飞	王英瑞	孙　静	王　潇	汪郑邦	赵金辉	国丽荣
翁思娟	吴　飞	任先超	邵建涛	罗　锐	钟　凡	龚　波	杨福进
杜明明	郭荣春	卢艳秋	王洪林	金　东	孙亚罡	张海泉	潘伟英
王柏秋	徐　莹	肖军伟	王　励	张秋燕	李　安	金　丹	左行涛
丁美兰	庞焕岩	尹红霞	焦　琳	肖　巍			

2005 年

蓝政杰	谢真微	叶　凌	宋汉成	官习艳	李春莹	柯尊友	施婕妤
杨　帆	章萧珊	刘国威	胡　燚	孙婷婷	汪艳伟	李广华	杨　铭
尹海文	张静茹	付志鹏	张　亮	张彦龙	孙　博	魏蓓莉	郑玉瑭
李　娜	李桂涛	朴文龙	庄兆意	李　爽	王松庆	赵　麒	谢　坤
李翠敏	吕　超	樊德玺	何　超	马志先	阮明蕊	姚攀攀	赵忠良
王　凯	丁子虎	王清树	李佩铭	田向宁	孙照燕	黄　挺	黄　磊
刘永鑫	黄欣鹏	苏红乡	李　鑫	张健涛	易伶俐	周宏峰	赵原林
丁有虎	蒋永明	刘　军	修鹏利	杨　进	周　权	张　鹏	李志勇
刘怀涛	赵立前	王秀全	庞海英	冯　伟	张　蓓	于恩禄	汪　芬
王海涛	于　磊	何　娟	张凤桐	张晓伟	刘　硕	汪　林	吕石磊
钱　程							

2006 年

武文涛	范亚伟	韩正刚	郭志龙	高　飞	梁　继	武鹰翀	李春刚
刘京城	吴小舟	孙雪丰	王在峰	张　伟	白景辉	狄文静	胡盼盼
李丽华	李　鹏	林　颖	刘立旺	孟金玲	汤　爽	尹　璐	张力隽
张　蕊	张宇霞	邓小池	李志统	沈德安	陈二松	王海超	李　翔
牛福新	顾冬明	董建锴	张文武	董立华	孔祥兵	王当瑞	翁运飞
李　锋	周　玥	隋亮亮	蒙建东	哈长鞠	刘芳毅	姜海元	柴永金
叶　琪	刘　冰	陈泉博	李小波	高吉祥	赵明明	赵登科	赵志丹
王培培	姚华姣	高慧娜	彭红莲	孟　冲	李　骥	王　敏	蔡伟华
王　辉	肖剑春	高　杨	王　雪	余　琼	齐洪波	祁祖尧	孙元超
朱红军							

2007 年

潘文琦	沈　朝	陈涌波	侯庆民	张　辉	唐青松	张治菊	王贵强
李庆娜	沈丹丹	张　华	赵永良	谢　鑫	廖友才	王　寅	叶　霖
聂　斌	张思思	王　彪	杨小进	郭　升	杨翠英	顾文涛	朱禹洲
王远锋	何茂亭	逢文秀	付晓腾	韩佳宝	张亚宁	宁太刚	杨恩泽
齐先达	王东魁	李咏梅	杨小刚	陆丽珍	许　飞	王日森	王晓彤
李晓峰	戴永亮	陈爱露	押淑芳	李　宁	郑瑞芸	唐艺丹	魏巧兰

邵春廷	肖光华	李　娟	张小卫	陈　颖	王雯翡	吴玮华	安立强
赵　蕊	郭　敏	符丽萍	宋义鑫	徐　猛	张伟山	高　龙	杜以臣
张贺新	李　拨	岑仁海	刘　刚	潘玉亮			

2008 年

唐勇辉	王思莹	徐俊杰	周　群	曹　涛	陈　玲	陈　娜	韩　靖
齐静静	邵奕文	谭海阳	王　新	吴小冬	袁　野	陈少玲	单　滨
李　鹏	吕永鹏	杨春华	张海桥	史文文	宋孟杰	吴斋烨	贺继超
申健平	赵　耀	蔡永生	李百利	娄佳濯	申金芳	沈　鑫	苏　强
王春雷	王　莉	王陆廷	席永刚	杨　萌	袁　乐	张　琳	陈　超
陈建成	贾永宏	康　慧	穆　康	牛传凯	孙　杨	汪　滔	王　森
吴德珠	薛　清	杨　静	赵婷婷	钟世民	李晓峰	李　亮	胡　婧
黄　嘉	高杰强	孙玉珍	刘　君	魏　峥	孙德宇		

2009 年

杨宗森	王建森	李　彪	喻　宇	孙　强	丛　乐	张　贺	唐启富
林艳艳	傅　娟	赵　宇	闫　凌	孙　琼	李　堃	王素玉	宋晓程
张雪丹	曹姗姗	张乃方	高　强	杨聪聪	崔明珠	王洪磊	彭明耒
林兴伟	葛　然	陈　才	李　辉	孙静静	燕勇鹏	吴　彬	谭　鹏
张甜甜	付　玉	王　晶	吴　兴	张丽丽	马文瑞	刘振晓	刘晓鑫
陈思佳	戎小寅	毛俊俊	杨　楠	高　磊	吕　慧	罗骁勇	孙海龙
赵玉娇	潘亚文	黄　硕	梁元元	朱　颖	郝世杰	韩　璐	邱国栋
周　浩	李爱松						

2010 年

郝俪娟	刘海滨	王玉谦	蒋志祥	王　锐	叶　蕾	李美玲	吴若勋
郝寅龙	李莹莹	曹明涛	李芳芳	于易平	苏　蒙	刘　鑫	王　琪
王　磊	王　鹏	林春光	万言兴	翟建超	朱耿志	高　翠	曾凡成
易　凯	刘　磊	封金磊	孔伟伟	孙　彪	郝江文	李　阳	盖亚琦
高　楠	宋一平	储　琳	曹钧亮	戴鹏飞	冯　韬	王　慧	李爱雪
毛树峰	朱　丹	张　曦	季明星	李晓东	张明强	阴世超	李庆宇
杨奎奎	何亚男	付慧影	裴　蕊	杨　威	吴洁清	孙思前	严柳生
刘宗江	刘　成	陈方圆	张文杰	高　亮	林丽霞	王碧玲	

2011 年

程　鹏	王　悦	安自成	王　芳	张月庆	郑　宸	孟　娜	涂鹤馨
史美琦	张伟龙	张辰公	杨明全	李程瑶	颜丽娟	严华夏	邵珠贯
张素娟	赵建飞	王　俊	杜清婷	孙　杰	刘珊珊	陈　奕	乔钰淇
杨林山	张继军	张　科	唐明宇	李浩然	卞爱萍	陈江娜	杨志岗
于文娟	温　信	金　晔	孟莉思	张洪颖	李玉洲	曲德虎	赵金艳
韩学伟	张　磊	马洪波	侯　娟	屈月月	宁　巍	张春亮	郝　青
史世坤	王　辉	韩亚娟	高嘉明	刘婷婷	刘小林	王　平	税亚欧
陈　熙	谢栋栋	绳晓会	李欢欢	宋　宇	张立影	阳　春	陈耀南
王　琦							

2012 年

李秋华	马　龙	周新朋	陈明炀	赵江龙	李亚平	邹　斌	贺子恩
刘　君	何　妞	王　希	任　静	卢　琳	覃露才	潘为亮	窦荣舟
赵　洋	姜倩倩	王　琰	雷　博	田　浩	张　龙	高克文	戴佳琦
敖　靖	武　磊	贾欢渝	张　瑶	张欣然	赵云波	廖　晋	于　娜
康诚祖	张易凯	万智华	李雪松	骆菲菲	郭　龙	孙华鑫	崔　磊
陈　龙	刘　钊	范乐乐	徐付民	杨美林	闫龙林	朱广远	于　萍
田金乙	苗莎莎	唐　瑞	吕自荟	伸浩通	周核名	林　峰	吴筱筑
张鹏程	邹志勇	陈　磊	曹冠朋	乔　镖			

2013 年

吴德成	刘　阳	孙　涛	秦　旭	刘　波	朱彦波	张庆伟	李　澜
孙术森	段雅洁	林爱玲	杨致远	王晋达	王兆同	郑　聪	吴剑平
严艳秋	唐胜楠	李佳楠	范丽佳	王　维	赵　翔	于义成	闫艳艳
李　硕	田志勇	张雪香	刘可以	李　彪	郭　瑾	郑文科	高　扬
苏生会	马　力	李亚军	贺　杰	郑银银	李　庭	苗高扬	宋倩春
吕中一	李佳恒	郭玮玮	顾俊伟	刘　琳	刘鑫民	孔蔚慈	李志高
朱　凯	朱添奇	刘　鑫	郇爱杰	田　野	饶峻荃	邵博函	杨琛敏

2014 年

马玉婷	孙纪康	朱　旭	柳文洁	任乐梅	高　增	王　洲	王　磊
彭　南	魏　琰	张崇磊	任　燕	韩燕琪	李　露	孙　浩	俞学炜

李丰志	张　卓	赵淇棋	吉　劼	史路阳	郑进福	张金冬	仇丽娉
李　慧	刚宪秀	任盼红	王　浩	顾小杰	董岱南	王弈超	
VYSHNYKALONA		韩　冲	赵　楠	祖春洋	李泊然	王存腾	陈若男
黄　莺	李国磊	吉玉辰	陈鹏飞	于克成	芦　欣	任　坤	林己又
肖　晔	蔡　强	宋　涛	王佳民	单晓芳	王文静	秦楚林	胡　胜
郜　猛	吴会鹏	张辉辉	李振远	赵秉南	孙敬凯	BUCHKOTETIANA	

2015 年

姜思航	杨　帆	李文倬	虞文强	孙先景	张　婷	陈　昕	李思璐
任玉莲	薛庆雯	郑秋爽	孙　娜	曹　建	傅　艳	林圣剑	磨柳洁
石晓萌	许健明	许　娜	郑　乔	周　添	周　婷	崔奇杰	王玉书
杨立辉	周　强	刘俊迪	李　岑	张　羽	刘黔奇	郭冰茹	张　茜
王雪梅	童佳玮	赵维新	何艺泽	连世杨	王　玮	李　超	刘　菁
王吉进	尚润心	朱长安	黄　顺	任　烁	周超辉	王彬权	夏瑞丽
白新瑞	刘　莹	郑　鑫	刘　洁	于　微	王博渊	崔治国	陈　健

2016 年

冯亚洲	瞿家港	刘　畅	马超龙	徐佳麟	李鹏程	朱浩涛	王睿鑫
王　蓉	王琳琪	王　斌	余志义	范晓宙	楚博见	李　俊	徐小羽
张秋萄	籍舒然	颜芷辰	张　军	傅旭辉	林亚娜	孙苏雨婷	吴　伟
李朋刚	杜　晶	付　洁	吕　欢	田兴浩	刘天杰	廉雪丽	陆曦晨
苏小文	周　鹏	张　爽	刘梦婷	陈之华	汪祖芬	王亚雯	高　榕
李　呈	张金生	王林林	卜素贝	孙　文	杜　璇	解雅舜	李环环
李娟娟	闫倩婷	金　鑫	刘宇圣	王　欣	肖秋珂	张　腾	周　鹏
连仕康	刘　卓						

2017 年

焦　晶	王　哲	姜博浩	徐严严	鞠　辰	徐秋阳	李树一	牛　凡
王　正	高　琳	闫　森	毛　丁	鲁梦龙	郑宏锐	雷卓宇	张　琨
向　艳	安　康	张　哲	郭吉伟	刘媛媛	魏继宏	王羽珊	柯　颖
孙鹏翼	陈永烨	李　健	牛冬茵	常丽娜	陈　亮	汤寿超	鞠雨晨
崔天阳	林泽日	高嘉豪	于晓龙	方佳民	贺润洲	卢东昱	任彦舟
周　洲	白超仁	于晨晨	肖　榕	李　安	刘若阳	陈铁强	兰　芸

李欣雨	唐 瑞	张 蓓	蔡超然	董 博	董恒一	吕达林	陈昭文
边萌萌	何锦锦	卢彦雨	IVANONVA KSENIIA		BEM ELLA	ROMANOV FILIPP	

2018 年

冯 杰	袁 云	施博仁	杨煜洁	李钇锌	王 强	韩东亮	王宇航
张 琪	马俊飞	罗 萍	艾成成	赵泽明	武春生	张 妍	秦 琴
杨晨磊	李镒如	马翼飞	王敬远	钟 衡	虞丽丹	熊 娜	徐云艳
刘凯月	王述炜	马晨钰	汤振博	矫依存	邢洋洋	宫铭远	杨 哲
田 梦	战冬雪	曹明琳	李哲远	刘思琦	吴京润	曹榆枫	赵天利
郑 桐	孙 婕	姜赛赛	卢文靖	叶佳雨	梁 欢	刘念慈	罗乔丹
陈施佳	蒋逸帆	王墨红	汪保利	吕国荃	何秀义	王 蕾	荆 强
王晓研	陈七冬	GUSHCHIN SERGEI					

已毕业博士研究生

答辩时间	导师	研究生
1990.01	郭 骏	朱业樵
1991.01	郭 骏　廉乐明　许文发	季 杰
1994.01	郭 骏	何立群
1995.09	郭 骏	李德英
1996.03	郭 骏	赵立华
1996.04	郭 骏　贺 平	王 钢
1996.08	廉乐明	胡松涛
1996.11	陈沛霖	周孝清
1997.01	陈沛霖	潘毅群
1997.03	陈沛霖	李峥嵘
1997.03	陈沛霖	张 旭
1997.03	陈沛霖	刘永红
1997.06	郭 骏	何铁军
1998.01	廉乐明　董 珊	李九如
1998.06	廉乐明　郭 骏	孙喜山
1998.07	陆亚俊	杨自强
1998.11	廉乐明　严铭卿	谭羽非
1998.12	欧进萍　孙德兴	张吉礼
1999.03	陆亚俊	王亚茹
2000.05	郭 骏　董 珊	于国清
2000.05	陆亚俊	高立新
2000.06	廉乐明	文学军
2000.06	何钟怡	樊洪明
2001.07	廉乐明　严铭卿	展长虹
2001.08	廉乐明　严铭卿	焦文玲

答辩时间	导师	研究生
2001.08	郭 骏	赵加宁
2001.08	何钟怡 王绍文	徐立群
2001.08	何钟怡	王小华
2002.03	马最良	姚 杨
2002.06	马最良	姜益强
2002.11	廉乐明	王昭俊
2002.12	陆亚俊	王 芳
2002.12	陆亚俊 齐维贵	朱学莉
2003.06	廉乐明 胡松涛	王 刚
2003.06	何钟怡	魏英杰
2003.06	孙德兴	黄跃武
2004.01	段常贵	聂廷哲
2004.06	孙德兴	刘 辉
2004.06	马最良	余延顺
2004.12	马最良 姚 杨	高 岩
2004.12	邹平华	王晓霞
2005.06	马最良	王 伟
2005.06	孙德兴	吴荣华
2005.06	邹平华	李祥立
2005.06	段常贵	王 烜
2006.06	马最良	范 蕊
2006.06	马最良	江辉民
2006.07	马最良	孙丽颖
2006.07	高甫生	王砚玲
2006.08	马最良	李本强
2006.12	郭 骏	熊 钧
2006.12	段常贵	苗艳姝
2007.01	高甫生	冯国会
2007.03	高甫生 赵加宁	高 军

答辩时间	导师	研究生
2007.04	邹平华	周志刚
2007.06	邹平华	刘孟军
2007.06	段常贵	于碧涌
2007.06	段常贵	车立新
2007.06	孙德兴	卢　振
2007.06	马最良	倪　龙
2007.06	邹平华	那　威
2007.07	陆亚俊	梁　珍
2007.07	孙德兴	王海燕
2007.07	马最良	王　洋
2007.07	邹平华　段常贵	赵玺灵
2007.12	马最良　姚　杨	韩志涛
2008.01	郑茂余	韩宗伟
2008.02	何钟怡	曹慧哲
2008.03	谭羽非　严铭卿	曹　琳
2008.03	孙德兴　谭羽非	林　涛
2008.04	马最良　姚　杨	朱岳梅
2008.07	郑茂余	孔凡红
2008.07	孙德兴	张承虎
2008.07	孙德兴	钱剑峰
2008.09	姚　杨	宋　艳
2008.09	马最良	李晓燕
2008.09	谭羽非	卜宪标
2008.12	邹平华	王　威
2008.12	孙德兴	吴学慧
2009.01	郑茂余	王　芳
2009.01	姚　杨	杨灵艳
2009.02	邹平华	朱蒙生
2009.03	郑茂余	李忠建

答辩时间	导师	研究生
2009.07	孙德兴	肖红侠
2009.07	孙德兴	柳　靖
2009.07	孙德兴	徐　莹
2009.07	段常贵	张兴梅
2010.04	孙德兴　张吉礼	赵天怡
2010.07	郑茂余	白　天
2010.07	邹平华	王　芃
2010.07	邹平华	雷翠红
2010.07	姚　杨	胡文举
2010.07	郑茂余	张文雍
2010.07	谭羽非	赵金辉
2010.11	姚　杨	叶　凌
2011.04	赵加宁　刘京	邵建涛
2011.04	陈清焰	魏景姝
2011.07	郑茂余	王　潇
2011.07	邹平华	刘永鑫
2011.07	张吉礼	陈永攀
2011.11	赵加宁	李　爽
2011.11	谭羽非	王清树
2012.03	赵加宁	孙　博
2012.03	谭羽非	宋传亮
2012.03	郑茂余	吕　超
2012.07	赵加宁	李翠敏
2012.07	张吉礼	马志先
2012.07	孙德兴	庄兆意
2012.07	姚　杨	孙婷婷
2012.07	姚　杨　姜益强	董建锴
2012.07	姚　杨	牛福新
2012.12	郑茂余	张　姝

答辩时间	导师	研究生
2013.04	邹平华　焦文玲	王海超
2013.07	赵加宁	吴小舟
2013.07	姚　杨　姜益强	沈　朝
2014.07	邹平华　焦文玲	侯庆民
2014.07	赵加宁	廖春晖
2014.07	邹平华	王贵强
2014.07	姚　杨	宋　伟
2015.01	姜益强	吴志勇
2015.01	姚　杨　姜益强	邱国栋
2015.07	赵加宁	袁　野
2015.09	姚　杨　姜益强	麻宏强
2015.12	赵加宁	赵　宇
2016.01	姜益强	刘慧芳
2016.01	刘　京	李　彪
2016.01	谭羽非	牛传凯
2016.01	谭羽非	赵　麒
2016.02	刘　京	宋晓程
2016.07	张建利	穆　康
2016.07	姜益强	张时聪
2016.07	谭羽非	张甜甜
2016.07	姜益强	张雪丹
2017.01	姚杨　倪龙	曲德虎
2017.03	王昭俊	宁浩然
2017.03	刘明生　伍悦滨	孙　强
2017.07	刘　京	曹钧亮
2017.09	焦文玲	刘姗姗
2017.12	姚　杨	曹姗姗
2018.05	刘　京	刘　琳
2018.08	刘　京	水滔滔

答辩时间	导师	研究生
2018.09	姜益强	于佳文
2018.12	赵加宁　倪龙	田金乙

在读博士研究生

2012 年

付慧影　宋一平　王　磊

2013 年

谢　腾

2014 年

赵俊龙　邹　斌　张　龙　李亚平

2015 年

范丽佳　郑文科　王晋达　李丰志　任　燕　任乐梅　史路阳　肖　晔
张金冬　于克成　吉玉辰　李　慧　仇丽娉　郑进福　薛普宁

2016 年

王　源　吴　清　宋　涛　王　荣　林己又　薛庆雯

2017 年

魏文哲　刘　昱　陈　昕　郑秋爽　王吉进　王雪梅　周超辉　杜　晶
卢彦羽　孔祥宇

2018 年

王　鹿　郭吉伟　田兴浩　王晓妍　王睿鑫　卜素贝　苏小文　高　榕
刘天杰

附 录

附录1 历届党政领导名录

系(或教研室)主任	系(或教研室)副主任	党(总)支书记	党(总)支副书记
樊冠球(1953—1954)	杜鹏久(1953—1954)	王焕耕(1954—1978)	
杜鹏久(1954—1958)	郭　骏(1954—1958)		
郭　骏(暖通)(1958—1978)	路　煜(1958—1978)		
李猷嘉(燃气)(1958—1964)	薛世达(燃气)(1958—1964)		
路　煜(暖通)(1978—1986)	廉乐明(1986—1994)	魏学孟(1986—1996)	唐淑琴(1986—1989,1992—1994)
薛世达(燃气)(1978—1988)	孙德兴(1994—1996)		李云兰(1989—1992)
	孙　刚(1994—1996)		赵加宁(1994—1996)
	赵加宁(1994—1996)		刘成刚(1996—2000)
	董重成(1996—1998)		
陆亚俊(1986—1994)	盛晓文(1996—1998)		
廉乐明(1994—1996)	郑茂余(1998—2000)		
孙德兴(1996—2000)	杨德斌(1998—2000)		
张维佳(2000—2001)	侯根富(1998—2000)		
姚　杨(2001—2003)	张吉礼(1998—2000)		
赵　华(2003—2009)	姚　杨(2000—2001)		
王　威(2009—2012)	赵立华(2001—2003)		
刘　京(2012—2014)	王　威(2003—2009)		
姜益强(2014—　)	姜益强(2009—2014)	姜益强(2009—2014)	
	刘　京(2009—2012)		
	倪　龙(2013—　)		
	周志刚(2014—　)	周志刚(2014—　)	

附录2 暖通燃气专业在职职工名录

序号	姓名	性别	职称职务	入职年份	邮箱
1	赵加宁	女	教授	1982	zhaojianing@sina.com
2	张建利	男	教授	1982	zhangjianli126@163.com
3	李晓冬	男	副教授	1983	lxd8802@163.com
4	焦文玲	女	教授	1984	wljiao@163.com
5	朱蒙生	男	副教授	1985	zmszkg@sina.com
6	马世君	男	副教授	1985	417547861@qq.com
7	谭羽非	女	教授	1987	tanyufei2002@163.com
8	张兴梅	女	副教授	1987	xingmeizhang@126.com
9	姚杨	女	教授	1988	yangyao1963@163.com
10	伍悦滨	女	教授	1990	ybwuhit@163.com
11	王昭俊	女	教授	1991	wangzhaojun@hit.edu.cn
12	高立新	男	教授	1993	gaolixin@hit.edu.cn
13	王威	女	副教授	1993	ww_jc@163.com
14	王海燕	女	副教授	1994	huanhuan@hit.edu.cn
15	张心刚	男	技师	1994	13845101292@139.com
16	王芳	女	副教授	1995	wfang2004@126.com
17	曹慧哲	女	副教授	1996	caohz@hit.edu.cn
18	英向东	男	工程师	1996	13704815635@163.com
19	姜益强	男	教授/系主任	2001	jyq7245@163.com
20	刘京	男	教授/副院长	2003	liujinghit0@163.com
21	王砚玲	女	讲师	2006	ylwang771@126.com
22	倪龙	男	教授/系副主任	2007	nilonggn@163.com
23	苗艳姝	女	讲师	2007	ys_miao@126.com
24	周志刚	男	副教授/系副主任	2008	hit_zzg@163.com
25	张承虎	男	副教授	2008	chenghu.zhang@163.com
26	王芃	男	副教授	2010	cahnburg@126.com
27	范凤博	男	讲师	2012	phaeton1981@163.com
28	董建锴	男	副教授	2013	djkheb@163.com
29	沈朝	男	副教授	2016	chaoshen@hit.edu.cn
30	张甜甜	男	讲师	2017	x418298537@163.com

附录3　暖通燃气退休教职工名录

丁立群	马相官	马最良	王义贞	王文宇	王玉芝	王慕贤	牛凤莲
文学军	方修睦	左垂纪	刘荻	刘祖忠	刘鹤年	孙德兴	杜鹏久
李力能	李延平	李佩芳	李善斌	杨德斌	何钟怡	邹平华	张明
张斌	张秀兰	张宝立	陆亚俊	陈明	范洪波	郑茂余	郎人翠
孟宪吉	赵华	赵亚杰	赵桂琴	荆元福	段常贵	侯云楼	姜永成
贺平	贾恩弟	贾敬秋	徐邦裕	徐宝山	高甫生	郭骏	唐国堃
黄荣	曹兴华	盛晓文	屠大燕	董珊	董重成	韩新磊	路煜
廉乐明	魏学孟						

附录4　曾任教教职工名录

于剑	于立强	于洪楠	于碧勇	万飞	马继勇	王钢	王永利
王亚贤	王金荣	王绍文	王铁良	王常海	王焕耕	王朝明	韦德申
支厚兴	艾效逸	卢桂菊	史守峡	付建东	包福忠	宁成志	吕文哲
吕恩茹	朱华	朱业樵	朱芝芬	刘竞	刘中新	刘永志	刘成刚
刘利民	刘明生	刘锐人	齐政新	关莹洁	江孝堤	许文发	许明哲
孙刚	孙静	孙庆军	孙喜山	约宁	杜玉坤	李颖	李云兰
李守恒	李振鸣	李健生	李彬安	李猷嘉	李德英	杨光	杨帆
杨自强	杨志华	吴元炜	吴健松	吴继臣	吴满山	沃丁柱	沈仲棠
张士文	张吉礼	张杰	张桂兰	张继薇	张维佳	陈延东	陈家新
陈葆满	陈楘存	季杰	赵立华	赵伟民	赵学端	赵建成	赵振文
荣大成	施雪华	姜正侯	秦兰仪	聂别辛可夫	顾艳	顾境敏	候根富
徐江兴	凌人滨	郭琳	唐淑琴	陶永纯	盛昌源	常建民	崔汝柏
矫学真	梁珍	梁翠红	隋元春	董政	董大宇	董建军	韩厚本
韩谊农	韩清源	傅忠诚	谢明星	管荔君	德拉兹道夫	潘大林	薛世达
鞠硕华	魏斌	魏晓峰					

附录5 博士后名录

序号	姓名	国籍	进站年	出站年	状态	合作导师
1	曲德虎	中国	2017.10.1	——	在站	倪龙、王家贵
2	M'BOUANA NOE-LANDRY-PRIVACE	中非共和国	2014.9.30	2017.9.8	已出站	姜益强
3	胡文举	中国	2010.12.30	2012.8.23	已出站	姚杨
4	王正阳	中国	2009.12.24	2014.7.4	已出站	谭羽非
5	黄海龙	中国	2008.9.23	2014.7.23	已出站	邹平华
6	陈智超	中国	2007.8.14	2009.6.17	已出站	姚杨
7	江辉民	中国	2006.10.30	2008.12.8	已出站	姚杨
8	郑彤	中国	2006.1.6	2011.3.30	已出站	何钟怡
9	贺志宏	中国	2004.4.28	2008.4.29	已出站	何钟怡
10	王刚	中国	2003.12.16	2006.12.18	已出站	廉乐明
11	张吉礼	中国	2003.2.18	2006.7.10	已出站	陆亚俊
12	孟岚	中国	2002.12.4	2004.6.29	已出站	何钟怡
13	王小华	中国	2002.4.11	2004.5.13	已出站	何钟怡

参考文献

[1] 姚炎祥. 哈尔滨建筑工程学院校史(1920—1985)[M]. 北京:书目文献出版社, 1985.

[2] 马洪舒. 哈尔滨工业大学校史(1920—2000)[M]. 哈尔滨:哈尔滨工业大学出版社, 2000.

[3] 《校史》编写组. 哈尔滨建筑工程学院校史(1985—1990)[M]. 哈尔滨:[出版者不详],1990.

[4] 殷平. 暖通空调专业教育史话[J]. 机电信息,2006(09):52-53.

后　　记

《与祖国同行——哈工大暖通燃气专业70年(1949—2019)》书稿是由编写组成员分头执笔编写的。其中第一章由王砚玲、张承虎、董建锴、郑桐、罗乔丹、王瞰居搜集整理众多材料编写而成；第二章由各位老教师自述或由对老教师较为熟悉的相关同志执笔完成；第三章由赵加宁、王芳、王海燕搜集整理；附录部分由张兴梅、张建利、周志刚、荆强、熊娜等整理，最后由周志刚、王砚玲等统稿。

在《与祖国同行——哈工大暖通燃气专业70年(1949—2019)》编写过程中，得到了哈工大出版社、哈工大档案馆、哈工大博物馆、建筑学院及各院系、各部门，以及众多教师和校友的大力支持。很多老先生和校友提供了大量的照片、文字等珍贵资料，如严铭卿、艾效逸、金志刚、李猷嘉、黄箴、郭骏、何钟怡、许文发、廉乐明、陆亚俊、马最良、孙德兴、邹平华、高甫生、刘鹤年、段常贵、郑茂余、董重成、王飞等。还有很多为此书编写做出贡献的人，在此不一一列举。这里，谨向为《与祖国同行——哈工大暖通燃气专业70年(1949—2019)》编写做出贡献的所有人员表示衷心的感谢！

由于时间仓促，编者的水平有限，难免存在不尽如人意之处，恳切希望广大校友和读者提出宝贵意见，以使其日臻完善。

编写委员会

2019年6月

图书在版编目(CIP)数据

与祖国同行:哈工大暖通燃气专业70年:1949—2019/哈尔滨工业大学建筑学院建筑热能工程系编. —哈尔滨:哈尔滨工业大学出版社,2019.7

ISBN 978-7-5603-8399-6

Ⅰ.①与… Ⅱ.①哈… Ⅲ.①哈尔滨工业大学-校史-1949-2019 Ⅳ.①G649.283.51

中国版本图书馆 CIP 数据核字(2019)第 125155 号

YU ZUGUO TONGXING——HAGONGDA NUANTONG RANQI ZHUANYE 70 NIAN(1949—2019)

策划编辑	李艳文 范业婷
责任编辑	王晓丹 孙 迪
出版发行	哈尔滨工业大学出版社
社 址	哈尔滨市南岗区复华四道街 10 号 邮编 150006
传 真	0451-86414749
网 址	http://hitpress.hit.edu.cn
印 刷	哈尔滨市石桥印务有限公司
开 本	787mm×1092mm 1/16 印张 14.75 插页 6 字数 280 千字
版 次	2019 年 6 月第 1 版 2019 年 6 月第 1 次印刷
书 号	ISBN 978-7-5603-8399-6
定 价	70.00 元

(如因印装质量问题影响阅读,我社负责调换)

上海埃松气流控制技术有限公司
Shanghai Isong Airflow Control Technology Co.,Ltd

关于埃松

上海埃松气流控制技术有限公司是一家致力于提供实验室整体解决方案的专业公司。从实验室前期的设计规划、产品配置、工程施工到后期的通风检测、运行维护，埃松致力于为各行业理化实验室提供专业前瞻的设计方案，性能稳定的产品设备，便捷高效的安装调试和长期无忧的售后维护。

▲ 变风量通风柜　　▲ 变风量文丘里阀　　▲ 变风量蝶阀　　▲ 数显面板　　▲ 房间控制系统　　▲ 位移传感器　　▲ 压差传感器

埃松提供

- 实验室整体规划、设计、施工
- 实验室通风系统改造
- 变风量产品（蝶阀/文丘里阀）
- 通风柜及实验室家具设备
- 实验室楼宇自控BMS系统
- 实验室废气净化及能源回收
- 通风柜及房间气流现场检测
- 定制化排风设备

埃松变风量控制系统

1. 通风柜需与变风量控制系统（蝶阀或文丘里阀）配合才能有效维持稳定的0.5m/s左右的安全面风速。
2. 通风柜应每年进行现场检测面风速保证其符合安全要求。

标准配置
- 数显面板
- 位移传感器及线缆
- 变风量蝶阀/变风量文丘里阀
- 电源模块

可选配置
- 区域存在传感器
- 自动门控制系统

▲ 埃松部分专利证书

部分项目案例

电话 021-67897038　　**网站** www.isongcontrol.com　　**邮箱** sales@isongcontrol.com

地址 上海市松江区中心路1158号5幢404室（临港松江科技城科技绿洲二期）

公司介绍

2011年，启能新能源独创了全球领先的无机相变储热技术。2019年启能已成长为一家利用高效热能储存技术为客户提供清洁能源综合解决方案的企业和行业领跑者。

- 形成了以热库®为核心的热能智慧清洁整体解决方案，能灵活应对各类热能应用需求；
- 拥有76项国家专利；
- 热能服务覆盖全国700万㎡供暖区域；
- 运行项目超两百例；
- 清洁热能工程技术研究中心理事会创始会员单位，参与制定行业标准；
- 承担"十三五"国家重点研发计划项目课题"村镇电热直接转换供暖及蓄热技术研究"。

启能的高效储热技术获得了住建部科技与住宅产业化发展中心、国家发改委、国家能源局、国家节能中心、中国节能协会、中国建筑科学研究院、中国建筑节能协会、国家电网、工信部电力需求侧管理中心的高度支持与认可。该技术也得到了众多国际权威机构肯定，被多家国际专业媒体报道。

产品介绍

- 650MJ/台（180kW·h）可根据供暖面积随意组合拼接
- 0.94m×0.94m×1.8m
- 蓄热时间2~8小时 供热时间2~24小时
- 供暖面积500~1200㎡/台
- 安全稳定 常压运行，不燃烧

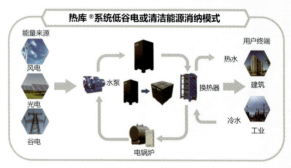

热库®系统低谷电或清洁能源消纳模式

经典案例

启能覆盖供暖面积 超过7 000 000平方米

- 每年消纳谷电 > 5亿kW·h
- 减少二氧化碳约70万吨
- 减少二氧化硫约2 000吨
- 减少氮氧化物约1 800吨
- 减少烟尘约46 000吨

大型商业体　写字楼　学校　分离网点

医院　酒店　单户住宅　居民小区

天津水游城
总采暖面积13万平方米

天津环球金融中心
总采暖面积24万平方米

本溪万达广场
总采暖面积15万平方米

海淀区无煤化工程
>1500户

地址：张家港保税区长山路8号/上海闵行区联航路1188弄浦江智谷11号楼
联系电话：0512-80178327　　网址：www.pioneerenergy.cn

泰和股份 TAIHE COMPANY

铸泰山品质·成和满万家

芜湖泰和管业股份有限公司是专业研发、生产和销售不锈钢波纹软管的高新技术企业。主要产品有：燃气输送用不锈钢波纹软管、燃气用具连接用不锈钢波纹软管以及各种水用不锈钢波纹软管、网体管和补偿器。公司位于国家高新开发区芜湖市高新技术产业开发区中山南路678号。公司注册资本6625万人民币。

公司技术力量雄厚，相关技术人员均参与了国家标准GB/T26002-2010和行业标准CJ/T197-2010起草工作，并是波纹软管检测方式及试验设备的研发者。产品研发能力强，拥有完全自主知识产权的产品和生产工艺技术，取得专利三十余项。

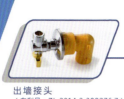

出墙接头
（专利号：ZL 2014 2 388276.7）

燃气用具连接用
不锈钢波纹管
（专利号：ZL 2014 2 388276.7）

扳手阀

F型三通

燃气表具连接用
不锈钢波纹管

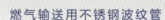

燃气输送用不锈钢波纹管

公司目前已和全国各地500余家燃气单位保持稳定合作，并成为中国燃气、新奥能源等指定供应商。为满足市场需求，完善售前、售中、售后服务，公司在全国各地设立了20余个办事处及仓库。公司分别在上海、南京、武汉、郑州、西安、长沙、呼市、衡阳、徐州等大城市燃气管理部门备案销售。

芜湖泰和管业股份有限公司
WUHU TAIHE PIPE INDUSTRY CO.,LTD.

地址：安徽省芜湖市高新技术产业开发区中山南路678号
电话：0553-2243728　3026333　传真：0553-2243709
邮箱：taihe@whthgy.com